江苏高校哲学社会科学优秀创新团队"江苏文脉·泰州文学史"教学与研究团队建设成果
江苏高校一流专业（品牌建设工程二期）泰州学院汉语言文学专业（苏教高函〔2020〕9号）成果
泰州学院一流本科专业建设点汉语言文学专业（项目编号：19YLZYA03）成果
泰州学院2019年度校级重点教材建设项目（项目编号：19JCA04）成果

汉语常用词演变研究概论

曹　翔　著

东南大学出版社
SOUTHEAST UNIVERSITY PRESS
·南京·

本书简介

本书主要介绍汉语常用词演变研究的一般知识,包括汉语常用词的研究历史与现状、研究价值、研究内容与方法以及汉语常用词演变研究的一般规律,初步构建汉语常用词演变研究的框架。本书既有简明的理论介绍,更有丰赡的例证说明;既注重学科知识的传授,更注重语言背后文化因素的探究,是一部汉语常用词学习研究的入门著作。

本书主要面向汉语言文学专业、外国语言文学专业本科生、研究生,也可供基础教育语文老师、语文爱好者与汉语研究者参考。

图书在版编目(CIP)数据

汉语常用词演变研究概论/曹翔著. —南京:东南大学出版社,2021.11
 ISBN 978-7-5641-9782-7

Ⅰ.①汉… Ⅱ.①曹… Ⅲ.①汉语-基本词汇-汉语史-研究 Ⅳ.①H1-9

中国版本图书馆 CIP 数据核字(2021)第 231313 号

责任编辑:张丽萍 封面设计:王玥 责任印制:周荣虎

汉语常用词演变研究概论
Hanyu Changyongci Yanbian Yanjiu Gailun

著　　者	曹　翔
出版发行	东南大学出版社
社　　址	南京四牌楼 2 号　邮编:210096　电话(传真):025-83793330
网　　址	http://www.seupress.com
电子邮件	press@seupress.com
经　　销	全国各地新华书店
印　　刷	南京玉河印刷厂
开　　本	700mm×1 000mm　1/16
印　　张	16.5
字　　数	277 千字
版　　次	2021 年 11 月第 1 版
印　　次	2021 年 11 月第 1 次印刷
书　　号	ISBN 978-7-5641-9782-7
定　　价	56.00 元

本社图书若有印装质量问题,请直接与营销部联系。电话:025-83791830。

目 录

第一章 绪论 …………………………………………………………… 1
 第一节 语言的性质及汉语常用词界定 …………………………… 2
 第二节 常用词研究的历史 ………………………………………… 3
 第三节 汉语常用词源流演变研究的价值 ………………………… 5
 第四节 汉语常用词源流演变研究的现状与趋势 ………………… 15
 第五节 常用词研究的对象与基本思路 …………………………… 18

第二章 汉语常用词演变研究的内容 ……………………………… 25
 第一节 词的产生与发展 …………………………………………… 26
 第二节 词的替换 …………………………………………………… 77
 第三节 常用词的分化 ……………………………………………… 93
 第四节 词族研究 …………………………………………………… 104
 第五节 名物词研究 ………………………………………………… 116
 第六节 常用词与文化研究 ………………………………………… 129

第三章 汉语常用词演变研究的方法 ……………………………… 159
 第一节 训诂学方法 ………………………………………………… 160
 第二节 文献学方法 ………………………………………………… 166

第三节　现代语言学方法 ·················· 185
　　第四节　综合研究方法 ···················· 195

第四章　汉语常用词演变的一般规律 ············ 205
　　第一节　词义演变由实到虚 ················ 206
　　第二节　语法化 ························ 219
　　第三节　借音词 ························ 238
　　第四节　因形类化 ······················ 243
　　第五节　语素合成构词 ··················· 246

主要参考文献 ···························· 256
后记 ·································· 259

第一章 绪 论

语言有什么作用，语言是怎样表达思想、抒发情感、传递信息的，词汇学习的价值体现在哪儿，常用词研究为什么重要，常用词如何界定，汉语常用词研究的对象、范围及研究现状与趋势，汉语常用词的研究思路，凡此种种问题都值得我们思考。

第一节　语言的性质及汉语常用词界定

一、语言的性质及常用词界定

语言是人类特有的交际工具。语言是维系社会的纽带，语言与社会相伴而生，没有语言就没有人类社会。人类用语言传递信息、交流感情、表达思想。语言的产生对人类自身的发展具有促进作用，语言的产生与运用刺激了人类思维向更高层次发展，人们利用语言创作精神食粮，人们借助语言巩固已有的知识，并在此基础上创造发明新知识。

语言由语音、词汇、语法三要素构成。语音是语言的外在表现形式，人类听音知义，完成交流；词汇是语言的建筑材料，表示现实世界的所指和所谓，是交际的具体内容；语法是语言的结构规则，语言片段依靠一定的组织原则依次线性展开，完成语言表达。

人类认识外部世界、认识自然、认识自我的成果都是用词或短语固定下来。词与词的等价物"固定短语"二者的集合就是词汇。英国著名的语言学家威尔金斯曾说："没有语法，人们就不能表达很多东西，而没有词汇人们就无法表达任何东西。"（Without grammar, very little can be conveyed, without vocabulary nothing can be conveyed.）[1] 有了词汇，你才能清晰地表达出自己的思想、情感。

词汇可以从不同的角度来分类。通常根据使用范围分为通用词汇和方言词

---

[1] ［英］威尔金斯《语言学与语言教学》，伦敦：爱德华·阿诺德出版社，1972年，第111页（D. A. Wilkins. Linguistics in language teaching. London: Edward Arnold）。

汇，根据是否有能产性、全民性和稳固性的特点将词汇分为基本词汇和一般词汇；根据来源而分为本民族词汇和外来词汇；根据使用时间可以分为上古词汇、中古词汇、近代词汇和现代词汇；根据使用频率可以分为常用词汇和非常用词汇等。以上分类还可以根据一定的标准二次再分，如通用词汇可以根据时间再分为通用上古词汇、通用中古词汇、通用近代词汇、通用现代词汇等。

常用词汇是常用词和常用短语的总汇，即语言生活中经常使用的那部分词，也包括相当于词的常用固定短语。换句话说，常用词汇是语言生活中出现频率较高的那部分词汇。常用词汇与常用词的关系是集体与个体的关系。常用词之所以常用，是因为常用词的词义内容反映了人们日常生活交流所必需的事物、概念、情感，故而使用频次高。

汉语通语常用词（以下简称"常用词"）根据使用的时代，可以分为古代汉语常用词和现代汉语常用词。古代汉语常用词，即古代汉民族语言中出现频度较高的那些词。同理，现代汉语常用词，即现代汉民族语言中出现频度较高的那部分词。

常用词之所以使用频率高，是因为它跟人们的生活密切相关。也正因为如此，它必然涉及文化的传承创新，涉及语文教学、对外汉语教学、语言信息处理和辞书编纂修订、古籍整理校释等领域，也关涉汉语词汇史、训诂学、文献学等学科研究，具有十分重要的应用价值和学术研究价值。

常用词出现频率高，使用范围广，历史上遗存的语料丰赡，参考资料易得，特别适合初学者的学习与研究。

第二节　常用词研究的历史

常用词很重要，与人们的生活息息相关，所以人们很早就开始关注常用词。三千年前，古巴比伦的楔形文字文献中出现了人类最早的常用词表。公元10世纪英格兰盎格鲁—撒克逊时代的修道士艾尔弗里克（Aelfric，955—1020）所著《拉丁语法》一书中附录了拉丁语—英语分类词表。

汉语常用词的研究与运用肇始于童蒙教育，最早可以追溯到三千年前的西周。周宣王时，为了儿童识字教育的需要，编出了《史籀篇》①，凡十五篇，是书为我国字书之祖。秦时据此分别编出了《仓颉篇》《爰历篇》《博学篇》。汉初将这三部字书合并为《仓颉篇》。汉武帝后，陆续出现了《凡将篇》《急就篇》《元尚篇》《训纂篇》《滂喜篇》等教科书。后世仿此，涌现出大量的童蒙韵语常用字识字课本，如《三字经》《百家姓》《千字文》《声律启蒙》《弟子规》等。童蒙读本虽以"字"为单位，但古汉语中的"字"基本上对应于当今语言学所谓的单音词（正因为如此，今日汉语中，往往"字""词"不分，浑言无别）。可以说，这些童蒙读本的编写是我国古代知识分子在母语教学上对人类文明所作出的杰出贡献。

但是，这些蒙童读物中的常用词是我国古代教育工作者根据自己的学识见解和个人感觉选编出来的。毫无疑问，早期的常用词的界定带有较多的主观随意性。

科学的常用词研究是建立在词频统计基础之上的。1898 年德国学者凯定（F. W. Kaeding）编制了世界上第一部频率词典《德语频率词典》。这部词典统计 14 个领域 110 万个词的语言素材，其中出现 4 见次以上的不同单词共有 79 716 个。美国教育学家桑代克（E. L. Thorndike）利用频率统计方法，于 1921 年、1944 年分别编成《教师两万词词书》和《教师三万词词书》。后来人们据此将常用词分为最低限度词汇、常用词汇、次常用词汇、一般常用词汇等几个等级，使词汇教学进入科学的轨道。随后，法、德等国均制定了常用词表。

我国第一位进行现代意义上的词频统计分析的学人是黎锦熙先生，他在 1922 年发表了《国语基本语词的统计研究》② 一文，首次明确提出要对"国语"词汇进行统计研究。其后，教育家陈鹤琴先生在 6 类材料 55 万汉字中选出 4 261 个常用字，编出《语体文应用字汇》③。1959 年，郑林曦先生按词类排列出版《普通话三千常用词表》，1987 年出版增订本，收词 3 996 个。1980 年，娄警予等人以中学课本为主要依据，编辑《中学生常用词汇表》（约 15 000 个

---

① 汉班固《汉书·艺文志》："《史籀篇》者，周时史官教学童书也，与孔氏壁中古文异体。"汉许慎《说文解字·序》："及宣王太史籀，著大篆十五篇，与古文或异。"
② 载《国文学会丛刊》1 卷 1 号，1922 年。
③ 载《新教育》第 5 卷第 5 期，1922 年。

词语），这是新中国成立后第一项直接面向学校教育的汉语词汇教学量化研究。1985年，北京语言学院语言教学研究所出版《常用字和常用词》，编者对1978—1980年全国通用中小学语文课本的全部词汇进行统计和分析，最后按照频率高低，把出现10次以上的3 817个词定为常用词，覆盖率达到90.25%。1986年，他们对近200万字的汉语语料进行词频统计，编制《现代汉语频率词典》，由北京语言学院出版社出版，词典收词31 159条，这也是我国正式出版的第一部以"频率"冠名的词典。此后相继有《现代汉语三千常用词表》《现代汉语常用词词频词典（音序部分）》等专用词表出版。

1998年，《现代汉语常用词表》研究项目开始由国家语委组织实施，历时10年，于2008年完成出版。该词表按照词频排序，列出56 008个汉语常用词，使用频率越高的词排序越靠前。使用语料2.5亿字，这是目前现代汉语常用词界定最权威的词表。

第三节　汉语常用词源流演变研究的价值

语言随着社会的变化而变化，随着社会的发展而发展。在人类历史的发展长河中，语言的构成要素——语音、词汇、语法都在不断的演化变迁之中，这些演变就构成了语言的演变史。可以说，人类社会的进步史，也是语言演变的发展史。探索研究汉语产生发展与演变规律的学问，形成了汉语史学科。在西方，民族语言史隶属于人类学的分支学科，在我国现代学科分类体系中，汉语史属于汉语言文字学的分支学科。

汉语史的分支学科汉语词汇史，是探索研究汉语词汇发展演变历史和规律的学问。汉语常用词是汉民族语言词汇大家庭中的重要组成部分。"常用词表达人类日常生活中最重要、最常用的基本概念，占据着每一个历史时期词汇系统的核心地位。"[①] 考察常用词的历史递嬗演变轨迹，是汉语词汇史研究的一个

---

① 丁喜霞《汉语常用词的演变模式初探》，《河南大学学报（社会科学版）》2013年第53卷第2期，第115页。

主要任务。

　　一个时代有一个时代的常用词,"汉代常用未必明清常用,这个时代常用到了另一个时代就未必常用。一个时代内使用频度较高的词语就可以看作是这个时代的常用词,而那些古今都常用的则可以看成是基本词汇"①。词汇反映了纷纭复杂的现实世界,而且又处在不断的变化之中,某一时期或某一方言中的词语,到了另一时期或另一方言中可能会变得难懂,这就需要弄清楚这些词语的源流演变情况。例如现代汉语中习见的"鬼子"(频序号:6899②)一词,现有大型语文工具书的释义都基本相同。《辞源》修订本释为"骂人的话"③,初始例证引《世说新语·方正》。《辞海》缩印本的释义和例证④皆同《辞源》。《汉语大词典》第十二卷有两个义项:①"詈词:犹言鬼东西。"始见例同《辞源》修订本;②"在帝国主义侵华时期,对外国人的一种蔑称。"⑤《古今汉语词典》释为"骂人的话。今常用为对侵略我国的外国人的蔑称"⑥,始见例也同《辞源》。从上引大型辞书的释义中,我们并不知道"鬼子"作为"骂人的话"的具体内容,也不知道"鬼子"何以成为对外国人的蔑称。唐人王梵志诗第94首"无常元不避,业到即须行。徒作七尺影,俱坟一丈坑。妻儿啼哭送,鬼子唱歌迎。古来皆有死,何必得如生"⑦,其中的"鬼子"既不是骂人的话,也不是对外国人的蔑称,此"鬼子"是什么意思?所有这些疑问在现有大型辞书中都找不到答案。

　　为了解答上面的疑问,我们对"鬼子"一词展开了源流演变研究⑧。根据文献资料可证,"鬼子"一词起于六朝,本义谓"鬼之子孙",借以用作通称,意谓"鬼",上引王梵志诗中的"鬼子"即是此意。东汉以降,受佛教的影响,世俗对鬼的想象,无外乎三个特征:①形貌丑陋。青面獠牙、血盆大口、瘦骨

---

① 王云路《中古诗歌语言研究》,世界图书出版公司,2014年,第75页。
② 频序号:6899,指在56 008个现代汉语常用词中,该词使用频率排在第6 899位。下同。
③ 《辞源》修订本,商务印书馆,1998年,第3495页。
④ 《辞海》缩印本,上海辞书出版社,1989年,第2284页。
⑤ 《汉语大词典》第十二卷,汉语大词典出版社,1993年,第444页。
⑥ 《古今汉语词典》,商务印书馆,2002年,第525页。
⑦ 参见项楚《王梵志诗校注》,上海古籍出版社,1991年,第289页。下文所引王梵志诗均出自该著,如无特别说明,不再出注。
⑧ 曹翔《"鬼子"释义考辨》,《语言研究》2007年第4期,第68-71页。

嶙峋；②作祟多端，残忍无比，索人性命，锯腿、锤头、挖心、割舌等手段无所不用其极；③鬼为阴物，见不得光，人能胜鬼。据此三个特征引申用以喻人，或作詈词，或作蔑称、戏称，至清朝初期，始借以蔑称外国人，近代多用来贬称外来侵略者，抗日战争爆发以后，则专称日本侵略者。现有大型语文工具书均未收释其本义及用作通称的引申义，且现代常用义项的解释也嫌笼统。由此可证，常用词的历史演变研究不仅能释疑解惑，而且对阅读古代文献、了解中国历史文化也大有作用，对辞书编撰和修订也具有一定的参考价值。

再如现代汉语习见的"法官"一词（频序号：2954），《现代汉语词典》释："法官，法院中审判人员的通称。"① 在我国，"法院"至晚清时才创建，而"法官"一词却起源甚早，战国时已见，例如《商君书·定分》："天子置三法官：殿中置一法官，御史置一法官及吏，丞相②置一法官。诸侯、郡、县皆各为置一法官及吏，皆此（比）秦一法官。郡县诸侯一受宝来（赍）之法令，并学问所谓。吏民（欲）知法令者，皆问法官。故天下之吏民，无不知法者。吏明知民知法令也，故吏不敢以非法遇民，民不敢犯法以干法官也。遇民不修（循）法，则问法官。法官即以法之罪告之，民即以法官之言正告之吏。吏知其如此，故吏不敢以非法遇民，民又不敢犯法。"③

据引文可知，秦国上至朝廷，下至诸侯郡县都要设置"法官"。诸侯与郡县法官的职责是接受朝廷颁布的法令，学习熟记法令条文，并理解其内容，接受大家的咨询。郡县诸侯设置此职位的目的是"遇民不修法，则问法官"，即百姓遇到法令条文不清楚的时候，可以向专门负责法律的法官咨询，法官须负责回答。相对应地，朝廷的法官是备君王、御史和丞相咨询法令之用的，其时的"法官"实际上指的是"知法之官"，相当于现今的法律顾问，并没有赋予审判权和执法权，这正是与现今法官最大的不同之处。秦汉时，"法官"的性质发生了变化，由知法之官引申称谓那些"执法之官"；唐代，除大理寺属官外，御史大夫也可称为法官，因为御史大夫有"纠察之任"。宋元以降，会作

---

① 《现代汉语词典》第六版，商务印书馆，2012年，第353页；又见2018年第七版，第354页。
② 据《史记·六国年表》可知，秦武王二年"初置丞相，樗里子、甘茂为丞相"（中华书局，1959年，第734页）。秦国设置法官当在秦武王二年，即公元前309年以后。
③ 蒋礼鸿《商君书锥指》，中华书局，1986年，第143-144页。

法的道士也被人们称为"法官"①,但此"法官"非彼"法官",它是"作法之官"的省称,与古代官府专擅问罪断狱的法官是两回事。清末,法院正式成立,现代意义上的"法官"才出现。如果我们不对"法官"的历史源流演变有个清晰的历时认识,就不可能正确判别各个时期的"法官"的确切含义。

常用词研究成果也可供辞书编纂、修订和古籍整理校释参考。辞书的编纂更是建立在词义流变的基础之上,词条、义项的科学确立,也需词语源流演变的研究成果。例如频序号44的"中国"一词,作为经常使用的中型辞书《现代汉语词典》(修订本至第七版)竟未收录,这是没有道理的。

"中国"一词,起源甚早,上古时代,我国华夏族建国于黄河流域一带,以为居于天下之中,故谓"中国"(为偏正式合成词),而把周围其他地区称为四方。例如《尚书·梓材》:"今王惟曰:……皇天既付中国民越厥疆土于先王。"② 意思是说,"上天已经把中国之民和他们的土地托付给周朝的先王"。"今王",即指周成王,武王的儿子。周本土在西部,商在中原,故周成王称呼商人为"中国民"。1963年陕西宝鸡贾村出土的周成王五年铸造的青铜器"何尊"③,其上有铭文曰:"余其宅兹中或,自之辟民。"④ "或",即"国"字的早期写法。"中或",即中国,指殷商之国,这是目前发现最早的"中国"一词的历史文献,后泛指中原地区。

居于天下之中的"中国",常与四夷相对而用,显然强调的是中原文明程度高于其他地区。例如《诗经·小雅·六月序》:"《小雅》尽废,则四夷交侵,中国微矣。"《庄子·田子方》:"吾闻中国之君子,明乎礼仪而陋于知人心。"《礼记·中庸》:"是以声名洋溢乎中国。"《公羊传·隐公七年》:"戎伐凡伯于楚丘,以归。凡伯者何?天子之大夫也,此聘也。其言伐之何?执之也。执之,则其言伐之何?大之也。曷为大之?不与夷狄执中国也。"何休注:"因地不接京师,故以中国正之。中国者,礼义之国也。执者,治文也。君子不使无礼义制治有礼义,故绝不言执正之,言伐也。……所以降夷狄尊天子为顺辞。"

---

① 曹翔《"法官"词义源流》,《河西学院学报》2012年第1期,第93-97页。
② 皇天,对上天的敬称。越,与,连词。
③ 占豪《大博弈:中国之危与机(形势篇)》,上海财经大学出版社,2014年,第264页。
④ 句子大意是:我已经据有中国,亲自治理那里的百姓。

一国之内，其政治经济文化最高莫过于京师，故中国又特指王都、京师。例如《礼记·檀弓》："今之大夫交政于中国，虽欲勿哭，焉得而弗哭。"朝廷所在即帝都、京师，例如《诗经·大雅·民劳》："惠此中国。"汉毛亨传："中国，京师也。"郑玄笺："京师者，诸夏之根本。"《史记·五帝本纪》："夫而后之中国，践天子位焉。"南朝宋裴骃集解引汉刘熙曰："帝王所都为中，故曰中国。"唐李贺《李凭箜篌引》："江娥啼竹素女愁，李凭中国弹箜篌。"清方世举注："中国，作'都中'解。"

春秋战国时，国家疆域概念巩固，诸侯国之间攻城略地，此起彼伏，中原诸侯国，在各诸侯国之中间位置，故简称"中国"，也即"国中"之义。例如《孟子·梁惠王上》："欲辟土地，朝秦楚，莅中国，而抚四夷也。"《韩非子·孤愤》："夫越虽国富兵强，中国之主皆知无益于己也。"秦汉一统天下，以中原为中心，故以"中国"称之，例如《汉书·陆贾传》："皇帝（刘邦）……继五帝三王之业，统天下，理中国。中国之人以亿计，地方万里，居天下之膏腴，人众车舆，万物殷富，政由一家，自天地剖判未始有也。"

"中国"作为我国的专称，则是近代的事情。明清之时，西方传教士东来，他们称呼明清两朝为"中华帝国"，简称"中国"。国与国之间以文件形式称呼"中国"，则始于清初，康熙二十八年（1689），中俄《尼布楚条约》签订，文件中中方代表索额图被称为"中国大圣皇帝钦差分界大臣"。清人也称自己的国家为中国，例如清林则徐《拟谕英吉利国王檄》："中国所行于外国者，无一非利人之物。"其后的"中华民国"，及中华人民共和国，均简称为"中国"。我们认为，"中国"这样一个在我国历史上和日常生活中都十分重要的常用词，《现代汉语词典》应当补收。

大型辞书是人们获取词义和历史文化最直接最便捷的参考书，大型辞书的收词、释义的科学性对于传播知识、传承文化尤其重要。但是现有大型辞书释义还有许多需要改进的地方，如本义缺失、释义错误、例证不当、义项罗列混乱等，常用词的研究成果无疑会在这些方面为辞书提供积极的借鉴价值。

常用词研究成果在古籍整理与校点释注等方面也有参考价值。这里以常用词"去"为例。先请看《史记·项羽本纪》的常用句读："项籍少时，学书不成，去学剑，又不成。"①

引文中的标点是有问题的。据《史记·项羽本纪》可知，项羽志趣爱好不在习文练武，而在学习兵法。他认为"书，足以记名姓而已；剑，一人敌，不足学"，要学习就要"学万人敌"的兵法，所以当他学习文化没有结果时不会自愿"去学剑"，也正因为他不爱学习，对他寄予厚望的叔父项梁"怒之"，当项梁开始教兵法时"籍大喜"，但是在他"略知其意"后，却"又不肯竟学"，由此可见，此人压根不爱学习。据此分析，引文标点当作："项籍少时，学书不成，去。学剑，又不成。"这样断句，才能表现项羽被逼学剑的真实情形，也更能表现出项羽的浮躁性格。

为什么引文断句把"去学剑"断在一起？大概是受现代汉语"去"的常用义项（含义）"从所在地到别的地方"的影响。但是根据我们对"去"的源流演变研究可知②，"去"自春秋始表示"离开某地"，一直到南北朝时才由"离开"义引申出"到别的地方"的用法。表达现代义"到某地"的用法，目前我们发现的最早例证是三国魏张揖《广雅·释诂二》："往，去也。"张揖（字稚让）以时言释古语，则知"往"为古语，"去"为时言（汉末时语言）。又《世说新语·贤媛》："贾充前妇，是李丰女。丰被诛，离婚徙边。后遇赦得还，充先已娶郭配女，武帝特听置左右夫人。李氏别住外，不肯还充舍。郭氏语充，欲就省李，充曰：'彼刚介有才气，卿往不如不去。'"贾充所言是句中，"去"与"往"同义相对，即表"到……"义。《史记》早《世说新语》五六百年的时间，如果我们在标点《史记·项羽本纪》时，对"去"的词义演变有一个历时的观念，应该不会出错。

再看《世说新语·任诞》所载魏晋名士阮咸喝酒的故事：

  诸阮皆能饮酒，仲容至宗人间共集，不复用常杯斟酌，以大瓮盛酒，围坐相向大酌。时有群猪来饮，直接去上，便共饮之。

此则故事多被今人误解为"阮咸与猪共饮"。文中"时有群猪来饮，直接去上，便共饮之"，有人译作："这时有一群猪也凑近来饮酒，阮仲容也跟着爬

---

① 司马迁《史记》第一册，中华书局，1959年（1963年第3次印刷），第295页。
② 曹翔《汉语常用100词源流演变研究》，中国社会科学出版社，2019年，第94-98页。

上大瓮，和猪群一起饮酒。"① 有人译作："当时有一群猪也来喝，径直凑到酒瓮跟前，于是就一同喝起来。"② 有人译作："当时有一群猪也来喝，它们径直窜在前头，诸阮就与猪同饮这瓮酒。"③ 有人译作："有一次一群猪跑来要喝酒，径直就爬到酒瓮边上，于是人和猪共同饮起酒来。"④ 也有人直接将此则故事的标题拟作"与猪共饮"，并解释道："一群猪也过来凑热闹，阮咸直接就和猪一起扎到盆子里共饮。"⑤

《世说新语》"直接去上"前的主语，有人理解为"猪"，有人理解为"阮咸（字仲容）"。为什么会产生歧解，就在于译者未能正确把握"去"的含义。很多人将此处的"去"解读为现代汉语常用的"离开""到"义，因而将"去上"理解为"爬上酒瓮""凑到前头""窜到瓮前"等义。

去，本义是离开，由离开引申出"除掉"义，此意先秦已经产生，例如《吕氏春秋·下贤》："去其帝王之色。"高诱注："去，犹除也。"《周礼·天官·宫人》："去其恶臭。"孙诒让正义："去，亦除也。"这种用法自先秦产生起就一直承袭下来，例如唐柳宗元《捕蛇者说》："去死肌，杀三虫。""去死肌"，即除掉坏死的肌肉。现今常用语"去火""去皮"之"去"亦是此义。《世说新语》"去上"之"去"即是此用法。"去上"犹言"除上"，"上"是"去"的宾语，"去"即"除去"义。"去上"，意谓撇去被猪玷污的表层酒，这样理解，主语自然是"人"而非"猪"了。

此则故事，官家史书《晋书·阮咸传》有载，相关文字如下："诸阮皆饮酒，咸至，宗人间共集，不复用杯觞斟酌，以大盆盛酒，圆坐相向，大酌更饮。时有群豕来饮其酒，咸直接去其上，便共饮之。"⑥

《世说新语》"直接去上"，《晋书》作"咸直接去其上"，主语明确为阮咸，

---

① 周永年《文白对照全译诸子百家集成·世说新语》，时代文艺出版社，2002年，第318页。相近的译文还有耿朝晖："这时有一群猪也凑近来饮酒，阮咸就直接爬上大瓮，和猪一起喝。"（《世说新语》，青海人民出版社，2002年，第185页）刘庆华："这时有一群猪也凑近来饮酒，阮咸就直接爬上大瓮，和猪一起饮酒。"（《世说新语》，广州出版社，2004年第2版，第194页）
② 张万起、刘尚慈《世说新语译注》，中华书局，2006年，第724页。
③ 张撝之《世说新语译注》（图文本，下册），上海古籍出版社，2007年，第349页。
④ 林峰改编《世说新语》，河北少年儿童出版社，2015年，第105页。
⑤ 张昊《花间一壶酒·酌酒小品赏读》，中州古籍出版社，2015年，第160页。
⑥ 房玄龄等《晋书》第五册，中华书局，1974年，第1363页。

"上"前还有形容性指示代词、定语"其"限制,说明"上"已转指为名词。从语境上看,此处"去"不能作"离开""到某处"解,否则与前文"圆坐相向,大酌"的实际情况不符。人围住酒瓮,对坐而喝,根本不需要"窜到/爬上/爬到"酒瓮上面去喝酒。如果人要爬上酒瓮喝酒,猪岂能突破围坐的人群而偷到酒喝?再则,从句法上看,"直接去其上"之"直"是"径直"义,作状语;"接去"可以分析为连动结构,"接"有"撇去""舀起""捞取"①义,与"去"(除掉)同义连文,"接去",即"撇除""舀掉"。"直接去其上",意谓"径直撇除酒面上的(污物)"。

阮咸,魏晋时名士,"竹林七贤"之一,岂能当着众人之面与猪共同饮酒?即使是他把酒瓮上面的酒除去,舀着下面的酒来喝,这种行为也够荒诞不经的了。

《世说新语》此处的误译再次提醒我们,常用词的源流演变研究对历史文献的译注无疑是大有裨益的。

常用词源流演变研究对古文献的阅读理解也有帮助。例如宋元话本小说《史弘肇传》:"史弘肇吃赶得慌,撇下了锅子,走入一条巷去躲避。谁知筑底巷,却走了死路。鬼慌盘上去人家萧墙,吃一滑,颠将下去。地方也赶入巷来,见他颠将下去。地方叫道:'阎妈妈,你后门有贼,跳入萧墙来。'"②

引文中的"萧墙"一词,程毅中先生注:"古代宫室内作为屏障的矮墙。

---

① "接",通"扱"[参见《汉语大词典(第六卷)》,汉语大词典出版社,1990年,第705页],表示"撇去""舀取""捞起"义,例如《世说新语·仇隙》:"应镇南作荆州,王修载、谯王子无忌同至新亭与别。坐上宾甚多,不悟二人俱到。有一客道:'谯王丞致祸,非大将军意,正是平南所为耳。'无忌因夺直兵参军刀,便欲斫,修载走投水,舸上人接取,得免。"王修载突然遭人刀砍,被迫跳河躲避,此时河中恰有小船将他"接取"而幸得保命。"接取",犹言捞起来。又如北魏贾思勰《齐民要术》卷第八介绍"造花盐、印盐法":在五六月天气晴热时,将一斗盐投入二斗水中溶解,再加盐,直至不再溶解为止。然后换个容器淘洗,淘汰杂质澄清,待垢土沉淀于容器底,再将清盐汁倒于另一干净容器中,这样水底下沉淀的盐滓就很白净,可供食用。"好日无风尘时,日中曝令成盐,浮即接取,便是花盐,厚薄光泽似钟乳。久不接取,即成印盐,大如豆,正四方,千百相似。成印辄沈,漉取之。花、印二盐,自如珂雪,其味又美。"引文"浮即接取",即将浮在液体表面的结晶体"撇取";"久不接取",即时间长久不撇出。文中"接取"即是"撇出""舀出"之意。又同书卷第八介绍"焦猪肉法":将猪煺洗干净后,"四破,于大釜煮之。以杓接取浮脂,别着瓮中;稍稍添水,数数接脂。脂尽,漉出,破为四方寸脔,易水更煮。下酒二升,以杀腥臊——青、白皆得。若无酒,以酢浆代之。添水接脂,一如上法"。所谓"以杓接取浮脂",即用勺子撇出上面浮着的油脂;所谓"稍稍添水,数数接脂",即渐渐加水,多次撇出浮脂;下文"添水接脂",也即加水后再撇出油。"接"皆为"撇""舀"义。

② 程毅中《宋元小说家话本集》,齐鲁出版社,2000年,第610页。

这里指矮墙。"① 我们认为程先生的注释并不准确②。

萧，本义指艾蒿，段玉裁注："此物蒿类而似艾。一名艾蒿。"从艹肃声，故而可通"肃"。"萧墙"，即肃墙，本指古代宫殿内作为屏障的矮墙。《论语·季氏》："吾恐季孙之忧，不在颛臾，而在萧墙之内也。"三国魏何晏集解引郑玄曰："萧之言肃也，墙谓屏也。君臣相见之礼，至屏而加肃敬焉，是以谓之萧墙。"《汉书·五行志第七》："地震萧墙之内，咎在贵妾。"唐颜师古注："萧墙，谓门屏也。萧，肃也，人臣至此，加肃敬也。"又如敦煌变文《捉季布传文》："皇帝卷帘看季布，思量骂阵忽然嗔。遂令武士齐擒捉，与朕煎熬不用存。临至捉到萧墙外，季布高声殿上闻：'圣明天子堪匡佐，谩语君王何是论！分明出敕千金诏，赚到朝门却杀臣，臣罪受诛虽本分，陛下争堪后世闻！'"③ 又如唐白行简《李娃传》传奇："乃引至萧墙间，见一姥垂白上偻，即娃母也。"

"萧墙"之制，后世承制，唐宋时宫殿皆设有"萧墙"，例如宋朱熹《朱子语类》卷第三十八《论语》二十《乡党篇·在朝之容》："古者朝会，君臣皆立，故史记谓'秦王一旦捐宾客，而不立朝'。君立于门屏之间。屏者，乃门间萧墙也。今殿门亦设之。"

中古时，词义泛化，由专称引申玉常借指普通百姓家的院墙。如唐常衮《咏冬瑰花》（奉和中书李舍人昆季咏寄徐郎中之作）诗："独鹤寄烟霜，双鸾思晚芳。旧阴依谢宅，新艳出萧墙。""萧墙"与"谢宅"相对，当指一般的豪门大院，而非谓朝堂宫殿。老百姓的院墙有高有矮，如唐罗隐《谒文宣王庙》诗："晚来乘兴谒先师，松柏凄凄人不知。九仞萧墙堆瓦砾，三间茅殿起狐狸。""萧墙"前有定语"九仞"（仞，古人长度单位，一仞相当于今日的七尺）修饰，可见，作者是极言此院墙之高。

"萧墙"（院墙）也有较矮的，如话本《闹樊楼多情周胜仙》："（盗墓贼）朱真离了家，回身看后面时，没有脚迹。迤逦到周大郎坟边，到萧墙矮处，把

---

① 程毅中《宋元小说家话本集》，齐鲁出版社，2000年，第631页。
② 参见曹翔《〈宋元小说家话本集〉校注商兑》，《社会科学论坛》2016年4期，第95页。
③ 黄征、张涌泉《敦煌变文校注》，中华书局，1997年，第98页。

脚跨过去。"① 能"把脚跨过去"的"萧墙"（院墙）显然不是太高，只能算是"矮墙"了。

再回到话本《史弘肇传》例句"萧墙"。引例说史弘肇因偷窃被追赶而"跳入萧墙来"，后面追赶的人不能进入院墙内捉拿他，显然此院墙较高，绝非程毅中先生所注"矮墙"义也。可见，常用词词义随时间向前推移而演变，并非一成不变。

常用词研究除了学术价值外，还有实际应用价值。例如可供汉语教学、外国人学习汉语之用。现代汉语常用词研究也是义务教育语文教学的重要组成部分。研究表明，3 000个汉语常用词对语料的覆盖率为86.799%，因此，常用词研究对基础教学很有实用价值。我国延续数千年的传统启蒙教育，从《仓颉篇》到《三字经》，实际上就是常用词运用于基础教学最好的证明。研究现代汉语常用词，考其本义，梳理其引申义，厘清其历史演化关系，对中小学语文教学、扫盲教育、对外汉语教学无疑具有十分重要的现实意义和实用价值。词义的学与教，如果清楚其源流演变关系，将达到事半功倍的效果。

我国正处于伟大的复兴阶段，随着国力的增强和经济的飞速发展，我国的国际地位迅速上升，世界各地正掀起一股学习汉语的热潮。汉语常用词研究的成果，可用来供外国友人学习汉语之用。透过语言阐释，使外国友人理解其中蕴含的文化意义，增强外国友人学习汉语历史文化的兴趣，加深对几千年中国历史文化的理解。

常用词研究还有其他的学术价值，例如可作为判断文献语料时代和价值高低的参考标准；可资汉藏语系各亲属语言比较研究的参考；对现代汉语词汇研究、方言及方言史的研究也有重要意义。

学界对常用词的研究非常重视。汪维辉先生说："常用词是词汇系统的核心部分，它起着保证语言的连续性和为创造新词提供基础的重要作用。就数量而言，它在整个词汇库中所占的比重并不太大，但是它具有常用性和稳定性两

---

① 程毅中《宋元小说家话本集》，齐鲁出版社，2000年，第794页。

个显著的特点。常用词的常用性决定了它的出现频率高，使用范围广。"① 蒋绍愚先生在研究近代汉语词汇时指出："常用词是词汇的主体，如果不弄清常用词在近代汉语时期的发展变化，那么，要描写一个时期的词汇系统和近代汉语词汇发展史，都是无从谈起的。"② 黎锦熙先生在二十世纪三十年代曾设想要编一本《新尔雅及其疏证》，以"近代语特有之词及普通词之特别用法"为研究内容，"上溯语原，旁证典籍，下稽方俗，逐词推证，以类相从"，"训诂拟《尔雅》而不袭其类；声训仿《释名》而必究其根；说解效《说文》而必繁其辞；调查准《方言》而必注其音。复词、成语，悉依语根而统于单字；事类、文字当谋便检而附以索引"③。可惜，由于时代原因而未能如先生所愿。

汉语词汇史理应以探讨常用词的演化嬗替为主要任务。常用词的递嬗必然会带动词汇系统乃至整个语言系统的变化，对词汇的演变研究"具有同音韵系统、语法结构的改变同等重要的意义"④。

第四节　汉语常用词源流演变研究的现状与趋势

汉语常用词源流演变研究肇始于二十世纪二三十年代的汉语词汇史研究。其时，以黎锦熙为首的一批学人，曾设想编纂一部"探求古今用语之变迁""务求得其本始，明其流变"的《中国大辞典》，叹国运多艰、时局动荡，此项宏伟计划最终未能实现。但在黎锦熙等先生的倡导下，学界产生了一批探求汉语词汇历史演变的研究成果，其中不少是古今常用词演变研究的成果，例如何士骥《释"身"》（1930），魏建功《释"午"》（1931），刘复《释"吃"》（1931），陈定民《释"历"》（1932），黎锦熙《宋元语词广证》（1933）、《"爸爸"考》（1933），何容《说现行语中之"爸爸"与"父亲"》（1933），王重民

---

① 汪维辉《东汉—隋常用词演变研究》，南京大学出版社，2000年，第11页。
② 蒋绍愚《近代汉语研究概况》，北京大学出版社，1994年，第250页。
③ 黎锦熙《"巴"字十义及其复合词和成语》（一名《近代国语文学之训诂研究示例》，初刊于1933年上海《文学季刊》创刊号），载《黎锦熙语言学论文集》，商务印书馆，2004年，第264页。
④ 汪维辉《东汉—隋常用词演变研究》（修订本），商务印书馆，2017年，第11页。

《释"墨"》(1933)，吕叔湘《释您、俺、咱、喒，附论们字》(1940)、《论底、地之辨及底字的由来》(1943)等。五六十年代后，成果更加丰富，例如郑奠《汉语词汇史随笔》(1959、1960)，王力《古代汉语》(1962)辟专章论述了汉语词语发展历史，并对古汉语中1 086个常用词展开研究，推动了古汉语常用词研究。王力（1962）首次使用"常用词"这个术语，任学良对王力《古代汉语》常用词进行了历史断代补充，蒋礼鸿《敦煌变文字义通释》(1959年出版，1983年第五版)对敦煌文献中的不少常用词做了溯源索流的历时考证。

二十世纪八九十年代以后，这方面的研究成果呈爆发式增长，单篇文章很多，如江蓝生《概数词"来"的历史考察》(1984)、《"影响"释义》(1985)，吕叔湘《说"胜"和"败"》(1987)，石毓智、李讷《汉语发展史上结构助词的兴替——论"的"的语法化历程》(1988)，刘坚《试论"和"字的发展，附论"共"字和"连"字》(1989)，郭锡良《介词"于"的起源与发展》(1997)，张清常《〈尔雅·释亲〉札记——论"姐""哥"词义的演变》(1998)，黄树先《"哥"字探源》(1999)，王云路《中古常用词研究漫谈》(2000)，储泰松《"和尚"的语源及其形义的演变》(2002)，汪维辉《汉语"说类词"的历时演变与共时分布》(2003)等；著作有吕叔湘、江蓝生《近代汉语指代词》(1985)，王小莘《词语源流漫笔》(1990)，周绪全、王澄愚《古汉语常用词源流辞典》(1991)，蒋冀骋《近代汉语词汇研究》(1991)，刘坚、江蓝生、白维国、曹广顺《近代汉语虚词研究》(1992)，蒋绍愚《近代汉语研究概况》(1994)，曹广顺《近代汉语助词》(1995)，向熹《简明汉语史》(1993)，李宗江《汉语常用词演变研究》(1999)、孙锡信《近代汉语语气词——汉语语气词的历史考察》(1999)，汪维辉《东汉—隋常用词演变研究》(2000)，马贝加《近代汉语介词》(2002)等是其重要代表。

目前，汉语常用词研究呈以下态势：

① 研究范围不断拓展。由断代到通史，由传世文献到汉译佛典文献、敦煌文献，由专书词汇研究到某一类常用词的研究。

② 研究对象更广泛。由实词到虚词，由早期的单音词向双音节过渡。

③ 研究逐步向纵深推进。由注重事实描写到描写与解释相结合，由单纯的历时演变研究到历时演变与共时分布相结合，由单个词研究到语义场

研究。

④ 相关的理论探讨也有所加强。由词义衍生到词语替换再到演变模式的探讨等。

但是就目前已有成果来看，汉语常用词研究也暴露出一些问题：

① 研究对象较为随意。已有研究成果中，选取的研究对象不是基于词频统计，而主要是根据研究者的主观感受和学术兴趣，从熟悉的材料中选择一组或几组典型的常用词进行个案研究，选词具有较多的主观随意性，研究成果总体上显得散乱，缺少系统性。这种凭个人主观识断的个案选词研究，在研究初期，作为示范样板，是必要和可取的，但长此以往，则必然呈现凌乱无序、重复劳动的状况。

② 通代、现代常用词研究及常用词的分布研究未能引起足够重视。汉语常用词演变研究，作为汉语词汇史研究的重要组成部分，由三个部分构成：一是新词的衍生与发展，二是旧词的衰落与消亡，三是核心词的存续与演化。但从已有成果来看，大家的注意力多集中于研究断代或专书常用词的衍生、发展及其对旧有同义词的替换，偏重于描写核心词古今演变的历史过程，对于那些从上古或者从其产生之初一直存续到现代的通代常用词，很少有人关注。而现代常用词的演变研究鲜有论及。

③ 常用双音词、多音词研究成果较少。从现有研究成果来看，除丁喜霞《中古常用并列双音词的成词和演变研究》(2006)、雷冬平《近代汉语常用双音虚词演变研究及认知分析》(2008) 两部专著和少量单篇论文外，其他基本上都是研究单音词的历时更替的论著，对双音常用词、多音常用词的衍生及其替换研究相对薄弱。

④ 研究方法有待完善，理论研究有待深入。现有常用词研究习惯于传统的训诂学方法，也有人运用数理统计的定量分析或者语义场理论，但是在研究方法和研究理论上需要不断创新。目前已经有人引进概念场的概念要素分析法，但是研究成果还不多。汉语常用词研究需要综合运用多种方法才能将研究推向深入。对常用词的界定、常用词演变的动因、常用词演变的模式或类型的总结还有待进一步探讨。

第五节　常用词研究的对象与基本思路

一、研究对象

　　一个时代有一个时代的常用词,商代有商代的常用词,周代有周代的常用词,汉代有汉代的常用词,唐代有唐代的常用词,现代有现代的常用词。因为历史上的断代词频统计至今未曾展开,所以古代汉语的常用词,均是凭借研究者个人主观识断而定。

　　一般而言,与时人日常生活密切相关的、在常见文献中经常出现的词语均属常用词。

　　常用词演变研究首先是确定语料,否则一切无从谈起。商代之前,因为未曾留下任何文献,故而无法得知其常用词的实际情况。而商代,幸赖甲骨文的遗存,后人可以根据甲骨文来展开研究。拿介词"于"来说,它是如何产生发展的呢?它与介词"於"是什么关系?如果没有甲骨文献资料,这个问题就很难讲清楚。

　　"於""于"是古代汉语常用词,今天已经合二为一,"於"简化作"于",但是在上古却是两个不同的词。甲骨文中"于"有9 000多见次用例,残缺和难以诠释的用例3 000多见次,可以辨认的用例为5 000多见次①,其中动词用例占5%左右,引进处所的介词用例占18%左右,引进时间的介词用例占9%左右,引进祭祀对象的介词用例占68%左右。引进祭祀对象的比例大,是由卜辞的性质决定的,例如《甲骨文合集释文》33124"壬寅卜,王于商"、《甲骨文合集释文》33125"辛卯卜,王人商"②。"王于商"与"王人商"相类,可知"于"为动词。又如《甲骨文合集释文》6568:"[卜],彀,贞帚(婦)好使人于眉。""使人于眉",即派人到眉(这个地方)。

　　而当"于"处于"V1(不及物)＋V2＋宾语"中"V2"的位置时,"于"

---

① 郭锡良《介词"于"的起源与发展》,《中国语文》1997年第2期,第134页。
② 胡厚宣主编《甲骨文合集释文》,中国社会科学出版社,1999年。

虚化为介词就成为可能。当 V1 为非"往""到"义时,"于"引进处所而虚化为介词,例如《甲骨文合集释文》6507:"土方征于我东鄙。""于"引进动词"征"的对象"我东鄙";又《甲骨文合集释文》6583:"自咸告至于父丁。"而当 V1 后面跟宾语时,则"于"虚化为介词,例如《甲骨文合集释文》40353:"贞:作大邑于唐土。""于"表示"作大邑"的处所。甲骨文用例让我们对介词"于"的来源有了比较科学合理的认识——介词"于"来源于动词"于",商代是其演化的重要时期。

甲骨文中无"於"字,春秋时期的金文里才出现"於"字[①]。"於"本是叹词"乌呼"之"乌"的记音字,"乌呼"古文献也作"呜呼""於戏""於乎"等。"於"上古音影母鱼部,"于"匣母鱼部,二者古音并不完全相同。春秋晚期因音近而借"於"为介词"于",例如《论语》中介词"于"8 次而"於"162 次;《孟子》中介词"于"28 次(含引用《尚书》《诗经》18 次)而"於"436 次。"战国中晚期以后'於'已基本上取代了'于',此后的典籍,大多只在引用古籍时才用'于'字,或者是方音或仿古的影响,仍有用'于'的。"[②]

科学的常用词界定需要使用频率作为划分的标准,而频率统计也建立在语料的基础之上。古代汉语常用词的频率统计研究至今未见成果,故而古代汉语常用词只是根据人们的主观判断而来。传统训诂学的研究对象是"字面生涩而义晦,字面普通而义别"这两类,与常用词研究的范围并不完全相同。

从理论上说,现代汉语56 008 个常用词的源流演变规律都应该值得我们去研究。

拙著《汉语常用 100 词源流演变研究》是现代汉语常用词演变研究的新成果,该书根据《现代汉语常用词表(草案)》,选取频序号在前的 120 个常用词展开源流演变研究。该书的常用词研究的基本思路是:首先介绍这 120 个常用词的今义,然后探求其本义与引申义之间的演变关系,并努力阐述词义源流嬗变的形成机制,主要回答"常用词的基本用法是什么""它是从何时产生的""又是如何演变发展的"等问题。上探源、下溯流,在共时静态的描写基础上,

---

[①] 郭锡良《介词"于"的起源与发展》,《中国语文》1997 年第 2 期,第 135 页。
[②] 郭锡良《介词"于"的起源与发展》,《中国语文》1997 年第 2 期,第 136 页。

做纵向的历时比较和动态分析，尽可能描写其历史演化的过程和动因。

二、常用词研究的基本思路

常用词演变研究任务是探索常用词产生发展或替换存续的历史轨迹，因此，既可以从词的本义依次从古到今顺时索流，也可以从今到古循流逆向溯源。具体研究路径视研究者的兴趣习惯或行文的需要而定。

从古到今的纵向演变研究，本书举例甚多，如前文对"法官"词义演变的简单梳理，从战国到秦汉，再到唐、宋、元直至清代词义发生的演化。这里举一例从今逆古溯源研究的例子，我们以副词"也"的产生时代研究为例①。

先看古人对副词"也"产生时代的研究。

古代学人很早就注意到语气助词（也叫语助词）"也"，语气词"也"放在句末表示结束、成句等语法功能。南北朝时期的辞章学家刘勰在《文心雕龙·章句》中说："乎哉矣也，亦送末之常科。"但是人们对表示"类同"义的副词"也"的关注却晚至清初。陈雷补义、魏维新同订的《助语辞补义》云："也，……又有稍与'亦'字同意者，音'夜'。杜甫诗：'西蜀樱桃也自红。'"又《助语辞补义·附录》"衬语辞"条下再云："'亦'，'也'同。"②《助语辞补义》成书于康熙丁卯年，即康熙二十六年（1687）。稍后，清人刘淇《助字辨略》亦云："又杜子美诗：'青袍也自公。'此'也'字，犹'亦'也。"③《助字辨略》首刊于康熙五十年（1711），晚《助语辞补义》二十来年。

再看今人对副词"也"产生时代的研究。

今人对副词"也"的溯源研究最早要数裴学海先生，他所征引的例证是杜甫诗"青袍也自公"④。二十世纪五十年代，日本学者太田辰夫提出新观点，他认为，副词"也"从唐代开始用得较多，但是南北朝也有少量的例子，他举了两则例证：（1）不能片时藏匣里，暂出园中也自随（北周庾信《镜赋》）；（2）庭草何聊赖，也持秋当春（陈何揖诗）⑤。太田辰夫的观点较前人有了发

---

① 曹翔《副词"也"研究的相关问题》，《乐山师范学院学报》2012年第27卷第4期。
② 王克仲集注《助语辞集注》，中华书局，1988年，第1174页。
③ 刘淇《助字辨略》，章锡琛校注，中华书局，1954年，第166页。
④ 裴学海《古书虚字集释（卷三）》，中华书局，1954年，第171页。
⑤ 太田辰夫《中国语历史文法（中译本）》，北京大学出版社，1958年，第268页。

展,第一次把副词"也"的产生时代断在南北朝时期。二十世纪八十年代以来,副词"也"的产生时代备受重视。《汉语大词典(第一卷)》(上海辞书出版社,1986年,第766页)、王政白《古汉语虚词词典》(黄山书社,1986年,第65页)、柳士镇《魏晋南北朝历史语法》(南京大学出版社,1992年,第228页)、向熹《简明汉语史》(下)(高等教育出版社,1993年,第267页)、杨荣祥《近代汉语中类同副词"亦"的衰落与"也"的兴起》(《中国语文》2000年第1期,第57页)等均沿袭太田辰夫的观点,例证多取庾信《镜赋》诗"暂出园中也自随"。后来李宗江先生又发现7例南北朝梁陈时期的例证。

显然,今人的研究后出转精,将副词"也"的产生时代提前了近200年。人们起先发现副词"也"产生于唐代,但是后来学者在南北朝时期的文献中发现了用例,循流而溯源,研究结论渐趋接近语言的真相。

三、对常用词演变研究结论的正确态度

需要说明是,由于汉语文献历史久远,使用人口众多,幅员辽阔,方言俚语驳杂,汉语常用词演变研究的结论往往只是一种可能性,仁者见仁,智者见智。下面试举例说明之。

"注",《说文·水部》:"灌也。从水主声。"清朱骏声《说文通训定声》云:"注,犹引导也,亦犹疏通也,亦犹置洿也。"《玉篇·水部》:"注,寫也。"《广韵·遇韵》:"注,灌注也。"

据经典辞书的释义可知,"注",本义是注水、灌水、引水。例如《仪礼·有司彻》"以悒涪注于疏匕",东汉郑玄注:"注,犹泻也。"又如《汉书·沟洫志》"渠成而用注填阏之水",句子意思是:渠成,引用灌注这种含有淤泥的水源。

古人把给经传作的解释也叫作"注",如郑玄给《三礼》作的注解叫"郑注"。宋《类篇·水部》:"注,述也,解也。"《礼记》"曲礼上第一",唐孔颖达疏:"注者,即解书之名。"清段玉裁解释说:"注之云者,引之有所适也,故释经以明其义曰注。"那么"注"的这种用法是怎么引申而来的呢?

前人大约有两种意见,一种以唐人贾公彦为代表。《周礼·天官》"天官冢宰第一",贾公彦疏:"注者,于经之下自注己意,使经义可申,故云注也。"

《仪礼·士冠礼》"郑氏注"贾公彦疏:"言注者,注义于经下,若水之注物。"唐刘知几《史通·补注篇》云:"注者,流也,流通而靡绝。"另一种以唐人孔颖达为代表。孔颖达《毛诗正义》:"注者,著也,言为之解说,使其义著明也。"《孝经·序》"且传以通经为义",宋邢昺疏:"注者,著也,约文敷畅,使经义著明,则谓之注。"《孝经·序》"御制序并注",邢昺疏:"注,著也,解释经指,使义理著明也。"

"注释"之"注",唐人贾公彦、刘知几都认为是从注水之义引申而来,而唐人孔颖达、宋人邢昺认为"注"通"著",是假借引申而来,这两种意见似乎都说得通。

又如汉语史上表示复数的词尾"们",其来源就有3种观点(参看拙著《汉语常用100词源流演变研究》第七章第三节"我们"),一种认为来源于"辈",以吕叔湘先生为代表①。上古汉语表示复数的有"属""侪""曹""等""辈"几个词。中古时,常用的是"等""辈"。"等"字既用于指人的名词或代词后,也用于指物的名词后;"辈"字仅用于指人的名词或代词后。语音上,"辈"与"弭""弥""每"双声,有语音上的直接联系。另一种认为"们"来源于"物"。江蓝生认为②(1995)"物"由本义"杂色牛"引申泛指人事的类别,六朝时再引申泛指众人或一切人,具备了"等"虚化为复数词尾的条件,疑问代词"何等"之"等"用在人称代词或指人名词后表示复数,那么,根据同义词的类同引申规律,同为疑问代词的"何物"之"物"也应该可以用在人称代词或指人名词后表示复数。还有一种意见认为"们"来源于"门"。太田辰夫最早(1958)提出"们"的语源是"门","大概是指同一族的人"③。俞敏《古汉语的人称代词》(载《语文自修大学讲座》1981年第2期)也持这一观点,古代我国农耕社会的"家"是人们生产、生活的基本单位,人们一提多数,便说"我门"(=我家)④。因汉字书写表意的需要,加个人旁,表示复

---

① 吕叔湘《释您、俺、咱、嗱,附论们字》,载《华西协合大学中国文化研究所集刊》一卷二期,1940年。
② 江蓝生《说"麼"与"们"同源》,载《中国语文》1995年第3期。
③ 太田辰夫《中国语历史文法》,日本江南书院,1958年;北京大学出版社,2003年,第316页。
④ 俞敏《俞敏语言学论文集》,黑龙江人民出版社,1989年,第299页。

数的后缀"我们""你们"便流行开来。这些观点似乎都有道理。

　　蒋绍愚先生曾言:"对历史语言的研究,我们不能过分苛刻。在很多情况下,我们只能论证某种历史变化的可能性,而无法论证其必然性。但即使说的是可能性,也最好是一种较大的可能性,而不是很受限制的可能性。"① 蒋先生所言甚是。汉语词汇演变规律隐匿在纷繁复杂的语言文献之中,"乱花渐欲迷人眼",这就为探索者提供无限可能的挑战,也为研究者追求真理揭秘语言真相增添了诸多乐趣。

思 考 题

1. 简述语言的作用。
2. 语言的要素有哪些?
3. 常用词与非常用词的区别在哪儿?
4. 简述常用词研究的价值。
5. 说说汉语常用词研究的现状与趋势。
6. 常用词研究的基本思路。
7. 汉语"走"产生于什么时代?试述"走"的词义演变发展轨迹。
8. "自"的本义是什么?如何演化为自称代词的?
9. 《说文解字》《辞源》《现代汉语词典》在释义上各有什么特点?
10. 看待常用词历史演变研究结论的正确态度是什么?

---

① 蒋绍愚《近代汉语研究概要》修订本,北京大学出版社,2017年,第141页。

第二章 | 汉语常用词演变研究的内容

常用词演变研究的内容非常广泛，最常见的，也是人们最为关注的是常用词的产生与发展，即一个常用词它产生于何时，在何时发生了变化，又是如何变化的。其次是关注常用词的替换，甲词产生了，后来被乙词所取代，甲词是在什么时代被乙词所取代的，取代的原因是什么。再次是关注常用词的分化，常用词因词义表达精密化的需要而分化为不同的字形、读音或分化出新的词性。此外，还关注词族的研究、名物词的研究、常用词与文化的研究等。

第一节　词的产生与发展

一、词的产生

（一）词的产生是人类社会发展到一定阶段的必然产物①

生活常识告诉我们，任何一件事情都有由微小到壮大，由萌生到发展的过程。战国辞赋家宋玉《风赋》云：

　　夫风生于地，起于青蘋之末，侵淫溪谷，盛怒于土囊之口。缘太山之阿，舞于松柏之下，飘忽淜滂，激扬熛怒。耾耾雷声，回穴错迕，蹶石伐木，梢杀林莽。

风起于水草之间，从无到有，从小到大。风的产生如此，其他任何事物亦是如此。任何事物都有一个萌芽、发生、成长、壮大的过程，人类社会亦然。

人类赖以生存的地球大约形成于40亿至50亿年前，她是从太阳系的原始星云中分化出来的；大约25亿年前，地球上出现了菌类、藻类；大约4.38亿年前，绿藻进化为蕨类植物；4亿年前，地球上出现了沼泽森林、鱼虾贝类；2亿年前，出现了哺乳动物；五六千万年前出现了灵长类动物；4千万年前，地球上出现了类人猿；5百万至1千万年前古猿进化，能够直立行走，聚集成群，以采集狩猎为生，处于从猿到人的过渡阶段；2百万年前，出现了直立人；

---

①　参见曹翔《风起于青蘋之末（自序）》，《汉语常用100词源流演变研究》，中国社会出版社，2019年，第1-4页。

20万至30万年前，地球上出现了早期智人；5万至10万年前，地球上出现了晚期智人。晚期智人被认为是现代人的祖先。

在中国，人类学和考古学成果表明，180万年前的山西芮城"西侯度人"和170万年前的云南"元谋人"，已经懂得用火；50万至100万年前出现的陕西"蓝田人"已经会简单加工石器；25万至60万年前出现的"北京人"、安徽"和县人"会保存火种；10万年前的"丁村人"（山西襄汾县南）、"许家窑人"（山西阳高县）及河南"许昌人"等能够制造精巧的刮削器，还会加工兽皮；1.8万年前的北京"山顶洞人"会制作精细的骨针并用它来缝制衣服，其体质形貌几乎与现代人一样，具有明显的黄种人特征。在3 500至1万年前，中国境内的黄河流域、长江流域、珠江流域、东北地区、西南地区，都遍布了我们祖先活动的足迹。

在人类漫长的演进史上，直立行走和群居劳作是进化的两个关键环节。直立行走使人类在喉部与口腔之间形成了弯道——咽腔①，有了这个咽腔弯道，人类才有了对气流缓冲的自如控制的能力，从而使音节自由离析成为可能——形成语音（任何一种语言都是以音节为自然的语音单位）。咽腔的形成为人类说话奠定了必要的生理条件。

人类群居而形成社会。在共同生活、合作劳动中，人们需要彼此联系。彼此联系的最简单、最便捷、最有效的介质莫过于语言。没有语言，人与人之间的联系就会中断，社会就会解体。在语言和生产劳动的双重推动下，人类的大脑产生了明显的变化——不仅大脑的容量增加，而且左右半球开始分工——猿脑终于进化为人脑。生物解剖学表明，大脑的两半球的分工也是人类特有的。人类大脑左半球控制语言活动等抽象思维，右半球控制感性动作活动等直观思维。

语言与人类社会相伴而生。语言助力人们互相沟通，传递信息，积累知识。一些集体活动，如围猎、水利工程、敬天祀地的宗教活动等，非得借助语言的巧妙沟通，才能组织到足够多的人密切合作。人类只有借助语言才能完成系统的、复杂的、抽象的思维。思维的发展，反过来促进了语言的发展和大脑

---

① 咽腔是人类特有的器官。四肢俯行的动物，口腔与喉部直接相连。

的进化。

那么，人类①是怎么开口说话的呢？这是哲学家、人类学家、语言学家、考古学家、生物学家、遗传学家、历史学家，甚至数学和计算机学家都感兴趣的话题。

有人利用仿生学原理，给我们描绘了这样一幅原始人类语言产生的初始场景："在原始人群里，一开始时人们发出声音，只是对环境的一种潜意识的不自觉的反应；后来人们偶然地意识到，可以用一些简单的声音来指示身边的一些事物。这样人们就可以进行最简单的交流……我们假设一开始时不同人可能用不同的声音来表示同一个事物，各自表达的方式不一样，但后来经过彼此长期的交流，互相模仿，最后在人群里形成一个统一的信号系统，这就是'约定俗成'，语言的开始。"②

前人对人类语言的产生有过很多种假设，如"劳动号子"说。持此类观点的学者认为，人们在集体劳动中，需要发出劳动号子，故而演化出语言。《淮南子·道应篇》："今夫举大木者，前呼'邪许'③，后亦应之。此举重劝力之歌也。"鲁迅先生也有类似的观点，他说：

> 我想，人类在未有文字之前，就有了创作的，可惜没有人记下，也没有法子记下。我们的祖先原始人，原是连话也不会说的，为了共同劳作，必需发表意见，才渐渐的练出复杂的声音来，假如那时大家抬木头，都觉得吃力了，却想不到发表，其中有一个叫道"杭育杭育"，那么，这就是创作；大家也要佩服，应用的，这就等于出版；倘若用什么记号留存下来，这就是文学；他当然就是作家，也是文学家，是"杭育杭育派"。（《且介亭杂文·门外文谈》）

与"劳动号子说"相近的还有"情感说"，例如宋代王安石曾说："物生而

---

① 现代人的起源有"多源说"和"非洲单源说"两种假说。"多源说"认为，现代的人类不止一个起源，而是各地人类分别进化的结果。"非洲单源说"认为，现代人的共同祖先来自非洲。大约十万年前东部非洲出现了晚期智人。大约五六万年前，这种人来到欧亚大陆，取代了原来生活在那里的原始人类，成为现代人类的唯一祖先。
② 王士元、柯津云《语言的起源及建模仿真初探》，《中国语文》2001年第3期，第197页。
③ 邪许，古音同"呀呼""嗨呼"。

有情，情发而有声，声以类合，皆足相知，人声为言，述以为字。"(《进〈字说〉表》）近人刘师培（1884—1919）也有相近的观点，他说：

> 盖有情然后有声，有声然后有言……人为万物之灵，人生于世，不能不与事物相接，口之于味，目之于色，耳之于声，鼻之于嗅，皆身于事物相感触者，身有所感，则心有所知。有知而后有情，有情而后有感。情动于中，则形于言，所以吐露其情感，发抒其志意，以表示他人者也。此即言语之起源。①

人类开口说话以后，用声音来指示事物，不同的原始族群可能会用不同的声音来表达相同的事物，约定俗成②而代代相传。彼此相邻的原始族群经过融合，最终形成民族。同一个民族使用同一种语言，不同的民族使用不同的语言，于是便有了现今世界上语言的多样性。

原始族群一旦有了最初的一些约定俗成的认识之后，人们就会由此及彼，利用已有的认知成果，抓住事物所共有的或相似的特征，触类旁通，从已知推出未知。历史上，汉人把"罴"叫作"人熊"，这是因为罴，似熊而大头。《尔雅·释兽》"罴如熊"，郭璞注："罴，似熊而长头。"《诗经·大雅·荡之什·韩奕》"赤豹黄罴"，三国吴陆机疏云："罴有黄罴、有赤罴，大于熊，其脂如熊，白而粗理，不如熊白美也。"清郝懿行义疏："熊罴相类，俗人不识罴，故呼为人熊。"普通语言学认为，人类早期的思维方式与语言表达，跟儿童认识世界基本一致。英国语言学家帕尔默（L. R. Palmer）《语言学概论》曾举过一个例子：儿童起初知道四足兽"狗"的名称，于是见到牛等所有四足兽，都管它们叫"狗"。后来大人告诉他，这是"牛"，于是儿童就仔细地观察"狗"与"牛"的区别，"牛"是大个儿，带角的四脚兽，于是儿童记住了"牛"这个词的含义，并与"狗"区别开来③。这就是人类早期认识世界的一种方式——将词语与外部世界联系起来，从已知推出未知。

---

① 刘师培《论解字为作文之基》，《中国文学教科书》第1册，1905年国学保存会，第1页。又1934年宁武南氏校印，第1页。
② 荀子（约公元前313—公元前238）《正名篇》云："名无固宜，约之以命，约定俗成谓之宜，异于约则谓之不宜。名无固实，约之以命实，约定俗成谓之实名。"
③ 帕尔默《语言学概论》，李荣等译，吕叔湘校，商务印书馆，1983年，第140页。

人们还可以用相同或相近的声音来命名相类似的事物或具有某一共同特征的事物,在旧词的基础上引申出新义,或创造新词,进而形成随时代和社会发展而发展的词义系统和组词成句的语法规则,从而满足人们交际的需要(详见下文(三)汉语词汇产生的三个阶段,此处不赘述)。

正因为语言从初始的约定俗成的音义符号引申发展而来,人们按照语义表达的需要,以一定的规则组词成句,所以语言符号的组合和聚合①都是有规律的,故而任何一种语言都是可以分析研究的,也就是说,任何语言都是可以论证和解释的。

人类自从有了语言,便大大加速了社会前进的步伐,人们之间的联系更为便捷,于是物质生产效率大大提高,精神活动不断丰富,思维方式日趋精密。但是口耳相传的语言交流方式并不是万能的,它有着天然的不足,即语言的一发即逝性。

语言的一发即逝性,决定了它不能留于异时,不能传之远方。正如清人陈澧所说:"声不能传于异地,留于异时,于是乎书之为文字。文字者,所以为意与声之迹也。"(《东塾读书记》卷十一)

人类祖先的创造力是无限的,不仅创造了人类自己,还创造了最为便捷的交流工具——语言,当语言不能满足人们的交流需要时,还创造了能留于异时、传至远方的文字。文字的产生弥补了语言交际功能的不足。

(二) 文字的产生是语言发展到一定历史阶段的产物

语言口耳相传,具有即时性,要传至远方留于异时,就必须借助介质——实物记事、图画记事。但是实物记事、图画记事有着天然的缺陷——表义模糊,理解困难,且时间越久理解越困难;实物记事还有携带不方便,表义不清楚等缺点。最终人们发现,最为便捷有效的辅助交际工具是"文字"。

章太炎说:"文字者,词言之符。"② 文字是记录语言的书写符号系统。语言与人类相伴而生,数万年前就已经存在了。而文字是在语言基础上,因现实需要慢慢演化而来。世界最古老的文字——美索不达米亚的钉头文字(也叫楔

---

① 所谓组合,即指语言片段之间按照一定的语法规则形成的线性联系;所谓聚合,指语言片段具有相同的功能而形成的类别。

② 《章太炎全集》第七册《文始叙例》,上海人民出版社,1999年,第159页。

形文字）也不过 4 000 年的历史。汉字是世界上最古老的文字之一，成熟的汉字是 3 500 年前的殷商甲骨文字。

任何一个事物的产生均有孕育的阶段，文字的孕育也不例外，所有的自源文字①都来源于记事图画——文字画，当一个图形对应于语言中的一个语素或词，那它就不是"画"而是"字"，例如 2008 年北京奥运会会徽🏃，如果你理解成"一个运动员在向前奔跑"，那它就是一幅画；如果你把它读作汉语中的"wén"，并把它同汉语中的"文"义连在一起，那它就是文字了。

汉字是逐渐演变并走向成熟的。由此推断，在甲骨文产生运用之前，还存在一段漫长的记事图画（也叫文字画）的阶段。唐兰先生认为汉字的嫡系远祖还可以远溯到 5 500 年前的"大汶口陶器文字"②，这样看来汉字从文字画到成书汉字，经历了 2 000 多年的时间。

文字的产生被认为是人类社会进入文明阶段的一个重要标志。语言口耳相传的信息量是有限的，且覆盖面积小，受众范围有限。而文字能将古今中外的信息聚集在一起，传至远方，泽被后人。人们可以通过书面材料，充分利用人类汇集的智慧创造物质财富和精神财富。恩格斯在《家庭、私有制和国家的起源》中说，人类"从铁矿的冶炼开始，并由于文字的发明及其应用于文献记录而过渡到文明时代"。有了文字，人类也就进入了文字史的崭新时代。

（三）汉语词汇产生的三个阶段

语言学家认为汉语词汇的积累大约经历过三个阶段，即原生阶段、派生阶段与合成阶段。"这三个阶段之间没有截然分清的界限，只是在不同的阶段，各以一种造词方式为主要方式。"③

1. 原生造词阶段

原生造词时期，是汉语词汇的原始积累时期。原生阶段，汉语是如何造词

---

① 文字有自源文字和借源文字之别。自源文字是本族先民原创性的文字，如我国的甲骨文；借源文字是直接借用外族文字或借鉴外族文字而仿造的文字，如利用汉字个别符号而创制的日本假名。

② 唐兰《唐兰全集》一二《书信·致袁晓园》，上海古籍出版社，2015 年，第 94 页。

③ 王宁《关于汉语词源研究的几个问题》，《陕西师范大学学报（哲学社会科学版）》2001 年第 1 期，第 65 页。

的？影响最大的莫如"摹声说"。如清末民初国学大师章太炎（1869—1936）先生认为，语言的最初发生与人对自然界的接触和感受有关，其《语言缘起说》云：

> 语言者，不冯（凭）虚起。呼马而马，呼牛而牛，此必非恣意妄称也。诸言语皆有根，先征之有形之物，则可睹矣。何以言雀？谓其音即足也。何以言鹊？谓其音错错也。何以言雅？谓其音亚亚也。何以言雁？谓其音岸岸也。何以言䴏鹅？谓其音加我也。何以言鹡鸰？谓其音磔格钩辀也。此皆以音为表者也。何以言马？马者，武也（古音马、武同在鱼部）。何以言牛？牛者，事也（古音牛、事同在之部）。何以言羊？羊者，祥也。何以言狗？狗者，叩也。何以言人？人者，仁也。何以言鬼？鬼者，归也。何以言神？神者，引出万物者也。何以言祇？祇者，提出万物者也。此皆以德为表者也。要之，以音为表，惟鸟为众；以德为表者，则万物大抵皆是。乃至天之言颠，地之言底，山之言宣，水之言准（水在脂部，准在谆部，同类对转），火之言毁（古音火、毁同在脂部），土之言吐，金之言禁，风之言氾，有形者大抵皆尔。①

清代学者张行孚（同治九年举人）亦有类似的看法，他说：

> 古人造字之始，既以字形象物之形，即以字音象物之声，如牛字象牛之形，而牛字音即与牛鸣相似；羊字象羊之形，而羊字音即与羊鸣相似。豕字象豕之形，而豕字音即与豕鸣相似；鸟字象鸟之形，而鸟字音即与鸟鸣相似，木字象木之形，而木字音即与击木相似；石字象石之形，而石之音即与击石相似；竹字象竹之形，而竹字音即与击竹相似，金字象金之形，而金字音即与金声相似。至于马字、犬字、燕字，亦象形之字，而字音不甚与物声相似者，则字音辗转读别尔。（见张行孚《字音每象物声》，载《说文发疑》三）

原生阶段所造词多源于自然之声，如"蛙、鸡、鸭、鹅、鸦、猫、蟋蟀"等，人们以鸣叫声为其命名；又如"淋、沥、流、涟、涝、潦"等字，其语音

---

① 章太炎《国故论衡》，商务印书馆，2010年，第48页。

与水的滴沥声相关。

在原生造词这段时期里，词汇从无到有，原生词的音义结合不能从语言内部寻找理据，它只能是"约定俗成"的。

原生造词实际上是人类学家、语言学家、哲学家们的假设，正如王宁先生所说："这些现象是偶然的巧合还是理性的必然？在天籁与人语之间存在着哪些规律性的联系？在已被记录下来的亿万词汇中哪些词属于原生造词的根词？由于语言发生的历史过于久远，不要说穷尽性的测查无法进行，就连一定数量的抽样测查和局部语料的归纳都是不可能做到的。所以，关于原生造词的理论只能是一种无法验证的假说。"[①]

2. 派生造词阶段

派生阶段是汉语词汇积累的重要阶段。在原生造词的晚期，派生造词就已经出现。当原生造词接近完成时，派生造词逐渐成为占主导地位的造词方式。这一阶段，汉语由已有的旧词，大量派生出单音节的新词——派生词，汉字也因此得以迅速累增。周秦时代是汉语词汇派生的高峰。派生造词，积累了大量的同源词。

例如"北"，《说文·北部》："乖也。从二人相背。"由"北"引申分化出"背"字。段注云：

> 北，乖者，戾也。此于其形得其义也。军奔曰北，其引伸之义也，谓背而走也。韦昭注《国语》曰：'北者，古之背字。'又引伸之为北方，《尚书大传》《白虎通》《汉·律历志》皆言：'北方，伏方也。'阳气在下，万物伏藏，亦乖之义也。

北，本义谓两人背靠背，即"背"的本字，长沙《马王堆汉墓帛书》载"腰痛北痛"，又"耳脉，起于手北，出臂两骨之间"。例中两个"北"，即用"背"的本义。清王筠《说文释例》："古背字盖即北字。后又加肉（月）别为一字耳。"背，《说文·肉部》："脊也。从肉北声。"段注："脊，背吕也。然则脊者，背之一端。背不止于脊，如髀者股外，股不止于髀也。云背，脊也；

[①] 王宁《关于汉语词源研究的几个问题》，《陕西师范大学学报（哲学社会科学版）》2001年第1期，第65页。

股,髀也,文法正同。"

北,分户书"背"之,由"背"字分化出"败北"义,又假借为南北之北。

又,《尔雅·释草》:"荼,苦菜。"《诗》曰:"谁谓荼苦,苦菜可食。"宋邢昺疏:"叶似苦苣而细,断之有白汁,花黄似菊,堪食但苦耳。"荼,可食用的味苦之菜。段注:"荼,苦荼也。《释艸》《邶》毛传皆云:'荼、苦菜。'《唐风》'采苦采苦',传云:'苦、苦菜。'然则苦与荼正一物也。"

古人以苦菜喻称"荼"。顾炎武《日知录》卷七《茶》载引西汉王褒《僮约》"武都买荼",西晋张载《登成都白菟楼》诗"芳荼冠六清",西晋孙楚诗"姜桂荼荈出巴蜀",北宋寇宗奭《本草衍义》"晋温峤上表,贡荼千斤,茗三百斤"等书证,得出"是知自秦人取蜀而后有茗饮之事"的结论。茶,《说文·艸部》:"苦荼也。从艸,余声。"徐铉等曰:"此即今之茶字。"《日知录》引《新唐书·陆羽传》:"羽嗜茶,著经三篇,言茶之原、之法、之具尤备,天下益知饮茶矣。"顾炎武在"羽嗜茶"后自注:"自此后,'荼'字减一画为'茶'。"

可见,由"荼"派生"苦"(菜);由"荼"又派生出"茶"。

《说文·人部》:"人,天地之性最贵者也。"人,上古音"njien"(王力《同源字典》),它大概属于原生造词,具有约定俗成的性质。当人们将njien与"人"的含义联系后,就会由"人"的音义引申出近义词"仁"。"仁"上古音njien(王力《同源字典》),与"人"同音近义。古人认为"人"的本质属性是仁爱,《释名·释形体》云:"人,仁也。"《广雅·释诂》亦云:"人,仁也。"而仁,《说文·人部》:"亲也。从人,从二。"仁,从二人会意。所谓二人,即古人所谓"相人偶之意",也就是指人与人之间的"彼此亲密"。《论语·颜渊》:"樊迟问'仁'。子曰:'爱人。'"孟子亦云:"仁者爱人,有礼者敬人。爱人者,人恒爱之;敬人者,人恒敬之。"(《孟子·离娄下》)

在派生造词阶段,"人"派生出"仁"。

再如他称代词"其"是从名词"其(箕)"派生而来[①]。

[①] 参见曹翔《汉语常用100词源流演变研究》,中国社会科学出版社,2019年,第224页。

其，象形字。甲骨文字像簸箕形。《说文·箕部》："箕，簸也。从竹𠀈，象形。"其，本义为簸箕，今音 jī。

借为他称代词（非独指人），今音 qí，犹言"他（她、它）的""他（她、它）们的"。例如《诗经·周南·桃夭》："桃之夭夭，灼灼其华。之子于归，宜其室家。"《论语·先进》："亦各言其志也已矣。"《庄子·逍遥游》："北冥有鱼，其名为鲲。"《商君书·靳令》："圣君之治人也。必得其心。"曹操《步出夏门行·观沧海》："日月之行，若出其中。"

由形容词性的代词转指为名词性的代词，表示"他（她、它）""他（她、它）们"。例如《史记·廉颇蔺相如列传》："秦王恐其破璧。"又《史记·老子韩非列传》："鸟，吾知其能飞；鱼，吾知其能游。"韩愈《师说》："余嘉其能行古道，作《师说》以贻之。"①

又借作指示代词，或表示近指，犹言"这、这些"。例如《史记·孝文本纪》："其岁，新垣平事觉。"② 汉刘向《列女传·楚成郑瞀传》："且其人蜂目而豺声，忍人也。"③ 曹操《与荀彧书追伤郭嘉》："其人见时事兵事过绝于人。"又曹操《加枣祗子处中封爵并祀祗令》："其时岁则大收。"或表示远指，犹言"那，那些"。例如《左传·僖公十五年》："二三子何其戚也！"《论语·八佾》："尔爱其羊，我爱其礼。"④《史记·滑稽列传》："至其时，西门豹往会之河上。"

其，为借义所专用，簸箕之本义，便另加义符"竹"写作"箕"来表示（《说文·竹部》："箕，簸也。"）。例如《战国策·齐策六》："齐婴儿谣曰：大冠若箕，修剑拄颐。"汉李尤《箕铭》："箕主簸扬，糠秕乃陈。"

又如第一人称代词"我"，《说文·我部》："施身自谓也。"甲骨文字形像一把刃部呈锯齿状的长柄斧钺，本义是一种特殊的刑具。因第一人称代词有音无字，古人便借用同音字"我"来当作第一人称代词，这便是汉代大儒许慎所说的"本无其字，依声托事"的假借造字法，这也是一种派生之法。

古人通过表象联想，进行意象类比，并用相同或相近的语音表达，如此派

---

① 嘉，赞许，嘉奖。贻，赠送，赠予。
② 句子大意是：这一年，新垣平（欺诈）的事情被发觉了。
③ 句子大意是：况且这个人眼睛像黄蜂，声音像豺狼，是个残忍的人。
④ 句子大意是：你爱那个羊，我爱那个礼。

生新词，其成词原因乃得到发生学的说明。派生词是由旧词分化来的新词，只要找到旧词，也即源词，派生词的音义来源及其结合关系便可以得到说明。

3. 合成造词阶段

合成阶段的到来是汉语词汇发展的必然结果。汉语词汇在原生与派生造词阶段都是以单音节为主的。由于音节数量有限，同音词必然大量出现。同音词的大量出现势必造成表义的模糊混乱，于是凭借音变而来的派生造词便不能适应词汇继续增长的需要。恰好此时汉语的构词元素积累到了一个足够的数量，为合成造词创造了必要的条件（参见第四章第五节"语素合成构词"）。汉语双音词，除连绵词、外来词外，大都由语素合成或语法化而来，例如"中国"一词，即由语素"中"与"国"合成而来。上古时代，我国华夏族建国于黄河流域一带，以为居于天下之中，故有"中国"之称，意谓"国之中"，可见为偏正式合成词。又如名词"工作"，产生于六朝，来源于"名词'工'+动词'作'"的语用固化，由主谓结构演化为主谓式合成词，而动词"工作"来源于名词，产生于唐代，因由指称引申出陈述，由名词引申作动词（详见本书第四章第五节"工作"释义）。

合成造词往往非常复杂，有时并不是两个语素的简单合成，下面以疑问代词"什么"的产生为例。

"什么"始见于唐代文献，例如唐吕岩《劝世》诗："算是甚命，问什么卜。欺人是祸，饶人是福。""问什么卜"，即无须卜问。此处"什么"表示不满或责怪义，用的是其引申义而非本义。

"什么"，起初有"什/是/甚 + 物/勿/没/麽/摩/末/么"等多种写法。例如：

是物/是勿：初唐《神会和尚遗集》："问：唤作是物？答：不唤作是物。"又《神会和尚遗集》："问：是勿是生灭？答：三世是生灭。"《因话录》卷四："玄宗问黄幡绰：'是勿儿得人怜？'对曰：'自家儿得人怜。'"诸例都是有问有答，疑问代词提出问题。神会和尚生于670年，卒于762年，初唐人。

是没：《神会和尚遗集》："忠禅师答言'是空。'又问：'空便有是没物？'""有是没物"，即有什么物体。敦煌变文《大目乾连冥间救母变文》："（目连报言）'世尊寄物来开。'狱主问言：'寄是没物来开？'目连启狱主：

'寄十二环锡杖来开.'""是没物",犹言"什么物""什么东西"。

什麽:《坛经·机缘品》:"师曰:'汝曾作什麽来?'"五代王定保《唐摭言·公荐》:"韩(文公)始见题,而掩卷问之曰:'且以拍板为什麽?'"

什摩:《祖堂集》卷六:"师问张拙秀才:'汝名什摩?'对曰:'张拙。'"《祖堂集》卷八:"洞山问:'阁梨名什摩?'对云:'玄机。'"

甚麽:《五灯会元》卷五《石霜庆诸禅师》:"沩于地上拾得一粒,曰:'汝道不抛撒,这个是甚麽?'"又:"师曰:'百千粒从这一粒生,未审这一粒从甚麽处生?'"

是末:元张国宾《汗衫记》第四折:"俺和你有是末杀父母冤!""是末",用于反问句中,表示惊讶、不满的语气。

甚么/甚:元关汉卿《谢天香》第二折:"想着俺用时不当,不作周方,兀的唤甚么牵肠,想俺那去了的才郎。""甚么",表示惊讶、恍然大悟的语气。也用来表示虚指,例如《朱子语类·本朝六·中兴至今日人物下》:"三山黄明陟登,是黄传正之父。其人朴实公介,为甚处宰。初上任,凡邑人来见者,都请但一揖。""甚处",即某个地方;"宰"是官吏的通称。"甚处宰",犹言"在什么地方当官"。又元康进之《李逵负荆》第二折:"想必说我些甚么,你从头儿说,则要说的明白。"句中"甚么"显然是虚指。《河南程氏遗书》卷第十五:"若果自信,则虽甚人言语亦不听。"《朱子语类·大学五·传五章》:"'志立乎事物之表',立志便要卓然在这事物之上。看是甚么,都不能夺得他,又不惹地细细碎碎,这便是'志立乎事物之表'。"末两例"甚""甚么"是任指。

还有单作"没""莽"的,例如敦煌写卷斯2503号写本《赞禅门诗》:"'觉是没?'答:'觉是离。''佛是没?''佛是觉。'""觉是没""佛是没"即觉是什么、佛是什么。敦煌《李陵变文》:"缘没不攒身入草,避难南皈?""缘没",即因为什么。敦煌写卷《捉季布传文》:"今受困厄天地窄,更向何边投莽人?""投莽人",即投靠什么人。

"没/莽"又可以带词头"阿"。例如敦煌变文《燕子赋》:"更被枷禁不休,于身有阿没好处?"①"阿没",即什么。敦煌变文《燕子赋》:"但知搥胸拍臆,

---

① 句子大意是:再被拘禁起来,对自身有什么好处?

发头忆想阿莽？""忆想阿莽"，即回想到了什么。也作"只没"，例如唐《神会语录第一残卷》："（崔齐公）问：心定俱无，若为是道？答曰：道只没道？亦无若为道。问：既言无'若为道'，何处得'只没道'？""只没道"，即"什么道"，用来提问，下文自答。

什么，早期出现诸多写法，实际是一个词语的不同写法。在唐代，"是""什""甚"等字声母同属禅母，"没""么""麼""物""勿"等字同属双唇音，语音相近，故记音字写法不同。

什么，是源于"何+物"的语法化演变结果，即上古的疑问代词"何"修饰名词"物"，后来"物"词义虚化，意义中心落在"何"上，"何物"变成了一个疑问代词，此时也写作"何勿"，或省作"勿"；受时代或地域的影响，"勿"又写作"没""莽""麼"等，唐五代是"勿""没""莽""麼"又跟"是""作"结合，形成"是勿/麼……""作没/莽……"等；"是""作"词义虚化，演变成疑问代词；"是""什""甚"音近，"是勿/麼"等，也写作"什（甚）/麼/么"；"作"与"怎"音近，"作没/麼"等，也写作"怎/麼/么"。

文字用来记录语言，依靠的是文字的字形或字音来表达意义。汉字记录汉语，向来有"六书"的说法——象形、指事、会意、形声、转注、假借。前四种被认为是造字法（增加汉字），而后两种被认为是用字法（不增加汉字），即所谓的"四体二用"。"六书"中象形、指事、会意字是借用字形来表达词义，我们可以说是取象表义，如"日""月"（象形）、"本""甘"（指事）、"武""析"（会意）等；形声字，则是利用字形和字音共同表达词义，我们可以说是"形音喻义"，如"江"（从水工声）、"柯"（斧柄，从木可声）等。假借字也是借用同音字来表达词义的，我们可以说是"借音表义"，如"我"（本义谓斧钺一类的兵器；假借为第一人称代词）、"不"（本义谓花萼，假借为否定副词）等。

合成造词，甲骨文时代已有，如记时间的"乙亥""癸丑"等，记称谓的"旧臣""癃（瘵）臣"[①]等，春秋战国时期大量产生，构造方式有三类[②]，即复

---

① 参见付强《释〈合集〉3522中的"迍臣"》，载《殷都学刊》2020年第2期，第34-35页。
② 马真《先秦复音词初探》，《北京大学学报》（哲学社会科学版），1980年第5期，第59-63页。

合式、附加式、重叠式，复合式又分联合式、偏正式、动宾式，马真先生认为除去地名、人名外，春秋战国时期复音词有 2 772 个，大约为单音词的 20% 以上①，两汉以后，合成造词基本取代了派生造词，成为汉语主要的造词方式。

(四) 词义的产生与发展是有理据的

当人类社会已经能够运用语言作为交际手段时，人们会运用已有知识产生新词，发展新义，也就是说，新词新义的产生都是可以证明的。

例如"笔头"一词，顾名思义，即笔的书写部分。古人用毛笔蘸墨书写，写完之后一般需要清洗毛笔之"笔头"，否则会凝结伤毛，影响以后的书写。如唐杜牧《池州清溪》诗："何物赖君千遍洗，笔头尘土渐无痕。"敦煌变文《孝子传》附诗："写书不饮酒，恒日笔头干。且作随疑（宜）过，即与后人看。"例中"笔头"，即与书写有关。

毛笔可以使用不同颜色的墨汁或油漆来书写，如宋杨万里《新路店道中》诗："染得笔头生五色，急将描取入诗筒。"毛笔的主要功能是写字，故而"笔头"词义引申，谓写作文案，如唐人王梵志诗第 30 首：

> 当乡何物贵？不过五里官。县局南衙点，食并众厨餐。文簿乡头执，余者配杂看。差科取高户，赋役数千般。处分须平等，併檑出时难。职任无禄料，专仰笔头钻。管户无五百，雷同一概看。愚者守直坐，黠者驱驱看。

"专仰笔头钻"，即谓乡吏靠着文笔捞取好处。又如唐陆馀庆子《嘲父》诗："陆馀庆，笔头无力嘴头硬，一朝受辞讼，十日判不竟。"宋朱淑真《读史》诗："笔头去取万千端，后世遭它恣意瞒。"

又如现代汉语介词"在"、副词"在"的产生。

"在"，本是动词。《说文·土部》："在，存也。从土才声。"段注：

> 存，恤问也。《释诂》："徂、在，存也；在，存，察也。"按《虞夏书》"在，训察"，谓在与伺音同，即存问之义也。在之义古训为存问②。

---

① 马真《先秦复音词初探（续完）》，《北京大学学报》（哲学社会科学版），1981 年第 1 期，第 80 页。

② 存问，问候，安慰。

今义但训为存亡之存。

"在"的本义,段玉裁认为是"存问"义,恐不确。在,甲骨文与"才"同形,借草木初生之形以表示存在。金文始另加义符"土",以强调生存于土地。篆文整齐化,仍旧是左右结构。隶变后楷书写作"在",成为半包围结构。在,本义实谓存在,生存。例如《尚书·康诰》:"则罔政在厥邦。"清孙星衍今古文注疏引《尔雅·释诂》云:"在,存也。"《国语·晋语四》:"与从者谋于桑下,蚕妾在焉。莫知其在也。"《论语·学而》:"父在,观其志;父没,观其行。"《韩非子·喻老》:"唯孙叔敖独在。"清王先慎集解:"存,在义同。"《淮南子·原道训》:"无所不充,无所不在。"唐杜甫《羌村》诗之一:"妻孥怪我在,惊定还拭泪。"

存在是以时空方位来确定的,故"在"引申出"居于""处于"。例如《易经·乾》:"是故居上位而不骄,在下位而不忧。"《孟子·公孙丑上》:"贤者在位,能者在职。"晋张华《情诗》:"居欢惜夜促,在戚怨宵长。"宋苏轼《题西林壁》诗:"不识庐山真面目,只缘身在此山中。"

由"存在"义虚化,"在"引申出"在于""由于""听凭"义。例如《尚书·汤诰》:"其尔万方有罪,在予一人。"《管子·牧民》:"政之所兴,在顺民心;政之所废,在逆民心。"又如《孟子·滕文公上》:

> 夫滕壤地褊小,将为君子焉,将为野人焉。无君子莫治野人,无野人莫养君子……方里而井,井九百亩,其中为公田。八家皆私百亩,同养公田。公事毕,然后敢治私事,所以别野人也。此其大略也。若夫润泽之,则在君与子矣。

例中"若夫润泽之,则在君与子矣",意谓至于怎么调整完善,那么就靠你们的君主与您了。又如《荀子·劝学》:"驽马十驾,功在不舍。"《史记·苏秦列传》:"大王诚能听臣,臣请令山东之国奉四时之献,以承大王之明诏,委社稷,奉宗庙,练士厉兵,在大王之所用之。""在大王之所用",犹言"听凭大王驱使""任凭大王差遣"。又如杜甫《收京》诗:"克复成如此,安危在数公。"唐韩愈《符读书城南》诗:"木之就规矩,在梓匠轮舆。"

"在",与"存"有相同的声旁"才",两字音近,假借为"存",表"存问""慰问"义,例如《左传·襄公二十六年》:"吾子独不在寡人。"晋杜预注:"在,存问也。"《仪礼·聘礼》:"子以君命在寡君。"郑玄注:"在,存也。谓存问之。""在寡君",意谓慰问我国君主。"在"由此引申出"伺察"义,例如《尔雅·释诂》:"在、存、省、士①,察也。"《大戴礼记·曾子立事》:"存往者,在来者。""在来者",意谓察人往行来(知其改过否)。

动词"在"表示处所、时间等修饰或补充动词性词语时,通过重新分析,"在"由动词演变为介词,相当于"于"。例如《尚书·洛诰》:"在十有二月,惟周公诞保文武受命。"《诗经·小雅·鱼藻》:"鱼在在藻,有颁②其首。""鱼在在藻",意谓鱼儿藏身在水草中,句中第二个"在"为介词。唐白居易《凶宅》诗:"长安多大宅,列在街西东。"明张居正《请蠲积逋③以安民生疏》:"夫以当年之所入,完当年之所供。在百姓,易于办纳;在有司,易于催征。"

介词"在"省略处所时间宾语,直接修饰动词,介词"在"演变为副词,表示动作行为正在进行,不过,这种用法产生时代较晚,萌芽于六朝,例如晋《搜神后记·死人头》:"新野庾谨,母病,兄弟三人,悉在侍疾。""悉在侍疾",意谓都在母亲身边服侍疾病。"在"的处所宾语省略,此时的"在",既可看作表示引介处所的介词,也可重新分析为修饰行为动作状态的副词。又如《春秋谷梁传·成公二年》:"其日,或曰日其战也,或曰日其悉也。"晋范宁注:"悉,谓鲁四大夫时悉在战也。明二者皆当日。"范注"时悉在战",意即当日都在作战。《礼记·祭统》:"苟可荐者,莫不咸在。"唐孔颖达疏:"'苟可荐者',悉在祭用,故云'示尽物'也,则上阴阳之物备矣。"孔颖达疏语"悉在祭用",意谓"都在祭用","在"为副词。

唐以后,副词"在"大量产生,如敦煌变文《汉将王陵变》:"我家有子在临胎,千般痛苦诞婴孩。"宋《大宋宣和遗事·元集》:"忽一日,宋江父亲作病,遣人来报。宋江告官给假,归家省亲。在路上撞着杜千、张岑两个,是旧时知识,在河次捕鱼为生,偶留得一大汉,姓索名超的,在彼饮酒;又有董平

---

① 士,执法官,又称士师,主管审察狱讼。《周礼·秋官·士师》:"(士师)察狱讼之辞,以诏司寇断狱弊讼,致邦令。"
② 颁,汉毛亨传:"颁,大首貌。鱼以依蒲藻为得其性。"郑玄笺:"藻,水草也。"
③ 蠲,juān,免除。积逋,累欠的赋税。

为捕捉晁盖不获，受了几顿粗棍限棒，也将身在逃，恰与宋押司途中相会。""在逃"，即正在逃跑之中。元盍西村《醉中天》："独倚屏山谩叹息，再把灯儿剔。"元郑廷玉《包待制智勘后庭花》第四折："（正末云）既然盼咐了李顺，张千，拿将李顺来者。（张千）李顺在逃了。"明罗懋登《三宝太监西洋记》第六十四回："却说三太子听见南船上人人都在做梦，个个都在打呼，心上大喜，说道：'此天意有在，令吾成此大功也！'"

张亚军认为副词"在"来源于"正＋［在＋宾语］＋谓词结构"向"正在＋谓词结构"的虚化，并断言"'在'作为时间副词的用法出现在明清以后"①，与我们的看法略有不同。

再如古代汉语常用量词"枚"，它是如何产生的？

枚，《说文·木部》："榦②也，可为杖。"本义谓树干。《诗经·周南·汝坟》："遵彼汝坟，伐其条枚。"毛亨传："枝曰条，干曰枚。"由树干引申泛指树枝，《广雅·释木》："枚，条也。"《玉篇》《广韵》并释："枚，枝也。"引申作计数的工具——"算筹"③，《尚书·大禹谟》："枚卜功臣，惟吉之从。"孔颖达疏："周礼有衔枚氏，所衔之物，状如箸，今人数物云一枚两枚，则枚是筹之名也。枚卜谓人人以次历申卜之，似老枚数然。"《左传·襄公二十一年》："识其枚数。"孔颖达疏："今人数物犹云一枚二枚也。"

"枚"由名词"树干"义引申为计数的工具——"算筹"，再由"算筹"之义引申为量词。由于"枚"作为"算筹"之用，是计数的辅助工具，故而不区分计数的具体事物，所以它具备了泛指量词的语义基础，"而这一语义基础决定了'枚'在产生伊始就是一个泛指量词"④。

又如，现代汉语中双音节动词"没有"是如何产生演变而来的？

双音节动词"没有"，其实是源于"副词'没'＋动词'有'"的组合。

---

① 张亚军《时间副词"正""正在""在"及其虚化过程考察》，《上海师范大学学报（哲学社会科学版）》2002年第31卷第1期，第54页。
② 榦、干，在古代并非异体字，榦，有树干、枝条、古人筑墙时支撑在墙两侧的柱子、井上的围栏等义；干，有武器、盾牌、水岸等义。榦，汉字简化后作"干"，下文统一作"干"。
③ 刘世儒《魏晋南北朝量词研究》，北京：中华书局，1965，第76页。
④ 参见李建平、张显成《泛指性量词"枚/个"的兴替及其动因——以出土文献为新材料》，《古汉语研究》2009年第4期，第66页。

副词"没"来源于动词"没"。《说文·水部》:"没,沈(沉)也。"段注:"没者,全入于水,故引伸之义训尽。"没,本义谓沉没,莫勃切,拼合今音mò,例如《庄子·大宗师》:"且汝梦为鸟而厉乎天,梦为鱼而没于渊。不识今之言者,其觉者乎?其梦者乎?""没于渊",即沉入深水中。《荀子·议兵》:"若赴水火,入焉焦没耳!""焦没",即烧焦沉没。又如《史记·秦始皇本纪》:"欲出周鼎泗水,使千人没水求之。"《三国志·魏志·杜畿传》:"试船遇风,没。"《世说新语·自新》:"处即刺杀虎,又入水击蛟,蛟或浮或没。"引申为淹没,例如《史记·滑稽列传褚少孙论》:"水来漂没,溺其人民。"引申为泯灭、埋没,例如《后汉书·应劭列传》:"旧章堙没,书记罕存。"

沉没于水,看不见,故而引申表"尽"义,仍然是动词。例如《国语·晋语八》:"及桓子骄泰奢侈,贪欲无艺……而赖武之德,以没其身。"① "没其身",即终其一生(没有遭到祸患)。《诗经·小雅·渐渐之石》:"山川悠远,曷其没矣。"汉毛亨传:"没,尽也。"《论语·乡党》:"没阶趋进翼如也。"何晏集解引孔安国曰:"没,尽也。"朱熹集注:"没阶,下尽阶也。"

表尽义的"没",后带名词,相当于"无",此用法大约始于两汉②,例如《小尔雅③·广诂》:"没,无也。"汉贾谊《新书》:"礼者,臣下所以承其上也;礼者,所以节义而没不还。"清俞樾《诸子平议·贾子二》按引《小尔雅·广诂》:"没,无也。"汉刘向《烈女传·辩通传》:"终没后言。"④ 唐袁晖《三月闺情》诗:"蛾眉愁自结,鬓发没情梳。"唐王建《酬从侄再看诗本》诗:"眼暗没功夫,慵来翦刻粗。自看花样古,称得少年无?"《新五代史·任圜传》:"崔协不识文字,而虚有仪表,号为没字碑。"宋《朱子语类·论语六·攻乎异端章》:"如后来士大夫末年皆流入佛氏者,缘是把自家底做浅底看,便没意思了。"元王实甫《西厢记》第三本第二折:"分明是你过犯,没来由把我摧残。"

---

① 句子大意是:到了栾桓子,他骄奢淫逸,贪欲无度……幸赖栾武子之德而得以善终。
② 向熹认为是唐代,他说:"'没'在唐代开始用作'有'的否定。"并举例张祜《偶题》诗:"唯恨世间无贺老,谪仙长在没人知。"(向熹《简明汉语史(下)》,高等教育出版社,1993年,第425页。)
③ 《小尔雅》"成书于汉成帝陈发秘府之后,哀帝时刘歆录其目于所编《七略》之中"。(黄怀信《小尔雅汇校集释·小尔雅的源流》,三秦出版社,2002年,第58页)
④ 句子大意是:最终没有再说什么(难听的)话了。

这种用法一直延续到现在,例如:"教室里没人,锁门吧。"上引诸例,"没"后均跟名词宾语。

"没"位于表示动作行为的动词前,由"无"义引申表示否定,成为副词,大约起于晚唐五代①,例如敦煌变文《八相变》:"数次叫问,都没应挨;推筑(催促)再三,方始回答。"例中"应挨"与"叫问"相对,与"回答"意义相近,同为动词;"都没"与"方始"位置相同,均为副词,所以此处的"没"是个表示否定的副词,相当于"不"。随后用例逐渐多起来,例如《朱子语类·大学五》"独其所谓格物致知者"条:"如人读书,初未理会得,却不去究心理会。问他《易》如何,便说中间说话与《书》甚处相类。问他《书》如何,便云与《诗》甚处相类。一齐都没理会。"例中"没理会",犹言"不理会"。又《朱子语类·春秋·经》:"《春秋》书'季子来归',恐只是因旧史之文书之,如此宽看尚可。若谓《春秋》谨严,便没理会。"金董解元《西厢记诸宫调》下:"不当道你个日光菩萨,没转移好教贤圣打。"诸例"没"后跟动词,表示否定,充当状语。又《汉语大词典》此义项下引明吾邱瑞《运甓记·诸贤渡江》:"我劝世人没要学撑船,撑子船来弗得闲。"未能真实反映副词"没"的产生时代。

"没有"连用,起于隋唐,是个松散的动宾结构,表示"无有",例如隋僧璨(约510—606)《信心铭》:"遣有没有,从空背空。多言多虑,转不相应。绝言绝虑,无处不通。"例中"没"与动词"遣""背"相对,还没有凝固成词,但是其组合为"没有"成词准备了客观的条件。

到了宋元时,"没有"开始大量连用,表示否定,成为偏正式的合成词②,相当于"无",动词。例如宋元话本《错斩崔宁》:"后因没有子嗣,娶下一个小娘子,姓陈,是陈卖糕的女儿,家中都呼为'二姐'。"又《错斩崔宁》:"到

---

① 太田辰夫认为否定标记词"没""没有""否定动词大约始于元明"。(《中国语历史文法》,1958年初版,北京大学出版社,2003年,第279页)孙锡信持同样的观点,认为"没""没有""用于否定动词大约也在元明之际"。(《汉语历史语法要略》,复旦大学出版社,1992年,第171页)向熹也认为:"明代'没'用来修饰动词,有了副词的用法。"(《简明汉语史(下)》,高等教育出版社,1993年,第425页)

② 如何辨别两个音节的语言片段是临时组成的词组还是演化为合成词? 一般认为,"凡是确实已经无法拆开后用两个词素的意义简单相加来解释的双音词,可确定为已结合成熟的词"。(王宁《汉语词源的探求与阐释》,载《中国社会科学》1995年第2期,第172页)

了小娘子面前，看了一看，虽然没有十二分颜色，却也明眉皓齿，莲脸生春，秋波送媚，好生动人。"《宋四公大闹禁魂张》："我虽然卖人肉馒头，老公虽然做赞老子，倒没有许多物事。"这是对领有、拥有的否定。

话本《宋四公大闹禁魂张》："走到禁魂张员外门前，路上没有一个人行，月又黑，宋四公取出蹊跷作怪的动使，一挂挂在屋檐上。"这是对存在的否定。又元《朴通事谚解》卷上："做一对护膝，不算功钱时，没有五六钱银子，结果不出来。"这是对数量的否定。又明《水浒传》第二十三回："那婆子道：'大官人，休怪老身直言：你先头娘子也没有武大娘子这手针线。'西门庆道：'便是小人先妻也没有此娘子这表人物。'"这是表示程度不及。

当"没有"后面跟动词，经过重新分析后，由动词演化为副词，大概在两宋之时①，例如宋朱熹《朱子语类·论语三·学而》"道千乘之国章"：

人须是事事敬，方会信。才信，便当定如此，若恁地慢忽，便没有成。今日恁地，明日不恁地，到要节用，今日俭，明日奢，便不是节用。不会节用，便急征重敛，如何得爱民！

例中"没有成"，犹言"不成"。元话本《京本通俗小说·拗相公》："没有替换，却要把四个人的夫钱雇他。""没有替换"，相当于"未替换"，后世承之，如《水浒传》第二十三回："郓哥道：'你正是"马蹄刀木杓里切菜"，水泄不漏，半点儿也没有落地！'"明《水浒传》第六十回："我常听俺军师说：'一盘星辰，只有飞来，没有飞去。'"清《儒林外史》第五十回："秦中书道：'客犯了事，我家人没有犯事，为甚的不唱？'"清《三侠五义》第四十一回："要斟右边，将左边窟窿堵住，再没有斟不出来的。"

---

① 向熹认为："'没有'本是一个偏正词组，连用既久，也用来修饰别动词，就成为一个复合的否定副词，产生较晚，不见于元曲及《水浒传》《西游记》等小说里，似到清代才盛行起来。"（《简明汉语史》，高等教育出版社，1993年，第425页）石毓智、李讷根据梅祖麟《从语言史看几本元杂剧宾白的写作时期》(《语言学论丛》第十三辑，商务印书馆，1984年）对宋末元初的调查，认为："'没'在唐、宋时期一直是一个名词性成分的否定标记，它否定动词性成分的用法十五世纪前后才出现。""'没'从约八世纪起开始引申作否定'领有'的动词，一直到约十四世纪的五六百年的时间里都是单独用，'没有'是后起的用法。""'没'作为普通动词的否定标记的时间比'没有'凝固成复合动词的时间大约要晚一两百年的时间。"(《十五世纪前后的句法变化与现代汉语否定标记系统的形成——否定标记"没（有）"产生的句法背景及其语法化过程》，《语言研究》2000年第2期）

（五）历史词的形成是时代发展的必然结果

语言随着社会的发展而发展。当社会发展需要表达一个新事物时，那么指称这个事物的概念（新词）就产生了；反之亦然，当一个事物或现象消失后，其概念不再出现于人们的交际中，则表示这个概念的词就会消亡而变成历史词。

在社会发展的历史长河中，时代越久历史词越多，后人理解也就越发困难。历史词虽然日常交际时很少使用，但是在研究古代历史文化、古代文献及介绍有关历史时却不可或缺，故而历史词也是语言训诂研究的重要内容，此外单音历史词尽管已经退出日常交际，但是它们有些还存在于合成词、成语、俗语之中，故而历史词的学习与研究很有必要。大型辞书例如《辞源》《汉语大字典》《汉语大词典》以及传统语言辞书如《尔雅》《方言》《说文》《释名》《广雅》《玉篇》《广韵》《康熙字典》等是学习研究历史词（也包括一个词的历史义）最为便利的工具。

《尔雅》中的很多词，在今天已经成为历史词。例如表示"开始"义的词，上古有"初、哉、首、基、肇、祖、元、胎、俶、落、权舆"（《尔雅·释诂》）等，今天还在使用的只有"初、首、元"，而"基"的"开始"义、"初始"义，还存在于合成词"基础""基点""基准""基层""基肥""基色""基数"等合成词中；表示"君主"义的词，上古有"林、烝、天、帝、皇、王、后、辟、公、侯"（《尔雅·释诂》）等词，秦汉以后常用的有"帝、皇、王、后、公、侯"等，而今天"辟"还活在"复辟"合成词中；表示"谋划"义的词，上古有"靖、惟、漠、图、询、度、咨、诹、究、如、虑、谟、猷、肇、基、访"（《尔雅·释诂》）等，今天只有"图、究、虑"等词还在使用。尽管今天这些历史词一般不会出现在日常生活中，但是在谈论、研究历史或阅读古籍文献、传承历史文化时必然会用到。

再如双音词"女官"，起于六朝，盛于隋唐，它有二义：后宫女性管理者；女道士。

"女官"的"后宫女性管理者"义，文献例证很多，如北齐魏收《魏书·匈奴石虎传》："又发民牛二万余头，配朔州牧官。增内官二十四等，东宫十二等，诸公侯七十余国，皆为置女官九等。"《晋书·石季龙载记上》："后庭服绮毂、玩珍奇者万余人，内置女官十有八等，教宫人星占及马步射。"《隋书·礼仪志六》："又有宫人女官服制，第二品七钿蔽髻，服阙翟。"《旧唐书·职官志三》："《周官》二十七世妇之位也。掌率女官，修祭祀宾客之事。"明《万历野获编》卷二《符印之式》："本朝初有十七宝，至世宗加制其七，今掌在符台者共二十四宝，盖金玉兼有之。若中宫之玺，自属女官收掌。"明《西游记》十一回："正嚷处，只见四五个女官，两三个太监，扶着他，直至殿上。"《清史稿·礼志八》载"皇子婚仪"制度：

> 时皇后仪仗陈邸第，封使至，后父率亲属朝服迎门外，后礼服迎庭中，后母率诸妇咸朝服跪。使臣奉册、宝入陈案上，后就案南北面跪，内院官西乡立，读册、宝文，次第授左女官，女官跪接献皇后，后祇受，转授右女官，亦跪接，陈案上盝内。后兴，六肃三跪三叩，礼毕，升辇。女官奉盝置采亭，鼓乐导前，次仪仗，次凤辇。后父母跪送如跪迎仪。辇至协和门，仪驾止。女官奉盝前行置中宫，辇入自中门，至太和殿阶下降辇入宫。

例中诸"女官"，皆指后宫女性管理者。

"女官"又有"女道士"义，如唐人王梵志诗第24首："观内有妇人，号名是女官。各各能梳略，悉带芙蓉冠。长裙并金色，横披黄偄单。"唐李延寿《南史·梁本纪中》："时海中浮鹄山，去余姚岸可千余里，上有女人年三百岁，有女官道士四五百人，年并出百，但在山学道。"唐李延寿《北史·裴矩传》："因令（裴）矩检校为将士等娶妻。矩召江都境内寡妇及未嫁女皆集宫监。又召诸将帅及兵等恣其所取。因听自首，先有奸通妇女及尼、女官等，并即配之。"《隋书·礼仪志二》："大业中，炀帝因幸晋阳，遂祭恒岳。其礼颇采高祖拜岱宗仪，增置二坛，命道士女官数十人，于蝝遗中设醮。"《新唐书·百官志三》："新罗、日本僧入朝学问，九年不还者编诸籍。道士、女官、僧、尼，见天子必拜。"宋罗大经《鹤林玉露》乙编卷二《杨太真》："武惠妃薨，明皇悼念不已，后宫数千，无当意者。或言寿王妃杨氏之美，绝世无双。帝见而悦之，乃令妃自以其意乞为女官，号'太真'，更为寿王娶韦昭训女。潜纳太真宫中，宠遇如惠妃，册为贵妃。"《大宋宣和遗事·元集》："明皇一见玉环生得有倾国之色,背后使人唤玉环出家为女官道士;后来宣入宫中,封为妃子,宠幸无比。"以上"女官"皆指女道士。清纪昀《阅微草堂笔记》卷十七《姑妄听之三》载狐女奉亲以孝的故事,甚为感人,兹录如下:

  族侄竹汀言:文安有佣工古北口外者,久无音问。其父母值岁荒,亦就食口外,且觅子,亦久无音问。后乃有人见之泰山下,言昔至密云东北,日已暮,风云并作,遥见山谷有灯光,漫往投止。至则土屋数楹,围以秫篱,有老妪应门,问其里贯,入以告。又遣问姓名年岁,并问曾有子出口否,子何名,年几何岁,具以实对。忽有女子整衣出,延入上坐,拜而侍立;促老妪督婢治酒肴,意甚亲昵。莫测其由,起而固诘,则失声伏地曰:"儿不敢欺翁姑,儿狐女也,尝与翁姑之子为夫妇。本出相悦,无相媚意。不虞其爱恋过度,竟以瘵亡。心恒愧悔,故誓不别适,依其墓以居。今无意与翁姑遇,幸勿他往,儿尚能养翁姑。"初甚骇怖,既而见其意真切,相持涕泣,留共居。狐女奉事无不至,转胜于有子。如是六七年,狐女忽遣老妪市一棺,且具锸畚。怪问其故,欣然曰:"翁姑宜贺儿,儿奉事翁姑,自追念逝者,聊尽寸心耳,不期感动土神,闻于岳帝。岳帝悯之,许不待丹成,解形证果。今以遗蜕合窆,表同穴意也。"引至侧室,果一黑狐卧榻上,毛光如漆,举之轻如叶,扣之乃作金石声,信其真仙矣。葬事毕,又启曰:"今隶碧霞元君为女官,当往泰山,请共往。"故相偕至此,僦屋与土人杂居。狐女惟不使人见形,其供养仍如初也。后不知其所终。

例中"今隶碧霞元君为女官",是说女狐得道成仙,成为"碧霞元君"女神的女弟子、女道士。"碧霞元君"是道教中东岳泰山的天仙女神,其道场在五岳之尊的东岳泰山。

"女官",古文献有讹作"女冠"者,如唐长孙无忌《唐律疏议》卷第三《名例》:"若诬告道士、女官应还俗者,比徒一年。"此"官"原讹作"冠"。宋孙奭《律音义》云:"升元经云,女官如道士也。流俗以其戴冠而作冠字,非也。"又如唐王建《题应圣观》诗:"头白女冠犹说得,蔷薇不似已前春。"敦煌变文《叶净能诗》:"会稽山会叶观中,女冠□□悉解符箓,复依太上老君之教。"

我们认为,称谓女道士的"女官"是从"后宫女性管理者"中引申而来的,这符合汉语尊称泛化的一般规律。

"女官"随着宫廷的消亡和女道士的消失而进入故纸堆,成为历史词。

又如"骨石"一词,《汉语大词典》《唐五代语言词典》未收,它也是历史词。

"骨石",起于唐代,如唐人王梵志诗第252首:"前死万年余,寻入微尘数。中死千年外,骨石化为土。后死百年强,形骸在坟墓。"诗中"骨石"与"形骸"相对,即骨骸、尸骸义。又如唐杜佑《通典》卷第二百《边防》十六《流鬼》载:"无相敬之礼、官僚之法。不识四时节序。有他盗入境,乃相呼召。弓长四尺余,箭与中国同,以骨石为镞。乐有歌舞。死解封树,哭之三年,无余服制。"宋洪惠《禅林僧宝传》卷第二十四《仰山伟禅师》:"元丰三年十一月二十六日,说偈而化。后三日阇维,得五色舍利,骨石栓索勾连。塔于寺之东。阅世六十三。"又卷第二十五《云居祐禅师》:"凡住持者,非生身不坏,火浴雨舍利者,皆以骨石填之此。"又卷第二十七《蒋山元禅师》:"谒慈明禅师,助舂破薪,泯泯混十年。慈明移南岳,又与俱。及殁葬骨石于石霜,植种八年乃去。"元辛文房《唐才子传》卷三《殷遥》:"(殷遥)与王维结交,同慕禅寂,志趣高疏,多云岫之想。而苦家贫,死不能葬,一女才十岁,日哀号于亲,爱怜之者赠赠,埋骨石楼山中。工诗,词彩不群,而多警句,杜甫尝称许之。有诗传于今。"

"骨石"一词,元以后逐渐沉寂而成为历史词。

再如"经求"一词,《汉语大词典》《唐五代语言词典》未收,但是唐至明代文献的用例非常多,阅读研究这段时期的文献会经常碰到。如敦煌变文《父母恩重经讲经文》:"经求仕宦住他乡,或在军中镇外方。""经求",意谓"营求"。《尚书·说命上》:"高宗梦得说,使百工营求诸野,得诸傅岩,作说命三篇。"孔颖达疏:"殷之贤王有高宗者,梦得贤相,其名曰'说'。群臣之内,既无其人,使百官以所梦之形象经营求之于野外,得之于傅氏之岩,遂命以为相。"孔颖达将"营求诸野",译之为"经营求之于野外","经营求之",即"营求""经求"义。

引申为"做生意""经营"，如唐人王梵志诗第 2 首："吾富有钱时，妇儿看我好。吾若脱衣裳，与吾叠袍袄。吾出经求去，送吾即上道。"诗中"经求"，即谓买卖，做生意。唐义净译《根本说一切有部毗奈耶》卷三十四："我今有子，多有费用，宜入大海，经求珍货。"后世承之，如五代王仁裕《玉堂闲话》卷五《贺氏》："兖州有民家妇，姓贺氏，里人谓之贺织女。父母以农为业，其夫则负担兴贩，往来州郡。贺初为妇，未浃旬，其夫出外经求。每一出，数年方归，归则数日复出，不闻一钱济其母，给其妻。"宋《太平广记》第一百一十四《报应》十三《僧澄空》（出《集异记》）："隋开皇中，僧澄空，年甫二十，誓愿于晋阳汾西铸铁像，高七十尺焉。鸠集金炭，经求用度，周二十年，物力乃办。"宋《五灯会元》卷五《丹霞天然禅师》："善巧是文殊，方便是普贤。你更拟趁逐甚么物？不用经求落空去！"元徐田臣《杀狗记》第六出："岂不念祖宗觅利艰辛！千重水面，虎口换出珠珍。你如今，每日攻书错留心。懒经求，不营运，待怎生？自今日不许再上我门庭！"明《二刻拍案惊奇》卷二十二："上官氏也是富贵出身，只会吃到口茶饭，不晓得甚么经求，也不曾做下一些私房，公子有时，他也有得用；公子没时，他也没了。"明《二刻拍案惊奇》卷三十六："我家自从祖上到今，只是以渔钓为生计。一日所得，极多有了百钱，再没去处了。今我每自得了这宝镜，动不动上千上万，不消经求，凭空飞到，梦里也是不打点的。"

"经求"一词，起于唐代，唐宋至元明的文献中用例颇多，有清以降用例不见，今天已经被"经营"一词所代替了。

二、词义的引申发展

当社会需要用一个词语来指称或说明事物时，新词就会产生。有时人们会利用已有的词语来指称或说明新事物，即借助旧词来产生新义，这便是词义的发展。词义的发展一般从本义引申而来。本义是一个词最早最原始的意义，然而语言学上所讲的词的本义需要靠书面材料来证明，所以训诂学上以汉字形体能够表达的意义为本义，即以造字初始的意义为本义。训诂学除了从汉字形体探寻字（词）的本义外，还需要语言材料的验证，否则还不能算是找到了该词的本义。

引申义是在本义的基础上适应社会发展需要而后起的词义（常以"义项"的方式固定下来），从本义引申出新义而不是另造新词，符合语言的经济原则，一是减轻记忆负担，二是有本义作为理解新义的线索更易于人们掌握使用新义。

王宁先生曾指出："引申是词义运动的基本形式，它展现词义运动的内部规律，决定多义词的各义项关系和同源词意义相通的关系。"①

下面举例说明词义是如何引申发展的。

(一)"来"释例②

"来（來）"，《说文·來部》云："来，周所受瑞麦来麰。一来二缝，象芒束之形。天所来也，故为行来之来。"段注："自天而降之麦，谓之来麰，亦单谓之来。因而凡物之至者皆谓之来。"来，甲骨文、金文均为象形字，像麦之形，本义为麦。《玉篇·来部》："来，來麰，瑞麦也。"《集韵·职韵》："来，来麰，麦也。"《诗经·周颂·思文》："贻我来麰，帝命率育。"③ 毛亨传："来，麦。"郑玄笺："武王渡孟津，白鱼跃入王舟，出涘以燎。后五日，火流为乌。五至，以（与）谷俱来，此谓遗我来牟。"宋朱熹集传："来，小麦。"来，由专称麦而引申为五谷之总称，例如《吕氏春秋·辨土》："其为晦（亩）也，高而危则泽夺，陂则埒④……一时而五六死，故不能为来。不俱生而俱死，虚稼先死。"高诱注："来，丕成也。虚，根不实。""丕成"，即大收成。陈奇猷校释："来之本义系象麦穗，引申之，凡是五谷之穗皆谓之来。《吕氏》此文来，即引申义也。"

从许慎《说文》可知，古人相信麦是上天所赐，故假借为"来往"之"来"，例如《易经·复》："出入无疾，朋来无咎。"⑤《诗经·小雅·采薇》："王事靡盬，不遑启处。忧心孔疚，我行不来。"毛亨传："来，至也。"《孟

---

① 王宁《训诂学原理》，中国国际广播出版社，1996年，第54页。
② 参见曹翔《汉语常用100词源流演变研究》，中国社会科学出版社，2019年，第65页。
③ 贻，赠送，留给。句子的大意是：留给我们麦子种，上天命令你养育百姓。
④ 埒，liè，山上的流水。《尔雅·释山》："山上有水，埒。"宋邢昺疏："谓山巅之上有停泉名埒。"
⑤ 句子的大意是：出外入内没有疾病灾祸，朋友前来没有灾难。（这里从高亨说，参见高亨《周易古经今注》重订本，中华书局，1984年，第229页）

子·梁惠王上》：" 王曰：'叟，不远千里而来，亦将有以利吾国乎？'"《庄子·应帝王》："老聃曰：'……且也虎豹之文来田。'①"《吕氏春秋·慎小》："日晏，公不来至。"《吕氏春秋·上德》："自今以来，无有忠于其君，忠于其君者将烹。"《淮南子·时则训下》："凉风至，候雁来，玄鸟归，群鸟翔。""来"的这种用法成为最基本、最常用的用法而一直延续至今。

由人及物，可用于自然界的各种"往来"之"来"，如《尚书·益稷》："《箫韶》九成，凤皇来仪。"② 这是神鸟之来，可用来表示抽象的时间，例如《易经·系辞下》："日往则月来，月往则日来。"《论语·微子》："往者不可谏，来者犹可追。""来者"，即将来，来日。又如《孟子·滕文公下》："月攘一鸡，以待来年。""来年"，即将到来的一年，下一年的意思。陆机《短歌行》："来日苦短，去日苦多。""来日"，未来的日子。《三国演义》第八回："司徒少罪。布一时错见，来日自当负荆。"未来最接近的日子就是第二天，故引申为第二天，例如《朱子语类·易七·离》："今日明，来日又明。若说两明，却是两个日头。""来日"，明日也，第二天。又如元《薛仁贵征辽事略》："今晚寨中造云梯数十个，来日天晓立于城下。"来日，又谓以往之日，以往，例如李白《来日大难》诗："来日一身，携粮负薪。"清王琦注："来日，谓已来之日，犹往日也。""来世"，即未来之世，来生，例如《尚书·仲虺之诰》："成汤放桀于南巢，惟有惭德，曰：'予恐来世以台（我）为口实。'"汉孔安国传："恐来世论道我放天子常不去口。"

来，由动作义引申指动作的时间，表示从过去到现在，犹言"以来"，例如《易经·坤·文言》："臣弑其君，子弑其父，非一朝一夕之故，其由来者渐矣。""由来"，即由之以来，自始以来，"来"表示时间。《左传·昭公元年》："叔出季处，有自来矣。"杜预注："季孙守国，叔孙出使，所从来久。""自来"，即自此以来，"来"表示时间。又如《孟子·公孙丑下》："由周而来，七百有余岁矣。"晋干宝《搜神记》："南面坐者语曰：'适来饮他酒脯，宁无情乎？'"

---

① 文，纹，这里指具有纹饰的皮毛。来："使……来""招来"，这个意义后世又写作"徕"。田，打猎，这个意义后世也写作"畋"。"来田"就是招徕猎人的围捕。句子的大意是：况且虎豹因为毛色美丽而招来众人的围猎。

② 《箫韶》，相传舜制的音乐。句子的大意是：《箫韶》之乐曲连续演奏，凤凰也来随乐声翩翩起舞。

北齐《颜氏家训·兄弟》:"沛国刘瓛,尝与兄瓛连栋隔壁,瓛呼之数声不应,良久方答;瓛怪问之,乃曰:'向来未著衣帽故也。'"杜甫《曲江》诗之二:"酒债寻常行处有,人生七十古来稀。"唐李白《少年行》诗:"桃李栽来几度春,一回花落一回新。"白居易《闭关》诗:"掩关来几时?仿佛二三年。"再进一步虚化,用在动词形容词后,表示时间,谓"……时候",例如北周庾信《鸳鸯赋》:"虞姬小来事魏王,自有歌声足绕梁。""小来",即小时候。宋吴曾《能改斋漫录·记事二》:"今来已降新乐,其旧来淫哇之声,如打断、哨笛、砑鼓、十般舞之类,悉行禁止。""今来",即今时,现在;"旧来",即旧时,过去。

"来"进一步引申,用在数字或数量词后面,表示约数,有"靠近""左右"或"多一点"的意味,演化为助词①,这种用法大约起于唐代,例如日本释圆仁《入唐求法巡礼行记》卷一:"廿三日,杨府大节,骑马军二百来,步军六百来,计骑步合千人。""二百来",即二百左右。又《入唐求法巡礼行记》卷三:"寺在县城西,去县百步来地。"杜牧《书情》诗:"谁家洛浦神,十四五来人。"道原《景德传灯录》卷十二:"师云:'有多少徒众?'云:'七十来人。'"宋杨万里《观迎神小儿社》诗:"花帽铢来重,绡裳水样秋。"《初刻拍案惊奇》卷十七:"今年已三十来了,懊悔前事无及,如今立定主意,只守着你清净过日子罢。"这种用法一直延续至今,例如"十来斤的货物""一位五十来岁的村民"。

由"往来"之"来"义,引申为"归附""归顺""招致"义,例如《周礼·夏官·怀方氏》:"怀方氏掌来远方之民。"唐贾公彦疏:"晓谕以王之德美,又延引以王之美誉以招来之。"《左传·文公七年》:"若吾子之德,莫可歌也,其谁来之?"晋杜预注:"来,犹归也。"《论语·季氏》:"夫如是,故远人不服则修文德以来之。既来之,则安之。"《论语·子张》:"绥之斯来。"朱熹集注:"来,归附也。"

由"往来"之"来"义引申出"产生""开始""发生"等义,例如唐李白

---

① 吕叔湘、太田辰夫、胡竹安、江蓝生等认为这种用法的"来"源于"以来"之省。参见江蓝生《概数词"来"的历史考察》,《中国语文》1984年第2期,又见江蓝生《近代汉语探源》,商务印书馆,2000年,第1页。

《酬张司马赠墨》诗:"今日赠予兰亭去,兴来洒笔会稽山。"韩愈《秋怀》诗:"愁忧无端来,感叹成坐起。"宋《二程遗书》卷二十二上:"欲治国治天下,须先从修身齐家来。"金董解元《西厢记诸宫调》卷三:"九百孩儿,休把人厮啀,你甚胡来我怎信?"这种用法一直延续至今,例如"刚解决了一个问题,这不又来了一个更棘手的问题"。

来,置于动词前,表示要做某事,例如《世说新语·言语》载小儿乞药的故事:西晋末,一小儿为父乞讨治疟疾的药,"主人问病,曰:'患疟也。'主人曰:'尊侯①明德君子,何以病疟②?'答曰:'来病君子,所以为疟耳。'""来病君子,所以为疟耳",意谓"(疟疾)来就是使君子得病的(冒犯君子的),所以才被称呼为疟(虐)啊!"又如李白《古风》诗五十九之三十五:"丑女来效颦,还家惊四邻。"

由"往来"之"来"义引申出"未来""将来"。《论语·微子》:"往者不可谏,来者犹可追。"汉蔡邕《陈太丘碑文》:"微言圮绝,来者曷闻。"唐韩愈《剥啄行》:"往追不及,来不有年。"

由"往来"之"来"义引申出表示行为的目的,例如明《二刻拍案惊奇》卷十七:"(闻舍人)故把与学生做执照,来为敝友求令甥。"明李贽《寄京友书》:"(《坡仙集》)今已无底本矣,千万交付深有③来还我!"

"来"义附着在其他动词性结构后面,进一步虚化表示动作的趋向,转化为趋向动词,例如《世说新语·文学》:"谢车骑在安西艰中,林道人往就语,将夕乃退。有人道上见者,问云:'公何处来?'答云:'今日与谢孝剧谈一出来。'""今日与谢孝剧谈一出来",意谓"今日与谢孝子畅谈了一番归来",句中"来"附着在动词结构"剧谈一出"后,词义明显虚化。又如李白《越女词》之三:"笑入荷花去,佯羞不出来。"此句中"来"趋向动词"去"相对,用法相类,已经完全演变为一个趋向动词。又如宋梅尧臣《绝句》之二:"上去下来船不定,自飞自语燕争忙。"《二刻拍案惊奇》卷十七:"学中许多有名

---

① 尊侯,尊称人父,犹言令尊大人。
② 何以病疟,为什么会染上疟疾。古人认为,疟疾不虐君子大人。刘孝标注:"俗传行疟鬼小,多不病巨人。"《后汉书·景丹传》李贤注引《东观汉记》说,景丹患疟疾,汉光武帝笑着说:"闻壮士不病疟,今汉大将军反病疟邪?"
③ 深有,人名,俗姓熊,名深有,僧号无念,麻城(今湖北麻城)人,龙潭湖芝佛院守院僧。

的少年朋友,一同送孟沂到张家来。"这种用法一直延续到现在,例如:"小明,下来。"

(二)"会"释例

会,繁体字作"會",《说文·會部》:"合也。从亼①,从曾省。曾,益也。"段注:"器之盖曰会。为其上下相合也。凡曰会计者、谓合计之也,皆非异义也。"段注是。

会,战国金文的字形像器物上下之合盖状,如《䱷羌钟》"先会于平阴"之"会"。本义为器皿的盖子,例如《仪礼·士丧礼》:"敦启会。"汉郑玄注:"会,盖也。"《仪礼·公食大夫礼》:"宰夫东面坐,启簋会。"郑玄注:"会,簋盖也。""启簋会",即打开簋的盖子。《仪礼·士虞礼》:"命佐食启会。""启会",即打开盛装食物的盖子。

器物之盖相合才能藏住东西,故引申为"吻合""相合",例如《楚辞·九歌·东君》:"展诗兮会舞。""会舞",即合乎舞蹈(的节拍)。《礼记·乐记》:"弦匏笙簧,会守拊鼓。"② 会,合。守,待。句子大意是:各种管弦乐器都要与拊鼓的指挥相一致。

"会"由"相合"义,引申为"人的会合、集合、相聚"义,例如《尚书·康诰》:"周公初基作新大邑于东国洛,四方民大和会。"汉孔安国传:"初造基建,作王城大都邑于东周洛汭,居天下之中,四方之民和悦而集会。"后世此义行而本义废。《广雅·释诂三》:"会,聚也。"又如《尚书·禹贡》:"会于渭汭。"孔颖达疏:"会,合也。"《周礼·地官·大司徒》:"天地之所合也,四时之所交也,风雨之所会也。"会,与合、交相对,意亦相类。《礼记·月令》:"(秋之月)命百官贵贱无不务内(纳),以会天地之藏(五谷)。"郑玄注:"会,犹聚也。"《汉书·苏武传》:"单于召会(苏)武官属。"颜师古注:"会,谓集聚也。"范仲淹《岳阳楼记》:"迁客骚人,多会于此。""会于此",即在这里会合、聚集。

聚集一起,即聚会,例如《左传·桓公十五年》:"公会齐侯于艾,谋定许

---

① 亼,jí,古同"集"。
② 匏,páo,笙竽类管乐器,中国古代八音之一。拊,fǔ,通"柎",鼓的一种。

也。""公会齐侯于艾",即桓公和齐襄公在艾地会面(为了谋划安定许国)。汉贾谊《过秦论》:"诸侯恐惧,会盟而谋弱秦。"《史记·廉颇蔺相如列传》:"王许之,遂与秦王会渑池。"《汉书·吴王濞传》:"条侯将乘六乘传,会兵荥阳。"颜师古注:"会,集也。会兵,谓大集兵。"晋王羲之《兰亭集序》:"暮春之初,会于会稽山阴之兰亭,修禊①事也。"

由动词转指为名词,专指集会,例如宋孟元老《东京梦华录·秋社》:"八月秋社,市学先生预敛诸生钱作社会。""社会",即祭社神的祭祀集会。集会有共同的目的,故而引申指某些团体或组织,例如明焦竑《玉堂丛语》卷七:"正统五年,杨公士奇求归未遂,与馆阁同志者七人倡真率会。"《醒世姻缘传》第五十八回:"咱这绣江里有几个惧内的人,要随一道会,算计要足十个人,已是有了九个,只少一个。"

古代交通不便,约上一次很难,故"会"引申出"机会""时机"义,由陈述转化为指称,由动词转化为名词。例如银雀山汉墓竹简《孙膑兵法·兵失》:"兵不能昌大功,不知会者也。兵失民,不知过者也。兵用力多功少,不知时者也。"②"不知会",即不知道抓住机会。《后汉书·周章列传》论曰:"将从反常之事,必资非常之会。"唐李贤注:"会,际也。"又如东汉王充《论衡·命禄》:"代王自代入为文帝,周亚夫以庶子为条侯。此时代王非太子,亚夫非适嗣,逢时遇会,卓然卒至。""逢时遇会",即碰上了好时代,遇到了好机会。据《史记·绛侯周勃世家》载,周亚夫是庶子,按规定是不能承袭爵位的,但是其父周勃嫡子周胜之因杀人罪被剥夺了侯爵之位,所以周亚夫被替补选中而封侯。据《史记·孝文本纪》载,文帝是惠帝的异母弟弟,曾被封为代王,非嫡传,按照规定,庶出是不能登帝位的。但是惠帝、吕后相继死后,因无嫡传,于是大臣们拥立代王为帝。

机会具有偶然性,故引申为"遇上""碰上",例如《左传·宣公七年》:"凡师出,与谋曰及,不与谋曰会。""不与谋曰会",即事先未约定碰上的叫"会"。《论语·卫灵公》:"在陈绝粮。"何晏集解引孔安国曰:"会吴伐陈,陈

---

① 禊,xì,祭祀名,古代春秋两季在水边举行的清除不祥的祭祀。
② 句子大意是:军队不能建立大功,是因为不懂得集中兵力作战。军队失去民心,是因为不能认识到自己的错误。军队耗费人力物力多而建立战功却很少,是因为不善于抓住有利的战机。

乱，故乏食也。"皇侃疏："会，犹遇也。"《史记·项羽本纪》："会其怒，不敢献。""会其怒"，犹言正赶上他发火。《史记·陈涉世家》："会天大雨，道不通。""会天大雨"，意谓刚好遇到下大雨。又如《后汉书·周章列传》："必资非常之会。"唐李贤注："会，际也。"杜甫《秋野》诗："潜鳞输骇浪，归翼会高风。"主观意愿增强，则演化为情态动词，表示应当、应该、定要，例如《古诗为焦仲卿妻作》："吾已失恩义，会不相从许。"李白《行路难》："长风破浪会有时，直挂云帆济沧海。"杜甫《望岳》诗："会当凌绝顶，一览众山小。"

理解、领悟实际上就是将各种知识或情况会集一起加以融会贯通，故引申出"熟悉""擅长"义，充当动词，例如敦煌变文《维摩诘经讲经文》："年才长大，稍会东西，不然遣学经营。"《大唐三藏取经诗话》卷上："主人曰：'此中人会妖法，宜早回来。'"唐《送道士曾昭莹》诗："南北东西事，人间会也无？"宋辛弃疾《水龙吟·登建康赏心亭》："无人会，登临意。"陈亮《念奴娇·登多景楼》："危（高）楼远望，叹此意，今古几人曾会？"

算账，必然是把数字合计起来，故引申为"算账"，用此义时，破读为kuài，例如《战国策·齐策四》："谁习计会，能为（田）文①收责（债）于薛者乎？""谁习计会"，即哪位熟悉算账的业务？《周礼·天官·职币》："岁终则会其出入。"郑玄注："会，计也。"又《周礼·地官·大司徒》："以土会之法，辨五地之物生。"郑玄注："会，计也。"《周礼·地官·肆长》："凡国之财用取具焉，岁终则会其出入，而纳其余。"《周礼·地官·舍人》："岁终则会计其政。""会计其政"，即谓计算财物出入。

由计算义引申为"付给""支付"，此种用法较晚，大约在元明时期，例如《警世通言·金令史美婢酬秀童》："二人又吃了一回，起身会钞而别。"《儒林外史》第二十五回："彼此又吃了一回，会了帐。"

（三）"合知"释例②

合，有"应该""应当"义，此义产生于西汉以后，如《史记·司马相如列

---

① "文"字前"（田）"，为笔者所加，即"田文"。凡引文括号内文字，皆为笔者所补，下同。
② 参见曹翔《王梵志诗词汇研究》，南京大学出版社，2013年，第136页。

传》:"且夫王事固未有不始于忧勤,而终于佚乐者也。然则受命之符,合在于此矣。"唐司马贞索隐引三国魏张揖云:"在于忧勤佚乐之中也。""合在于此矣",即张揖所云"在于忧勤佚乐之中也"。由张揖释文可知,例中的"合"非实义动词,而是个情态动词,犹言"应该""应当"。又如《后汉书·献帝纪》:"皇后非正嫡,不合称后。"《后汉书·杜林传》:"臣愚以为宜如旧制,不合翻移。"《后汉书·独行李充传》:"此妇甚无状,而教充离间母兄,罪合遣斥。"后世承之,如唐白居易《与元九书》:"每读书史,多求理道,始知文章合为时而著,歌诗合为事而作。"

"合知"连用,起于唐代,如唐人王梵志诗第26首云:

> 寺内数个尼,各各事威仪。本是俗人女,出家挂佛衣。徒众数十个,诠择补纲维。一一依佛教,五事总合知。

诗中"合知"意谓"应该知道""应当知道"。

"合知"源于跨层结构——"合"修饰"知+宾语",如后唐明宗《处分李咸雍敕》:"李咸雍既是书生,合知礼范,凡关事理,祇可披论,尚书省前,岂是喧呼之所?"又如《太平广记》卷第二百二十二《相二·卢齐卿》(出《定命录》):

> 卢齐卿有知人之鉴。年六七岁时性慢率,诸叔父每令一奴人随后。至十五六好夜起,于后园空庭中坐。奴见火炬甚多,侍卫亦众,有人持伞盖盖之。以告叔父,叔父以为妖精怪媚。有巫者教以艾灸在手中心。袁天纲见之,大惊异曰:"此人本合知三世事,缘灸掌损,遂遗灭却两世事,只知当世事。"从此每有所论,无不中者。官至秘书监。

例中"合知三世事"与"只知当世事"相对,可知"合"为状语,修饰"知+宾语"。由于"合知"的大量使用,"知+宾语"中的宾语脱落,"合知"遂凝固成词,如敦煌变文《太子成道经》:"大王发愿已讫,便令武士推去新妇兼及孩儿。临推入火坑之时,(新妇)索香炉发愿,甚道:'却唤危中也大危,雪山会上亦合知。贱妾者一身犹乍可,莫交(教)辜负一孩儿。'"

由于语用的需要,"合"词义虚化。如敦煌变文《妙法莲华经讲经文(一)》:"虽未得闻中道教,大王其日甚欢忻。便礼拜,乞慈悲,我愿仙人必合知。忽欲便能谈妙法，身充奴仆不相违。""合知"前有副词"必"修饰，可知"合"词义虚化，"合知"意谓"知道"，又如白居易《霓裳羽衣歌》："疑从魂梦呼召来，似著丹青图写出。我爱霓裳君合知，发于歌咏形于诗。君不见，我歌云，惊破霓裳羽衣曲。"唐杜荀鹤《赠李镡（镡自维扬遇乱，东入山中）》诗："君行君文天合知，见君如此我兴悲。只残三口兵戈后，才到孤村雨雪时。"宋赜藏《古尊宿语录》："问僧：'什么处来？'僧云：'和尚合知？'师云：'我即知。'僧云：'且道某甲从什么处来？'师云：'猪跳圈不出。'"

"合"词义虚化后，"合知"可再次带上宾语，意谓"知道"，如敦煌变文《悉达太子修道因缘》："大王闻之，非常惊讶：'我是金轮王，王四天下；银轮王王三天下，铜轮王王二天下，铁轮王王一天下，粟散天子王一国。此子口云"天上天下，唯我独尊"者，何以？须诏取相师，合知子细。'大王遂处分所司，榜示令诏相师。"宋人承之，宋孔平仲《续世说》卷十一《忿狷》："李翱自负词艺，以为合知制诰，以久未如志，郁郁不乐。因人中书谒宰相，面数李逢吉之过失。"

"合知"的词义演变可以简单表示为：

合＋（知＋宾语）→合＋（知＋□宾语）→合（虚化）知→合知＋宾语

三、词义发展的外在形式

从汉语史的角度看，词义的发展既表现在新词的产生和旧词的消亡上，也表现在词义的演变上。词义的演变主要体现在词义的扩大、词义的缩小、词义的转移、感情色彩的变化、词性的变化等。词义的发展变化具有历时性质——随着时间的变化，更确切地说，随着社会发展的变化而变化。词义发展变化的途径——相似引申与相关引申。

（一）词义的扩大释例

词义的扩大指词义所指的范围比以前增大，下面先以"枵"为例。

枵，今音 xiāo，本义跟树有关，《说文·木部》："木根也。从木号声。"段玉裁注云：

枵,木大皃。《庄子》所云,呺①然,大也。木大则多空穴。《庄子》曰:"大木百围之窍穴,似枅,似圈,似臼,似洼者,似污者。"故左氏释"玄枵"云:'枵,虚也。'……《传》曰:"玄枵,虚中也。"枵,耗名也。《尔雅》曰:"玄枵,虚也。"孙炎云:"枵之言耗。耗,虚之意也。"许亦以虚正释枵字。玄枵以虚得名,如天驷以房得名,天根以氐得名。左氏云"虚中",犹言"虚之区域"耳。不必泥于杜注"玄枵三宿,虚星在其中"之说。

"枵"之本义,许慎释为深入地下的"树根",不确。"枵"之本义谓树大而中空,引申为虚空。如《左传·襄公二十八年》曰:"岁在星纪,而淫于玄枵……玄枵,虚中也。"《尔雅·释天》:"玄枵,虚也。"清俞樾《茶香室丛钞·窦家槐》:"昌平州天寿山古槐,相传窦禹钧家物。树中枵,可布三五席,称窦家槐。"

以此相喻,腹空也叫"枵",如王梵志诗第 285 首:"兀兀自绕身,拟觅妻儿好。切迎打脊使,穷汉每年枵。柱法剥众生,财是人髓脑。""穷汉每年枵",即谓穷人每年都饿肚子。又如唐康骈《剧谈录·严士则》:"士则具陈奔驰陟历,资粮已绝,迫于枵腹,请以饮馔救之。""枵腹",即空着肚子。《新唐书·殷开山传》:"贼方炽……粮尽众枵,乃可图。""众枵",即谓众人饿肚子。宋苏轼《送笋芍药与公择》诗之一:"久客厌虏馔,枵然思南烹。""枵然",空腹饥饿貌。又如《明史·福王常洵传》:"王府金钱百万,而令吾辈枵腹死贼手。"

物空也叫"枵",如宋洪迈《夷坚丁志·盱江丁僧》:"(黄氏)坏壁入,爇火照之,室已虚矣,四壁枵如。"宋范成大《除夜感怀》诗:"匏瓜谩枵腹,蒲柳无真姿。"宋陆游《雨后寒甚》诗:"酒尽瓶枵腹,炉寒客曲身。"江淮方言谓水多米少的"稀饭"叫"枵"("这粥太枵了,吃了不抵饱"),衣服、木材等厚度不足也叫"枵"("棉衣太枵了,不御寒,冻死了""板子太枵,一脚就踢碎了"),用的也是"物空"之义。

"枵",由专指树空,引申到腹空、物空等,这种现象属于词义的扩大。

再看"达官"一词是如何演变的。

---

① 呺,"枵"的异体字。

达官，本义谓职位贵显而又受到皇帝顾命之重臣。如《礼记·檀弓下》："公之丧，诸达官之长杖。"孔颖达疏："达官谓国之卿、大夫、士被君命者也。"引申用作泛称，谓"高官"，如王梵志诗第 37 首："世间慵懒人，五分向有二。例著一草衫，两膊成山字。出语觜头高，诈作达官子。"王梵志诗第 50 首："本是达官儿，名作郎君子。从小好读书，更须多识字。长大人中官，当衙判曹事。""达官子""达官儿"，义同，均谓高官之子。又如唐韩愈《送郑十校理序》："常以宠丞相为大学士，其他学士皆达官也，校理则用天下之名能文学者。"宋欧阳修《归田录》卷一："淳化中，罢相知安州。安陆山郡，未尝识达官，见公饮啖不类常人，举郡惊骇。"清赵翼《偶得》诗之六："方参达官署，又迎贵客车。"

"达官"一词，由专称引申作通称，也属于词义的扩大。

(二) 词义的缩小释例

词义的缩小指词义比以前所指范围减小。下面以双音词"西方"为例。

"西方"，本是方位名词。起源甚早，《诗经》中已见，如《邶风·简兮》："彼美人兮，西方之人兮。"西方，指太阳落下去的一边。又如晋傅玄《杂诗》："清风何飘飘，微月出西方。"宋王谠《唐语林·补遗一》："玄宗时亢旱，禁中筑龙堂祈雨。命少监冯绍正画西方，未毕，如觉云气生梁栋间，俄而大雨。"引申指西方净土，西方之极乐世界，即佛国，如王梵志诗第 11 首："千休即万休，永别生平乐。智者入西方，愚人堕地狱。掇头入苦海，冥冥不省觉。"又王梵志诗第 17 首："普劝诸贵等，火急造桥梁。运度身得过，福至生西方。"杜甫《别李秘书始兴寺所居》诗："重闻西方止观经，老身古寺风泠泠。"

西方，由泛指引申用作专指，属于词义的缩小。

(三) 词义的转移释例

词义的转移是指表示对象发生了转移，原来表示甲事物转而用来表示与之有关的乙事物。我们先看单音词"闻"的词义演变。

闻，从耳门声，本义为耳闻，即听见，《说文·耳部》："闻，知声也。"《大学》："心不在焉。听而不闻。"引申犹"趁……"，王梵志诗第 57 首："贫富有殊别，业报自相迎。闻强造功德，吃着自身荣。智者天上去，愚者入深坑。""闻强造功德"，意谓趁身体强健时多造功德。王梵志诗第 67 首："四海并交游，风光亦须觅。钱财只恨无，有时实不惜。闻身强健时，多施还须吃。"又王梵志诗第280首："一朝身磨灭，万事不能窥……奴婢换曹主，马即别人骑。闻强急修福，莫逾百年期。"两首诗中的"闻"，均表"趁"义。又如白居易《寻春题诸家园林》诗："闻健朝朝出，乘春处处寻。""闻"与"乘"相对。王建《江南三台词》："闻身强健且为，头白齿落难追。"敦煌变文《搜神记》："比来梦恶，定知不活，闻我精好之时，汝等即报内外诸亲，在近者唤取，将与分别。"

闻，由"听闻"义，利用相关引申，产生出"趁……"义，属于词义的转移。

下面再看单音词"屈"的词义演变。

屈，从尾出声，本义为屈尾。《说文·尾部》："屈，无尾也。"《易经·系辞》："尺蠖①之屈，以求信也。"《孟子·滕文公下》："富贵不能淫，贫贱不能移，威武不能屈。"《韩非子·说林下》曰："鸟有翢翢者，重首而屈尾，将欲饮于河，则必颠，乃衔其羽而饮之。"引申为委屈义，例如宋刘义庆《世说新语·品藻》："会稽虞騑，元皇时与桓宣武同侠，其人有才理胜望。"南朝梁刘孝标注引《虞光禄传》："騑未登鼎，时论称屈。"《魏书·阎元明传》："虽沉屈兵伍而操尚弥高，奉养继亲甚著恭孝之称。"再利用相关引申，产生出邀请义，如唐王梵志诗第170首："主人相屈至，客莫先入门。若是尊人处，临时自打门。"唐韦瓘《周秦行记》："（太后）呼左右曰：'屈两个娘子出见秀才。'"宋王谠《唐语林·补遗三》："卫公不悦，遣马屈白员外至。"明冯梦龙《醒世恒言》第二卷《三孝廉让产立高名》："许武道：'下官此席，专屈诸乡亲下降，有句肺腑言奉告。必须满饮三杯，方敢奉闻。'众人被劝，只得吃了。"又《醒世恒言》第九卷《陈多寿生死夫妻》："正有句话，要与三老讲，屈三老到寒舍一行。"

屈，由屈尾义，引申到委屈义，再引申出邀请义，是词义转移的结果。

---

① 尺蠖，一种昆虫，俗称"弓腰虫"。尺蠖身体细长，行动时一屈一伸像个拱桥，当尺蠖向左移动时，先是右边缩短而后左边伸长；当尺蠖向右移动时，先是左边缩短而后右边伸长，总是沿直线一屈一伸。

（四）词的感情色彩变化释例

汉语词本身往往能表明说话人对有关事物的赞许、褒扬的感情，这些词属于褒义词；有些词表明说话者对有关事物的厌恶、贬斥的感情，这些词属于贬义词；而不表现说话人的立场、情感的词，则属于中性词。下面以双音节词"计算"为例，说明词义的演变。

"计算"，早期的意义是"谋划""考虑"，产生时代不晚于战国时期，如《韩非子·六反》："故父母之于子也，犹用计算之心以相待也，而况无父子之泽乎！"《三国志·吴志·滕胤传》："恪曰：'诸云不可者，皆不见计算，怀居苟安者也。'"明张居正《答督抚刘百川书》："今计算久远，果便于人，则曹子之言，固可从也。"《明史·萧授传》："授沉毅多计算，神校皆尽其材，而驭军严整。"词义进一步引申，表"算计"义，即暗中打坏主意，私下谋算害人，感情色彩由中性词变为贬义词，如王梵志诗第 121 首："敬他保自贵，辱他招自耻。你若计算他，他还计算你。勾他一盏酒，他勾十巡至。"明《包公案》第三十六回："黄贵道：'已行三十余里，肚中饥饿，兄先往渡口坐着，待小弟前村沽买一瓶酒便来。'张万应诺，先往渡口去了。须臾间，黄贵持酒来，有意计算。他一连劝张兄饮了数杯，又无下酒的，况行路辛苦，一时昏沉醉倒。黄贵看得前后无人，腰间拔出利刀，从张万胁下刺入，鲜血喷出而死。"《西游记》第七十六回："黄牙老象变人形，义结狮王为弟兄。因为大魔来说合，同心计算吃唐僧。齐天大圣神通广，辅正除邪要灭精。"清《廿载繁华梦》第二回："且说周庸佑自从计算傅成之后，好一个关里库书，就自己做起来。"皆是其例。

"计算"一词由中性词演变为贬义词。

（五）词性转移释例

汉语的词性一般是比较稳定的，但是在时间的长河中，有些词会由甲类词转化演变为乙类词，甚至是多重演化，由甲类词演化为乙类词，再转化为丙类词等。

1. 参差

参差，本义表"不齐貌"，形容词，此义起源甚早，春秋已有，如《诗经·周南·关雎》："参差荇菜，左右流之。"后世承之，如汉张衡《西京赋》："华岳峩峩，冈峦参差。"形容词可以修饰动词，如唐孟郊《旅行》诗："野梅参差发，旅榜逍遥归。"宋苏轼《书李世南所画秋景》诗之一："野水参差落涨痕，疏林欹倒出霜根。"由此引申，意谓"差不多""接近"，犹言"仿佛""似乎"。如唐张鷟《朝野佥载》卷五："若对至尊前，公作如此事，参差斫却你头。"周濆《逢邻女》诗："莫向秋池照绿水，参差羞杀白芙蓉。"白居易《长恨歌》："中有一人字太真，雪肤花貌参差是。"苏轼《水龙吟》："云梦南州，武昌东岸，昔游应记。料多情梦里，端来见我，也参差是。"宋柳永《望海潮》词："烟柳画桥，风帘翠幕，参差十万人家。"金董解元《西厢记诸宫调》卷八："莺莺在普救，参差被虏。"

参差，由形容词演变成副词。

2. 乾①

乾，《说文·乙部》："上出也。从乙。乙，物之达也。"段注："此乾字之本义也。自有文字以后。乃用为卦名。而孔子释之曰：'健也。'健之义生于上出。上出为乾，下注则为湿。故乾与湿相对。"徐灏笺注："乾之本义，谓艹（草）木出土乾乾然强健也。"

乾，本义为形容词，与"湿"相对，指没有水分或水分很少，如《诗经·王风·中谷有蓷》："中谷有蓷，暵其乾矣。"《庄子·田子方》："方将被发而乾。"晋干宝《晋纪总论》："武皇既崩，山陵未乾。"杜甫《茅屋为秋风所破歌》诗："床头屋漏无乾处，雨脚如麻未断绝。"唐韩愈《醴醴》诗："秋阴欺白日，泥潦不少乾。"刘基《卖柑者言》："剖其中，乾若败絮。"形容词修饰动词，乾，可以放在谓词前，如梁沈约《宋书·范晔传》："晔乾笑云：'罪至而已。'"《北史·尉景传》："何须乾啼湿哭。"由此引申为"徒然""白白地"，乾（干），因为语法位置而由形容词演变成为副词。又如王梵志诗第28首："有事检案追，出帖付里正。火急捉将来，险语唯须胧。前人心里怯，乾唤愧曹长。""乾唤"，即"空呼""白白叫喊"。王梵志诗第268首："身体骨崖崖，面皮千道皱⋯⋯迎得少年妻，褒扬殊面首。傍边乾咽唾，恰似守碓狗。舂人收糠将，舐略空唇口。忽逢三煞头，一棒即了手。""乾咽唾"，即"空咽唾沫"。又如唐韩愈《感春》诗："乾愁漫解坐自累，与众异趣谁相亲。"金董解元《西厢记诸宫

---

① 乾，简化字作"干"。

调》卷八:"欢喜教这两个也,乾撞杀郑恒那村厮。"明贾仲名《萧淑兰》第三折:"空着我乾忍耻,枉留心。"

乾,由形容词演变成副词。

3. 副

副,本是动词。《说文·刀部》:"副,判也。从刀畐声。"唐颜师古《匡谬正俗》:"副,本音普力反①,义训剖劈。"本义是剖开,劈开。《玉篇·刀部》:"副,破也。"《广韵·屋韵》:"副。剖也。"例如《礼记·曲礼上》:"为天子削瓜者副之。"郑玄注"副,析②也""副之",即把瓜劈开,引申为裂开。例如《诗经·大雅·生民》:"不坼不副,无菑无害。"孔颖达疏:"坼、副,皆裂也。"《吕氏春秋·行论》:"(鲧)怒于尧曰:'得天之道者为帝,得地之道者为三公。今我得地之道,而不以我为三公。'以尧为失论,欲得三公。怒甚猛兽,欲以为乱……舜于是殛之③于羽山,副之以吴刀。""副之以吴刀",即用吴刀把鲧(的尸体)劈开。

将一个物体劈开后,分为两个部分;将这两个部分合起来,又成为一个整体,故引申为符合、相称。例如西汉《淮南子·缪称训》:"是故禄过其功者损,名过其实者蔽,情行合而名副之,祸福不虚至矣。"《淮南子·天文训》:"律之数六,分为雌雄,故曰十二钟,以副十二月。"汉桓宽《盐铁论·利议》:"情貌不相副。"《后汉书·黄琼传》:"盛名之下,其实难副。"南朝梁陶弘景《授陆敬游十赉文》:"尔期诚玄契,遐想灵风,至怀所诣,因心则通,今故赍尔香炉一枚,熏陆④副之,可以腾烟紫阁,昭感上司。"又:"今故赍尔大砚一面,纸笔一副之,可以临文写字,对真授言。""熏陆副之",即谓送熏陆相配。"纸笔副之",即谓送纸笔相配。

引申表示相配合的物体为"副","副"演化为名词,例如《战国策·燕策》:"乃令秦武阳为副。"副,即指副官。《史记·太史公自序》:"藏之名山,副在京师。"副,即指副本。晋袁宏《后汉纪·顺帝纪》:"太子,国之储副。"

---

① 普力反,即音 pì,义同"劈",字一作"疈"。
② 析,分开。
③ 殛,jí,杀死。
④ 薰陆,即乳香。晋嵇含《南方草木状》云:"熏陆,出大秦国,其木生于海边沙上,盛夏木胶流出。沙中夷人取之卖与贾客。"

储副,即国之副君。又如南朝宋丘仲起《皇太子冕服议》:"伏寻古之上公,尚得服衮以朝,皇太子以储副之尊,率土瞻仰,愚谓宜式遵盛典,服衮冕九旒以朝贺。"引申专指舰船上的副手,例如清《二十年目睹之怪现状》第七十八回载南洋水师管带蒙骗两江总督:"这位管带自己虽不懂驾驶,那大副、二副等却是不能不懂的。他得了信,知道制台要来考察,他便出了一个好主意,预先约了大副,等制台叫他把舵时,那大副便扮了那个兵,站在船头上:舵房是正对船头的,应该向左扳舵时,那大副便走向左边;应该向右扳舵时,那大副便向右边走;暂时不用扳动时,那大副就站定在当中。"《清史稿》卷一百三十六《兵志七·海军》:"其员弁之目:曰管带,曰帮带大副,曰鱼雷大副,曰驾驶二副,曰枪炮二副,曰船械三副,曰舢板三副,曰正砲弁,曰水手总头目,曰副砲弁,曰巡查……"

整体分开叫"副",分开的部分又可以组成整体,故而由此引申称器物一套(整体)为一副,由名词演变为量词。例如三国魏曹植《冬至献袜履颂表》:"拜表奉贺,并献纹履七量,袜若干副。"《世说新语·方正》刘孝标注引《孔氏志怪》:"复致衣一袭、被褥一副。"北宋王溥《唐会要》卷十七:"南郊太庙祭器,令所司造两副供用。"人的面孔也是一个整体,故而用来表示面相,例如清吴敬梓《儒林外史》第四十一回:"跟着一个汉子,酒糟的一副面孔,一顶破毡帽坎坎①齐眉毛,挑过一担行李来。"

个体与整体相比,是次要的,隐喻为辅助的、次要的,修饰名词,演化为区别词。例如《史记·留侯世家》:"良与客狙击秦皇帝博浪沙中,误中副车。""副车",皇帝外出时的从车。《汉书·张良传》:"误中副车。"唐颜师古曰:"副,谓后乘也。"《汉书·张骞传》:"骞即分遣副使使大宛、康居、月氏、大夏。""副使",即副大使。《汉书·苏武传》:"武与副中郎将张胜及假吏常惠等募士斥侯百余人俱。"《后汉书·百官志》:"其不置校尉部,但军司马一人,又有军假司马,假候,皆为副贰。"副贰,即副职,泛指佐助的官吏。《魏书·李彪传》:"正本蕴之麟阁,副贰藏之名山。"副贰,即指副本。《隋书·经籍志》:"炀帝即位,秘阁之书,限写五十副本。"

---

① 坎坎,虚空。

"副"由动词演化为名词,由名词演化为量词,由动词演化为区别词。

(六)词的复杂引申释例

在汉语史的发展进程中,新义的发展变化往往很复杂,在历时的发展中,词义的扩大与缩小往往会交替变化,词性往往也会随之发生变化。

1. 川原

"川原"一词,本义谓江河之源,如《国语·周语下》:"且绝民用以实王府,犹塞川原而为潢污也,其竭也无日矣。"引申指称江河,如《汉书·沟洫志》:"中国川原以百数,莫著于四渎,而河为宗。"又进一步扩大,指河流与原野,如唐陈子昂《晚次乐乡县》诗:"川原迷旧国,道路入边城。"唐杜甫《垂老别》诗:"积尸草木腥,流血川原丹。"随后,"川"义丢失,指称范围缩小,专称"原野",如王梵志诗第71首:"暂出门前观,川原足故冢。富者造山门,贫家如破瓮。年年并舍多,岁岁成街巷。"宋王安石《出郊》诗:"川原一片绿交加,深树冥冥不见花。"

川原,在词义的发展变化中,经历了"词义的扩大"→"词义的再扩大"→"词义的缩小"的历时变化。

合成词的产生,来源相当复杂,有些合成词是由内部语素取义重心不同所致,有些合成词是由其内部语素义的重新分析不同所致。下面以"庵庐""正身"两词为例。

2. 庵庐

"庵庐"一词是由"庵""庐"两个语素结合凝固而成的。

庵,汉刘熙《释名·释宫室》:"草圆屋曰蒲。蒲,敷也;总其上而敷下也。又谓之庵。庵,奄也,所以自覆奄也。"晋葛洪《神仙传·焦先》:"居河之湄,结草为庵。"清钱大昕《十驾斋养新录·庵》:"古人名草圆屋为庵。"

庐,《说文·广部》:"寄也。秋冬去,春夏居。"段注:"农人作庐焉。以便其田事……引申之,凡寄居之处皆曰庐。"汉刘熙《释名·释宫室》:"寄上曰庐。庐,虑也。取自覆虑也。"庐,本义谓农忙时临时搭建的棚舍小屋,故相当的简陋。《周礼·地官》:"十里有庐,庐有饮食。"《诗经·小雅·信南山》:"中田有庐,疆场有瓜。"引申用作泛指,指简陋的房舍,如晋陶渊明《饮酒》之五:"结庐在人境,而无车马喧。"唐刘禹锡《陋室铭》:"南阳诸葛庐，西蜀子云亭。"引申为军中帐篷，如《诗经·大雅·生民之什·公刘》："京师之野，于时处处，于时庐旅。"

庵、庐连文，较早的例证见于南朝宋范晔《后汉书·皇甫规传》："军中大疫，死者十三四。规亲入庵庐，巡视将士，三军感悦。"庵庐，行军中的营帐。又如明王世贞《闻岛寇警有感因呈兵宪王使君》诗："烽火年年是，乾坤处处残。仓皇趋白羽，颟洞及黄冠。忽改汾阳色，知登汉将坛。天横须虑合，月上庵庐寒。剑客雄争奋，兵符静不欢。挥鞭画吴海，飞捷动长安。名已丹青刻，囊毋赤白看。渔樵吾计晚，戈甲此身难。筹策须时定，农耕稍自宽。好将铙吹曲，来奏柏台端。"

"庵庐"表"行军中的营帐"义，盖取合成词中的语素"庐"的"临时寄居"而来，以示营帐之"临时"特征。

庵、庐连文，表示草舍义，自唐以降用例逐渐多起来，如《晋书·王嘉传》曰："王嘉，字子年，陇西安阳人也……隐于东阳谷，凿岩穴居。弟子受业者数百人，亦皆穴处。石季龙之乱，弃其徒众，至长安，潜隐于终南山，结庵庐而止。门人闻而复随之，乃迁于倒兽山。苻坚累征不起。"王梵志诗第367首："不虑天堂远，非愁地狱虚。心中一种惧，唯怕土庵庐……泉门一闭后，开日定知无。"宋范成大《花山村舍》诗："庵庐少来往，门巷湿苍苔。"宋龚明之《中吴纪闻》卷六《乐庵》："乐庵，在昆山之东南六七里，李公彦平游息之所也。公本江都人，绍兴初避地居此。尝为溧水宰，以德化民……迁枢密院检详。高宗屡引见僧徒，谭性空之理。一日因对，论及禅宗，公奏曰：'昔周公亦坐禅。'上愕然。公徐曰：'周公思兼三王，以施四事，其有不合者，仰而思之，夜以继日，幸而得之。坐以待旦，非坐禅而何？陛下诚能端坐而思所以爱人利物之道，即坐禅也，何必他求乎？'俄以引年挂其冠而归，遂即庵庐而居之，自号'乐庵安叟'。"宋洪迈《夷坚乙志·王先生》："濮州王老志先生，以道术知名，濮有士人，饶口辩，欲以语穷之，往造焉。其居四面环以高墉，但开狗窦出入。士人匍匐就之，方谈词如云，忽地下旋涡坼，俄已盈尺，中有鳞甲如斗大。先生谓客曰：'子亟归，稍缓必致奇祸。'士人遽出，行未五里，雷电雨雹倏起，马蜷局不行。偶得一土室，入避之，望先生庵庐，百拜乞命，仅得脱。"清屈大均《广东新语》卷二十八《怪语·黄野人》："黄野人，相传葛洪弟子，洪仙去，留丹柱石间，野人服之。居罗浮为地行仙，往往与人相遇，或为黄冠，或儒者，或为溪翁、山妇，或牛，或犬，或鸟，或大蝴蝶。凡山中所有物，皆能见之……黄野人故有庵庐，在冲虚观西，遗蜕尚存。"

"庵庐"表"草舍"义，盖取合成词中的语素"庵"的"草屋"义而来，以彰显其简陋也。"庵庐"的"行军中的营帐""草舍"二义是合成词内部构成语素取义重心不同所致。

3. 正身

再看"正身"一词的词义发展。先看语素"正"。

正，《说文·正部》："是也。"本义谓不偏斜，平正，如《论语·乡党》："席不正不坐。"《吕氏春秋·君守》："有绳不以正。"高诱注："正，直也。"《周礼·春官·典同》："凡声，高声碾，正声缓，下声肆。"郑玄注："正者，不高不下。"

由本义引申作使动用法，谓"使……正"义，如《礼记·曲礼上》："立必正方，不倾听。"又"正尔容，听必恭"。《庄子·让王》："正冠而缨绝。"

由本义引申为正直、正派，如《管子·权修》："凡牧民者，欲民之正也。欲民之正，则微邪不可不禁也。"《后汉书·荀彧传》："田丰刚而犯上，许攸贪而不正。"

"正""身"连文，最早出自《荀子·法行》："君子正身以俟。"三国魏桓范《政务》："故为政之务，务在正身。"意谓端正自身，修身。又如《旧唐书·宋璟传》："朕每事常欲正身以成纲纪，至于妻子，情岂有私？然人所难言，亦在于此。"《清史稿·礼烈亲王代善传》："必正身行义以相辅佐，朕始嘉赖焉。"诸例"正身"之"正"，取其动词"使身正"义。

又《后汉书·赵憙传》："憙内典宿卫，外干宰职，正身立朝，未尝懈惰。"晋羊祜《让开府表》："据今光禄大夫李喜，秉节高亮，正身在朝。"唐封演《封氏闻见记·贞介》："镐起自布素，一二年而登宰相。正身特立，不肯苟媚。"例中"正身"意谓正直不阿，"正身"之"正"取"正直""正派"义。

又王梵志诗第73首："地下须夫急，逢头取次捉。一家抽一个，勘数犹未足。科出排门夫，不许私遮曲。合去正身行，名字付司录。棒驱火急走，向前任缚束。"又王梵志诗第290首："义故及三代，死活相凭托。合去正身行，不容名字错。"例证"正身"，即本人，意谓并非冒名顶替者。又《通典·选举五》："故俗间相传云：'入试非正身，十有三四；赴官非正身，十有二三。'"此又弊之尤者。"例中"正身",意谓确系本人,又如《水浒传》第三十二回:"官司一事,全得朱雷二都头气力,已自家中无事,只要缉捕正身。"清李渔《奈何天·误相》:"(丑背介)那夫人小姐,又进来了,待我也做些风流态度,与他相相,或者替身相不中,倒相中了正身,也不可知。"此"正身"之"正",取其"不偏不倚"义。

从汉语词义发展来看,"正身"几个义项的产生是由语素"正"的不同语义决定的。

4. 上

上,《说文·丄①部》:"高也。"甲骨文用上短下长两横画组成。金文晚期为了区别数目字"二",在两横中间加一直画,写成"上"。小篆由金文变化而来。"上"本义是高处,上面,处所名词,与"下"相对。例如《周易·涣》:"风行水上,涣。""水上",即水面之上。《诗经·周颂·敬之》:"命不易哉,无曰高高在上。"《老子》第七十六章:"强大处下,柔弱处上。"李白《蜀道难》诗:"上有六龙回日之高标,下有冲波逆折之回川。"引申为方位名词。例如《孟子·梁惠王上》:"王坐于堂上,有牵牛而过堂下者。"《荀子·劝学》:"上食埃土,下饮黄泉。"② 引申为边畔、堤坝,例如《左传·僖公二十四年》:"瑕甥、郤芮不获公,乃如河上。""乃如河上",意谓于是到黄河岸边。《论语·子罕》:"子在川上曰:'逝者如斯夫!不舍昼夜。'""子在川上",即先生在河岸边。

时间线性展开,有先有后,与堤坝类似,故引申指时间,例如《商君书·开塞》:"上不及虞夏之时,而下不修汤武。""上",即在前、前世。《商君书·算地》:"其上世之士,衣不暖肤,食不满肠。"《墨子·七患》:"故虽上世之圣王,岂能使五谷常收,而旱水不至哉?"《汉书·晁错传》:"窃观上世之君,不能奉其宗庙,而劫杀于其臣者,皆不知术数者也。""上世之君",即前代的君王。又如冯梦龙《古今小说·蒋兴哥重会珍珠衫》:"何期到一十七岁上,父亲一病身亡。"《红楼梦》第二回:"可惜上月其母竟亡故了!"词义进一步虚化,表示"某一方面"。例如元郑光祖《倩女离魂》第三折:"说话处少精神,睡卧处无颠倒,茶饭上不知滋味。"

---

① 丄,shàng,同"上"。
② 句子大意是:向上吃着泥土,向下饮着泉水。

人们抬头就能看到天，天总是在人的头顶之上，故特指天。例如《尚书·文侯之命》："昭升于上。"《论语·述而》："诔曰：'祷尔于上下神祇。'"《左传·宣公四年》载楚国箴尹克黄（令尹子文之孙）的话："弃君之命，独谁受之？君，天也，无可逃乎？"君王是"天子"（天之子），《礼记·曲礼》："君天下曰天子。""天子"永远在上，故特指君主、皇上。例如《论语·公冶长》："有君子之道四焉：其行己也恭，其事上也敬，其养民也惠，其使民也义。"《商君书·战法》："若民服而听上，则国富而兵胜。"《史记·陈涉世家》："扶苏以数谏故，上使外将兵。""上使外将兵"，即皇帝就派他在外领兵打仗。《史记·平津侯主父列传》："不合上意，上怒。"王安石《与王子醇书》："上固欲公毋涉难冒险，以百全取胜。""上"，皇上，指宋神宗赵顼。

事物的排列比较上，质量好的一般总是放在前面、上面，故而引申指上等、质量好的。例如《孙子·谋攻》："凡用兵之法，全国为上，破国次之。""全国为上"，即谓一国人全都投降是上等的谋略。《韩非子·内储说上》："有能徙此南门之外者，赐之上田上宅。"①《战国策·齐策》："群臣吏民能面刺寡人之过者，受上赏。"《晋书·宣帝纪》："弃城预走，上计也。""上计"，即上等的计策。宋王辟之《渑水燕谈录》卷八："龙凤团茶最为上品。"明《天工开物·饴饧》："色以白者为上。"引申表示位次或次序在前，例如《史记·廉颇蔺相如列传》："廉颇曰：'我为赵将，有攻城野战之大功，而蔺相如徒以口舌为劳，而位居我上。'""位居我上"，即他的职位在我的上面。古乐府《日出东南隅行》："东方千余骑，夫婿居上头。"

传统伦理，长幼有序，尊长、上级在前，故引申表示"尊长""上级"。《论语·学而》："其为人也孝悌，而好犯上者，鲜矣。"②《孟子·梁惠王上》："人以事其父兄，出以事其长上。"唐柳宗元《封建论》："继世而理者，上果贤乎？下果不肖乎？"清李汝珍《镜花缘》第七十一回："阖儿虽按次序，坐位仍无上下。"由此引申为"尊贵"，用作敬辞。例如《史记·郦生陆贾列传》："足下位为上相。""上相"，尊贵的丞相。王梵志诗第301首："彼之大大愿，此之大大因。所愿只如此，真成上上人。"《儿女英雄传》第十四回："足下上姓？"

---

① 句子大意是：如果有能够迁移到这南门之外的人，就赐给他上等的田地房屋。
② 句子大意是：如果为人孝顺爹娘，敬爱兄长，却又喜欢触犯尊长，这种人是很少的。

名词用作动词，表示"向上""到……之上"。例如《易经·需》："云上于天。"《楚辞·离骚》："溘埃风余上征。"①《庄子·逍遥游》："抟扶摇而上者九万里。"柳宗元《钴鉧潭西小丘记》："其冲然角列而上者，若熊罴之登于山。"王维《辋川闲居赠裴秀才迪》诗："渡头余落日，墟里上孤烟。"又引申为"登上""冲上"。例如王之涣《登鹳雀楼》诗："欲穷千里目，更上一层楼。"杜甫《兵车行》："哭声直上干云霄。"动作弱化，表示"前去""前往"，动词。例如《战国策·秦策二》："三鼓之而卒②不上。"唐王梵志诗："粮食逢医药，垂死续命汤。敕取一生活，应报上天堂。"宋辛弃疾《山间竟传诸将有下棘寺者》："去年骑鹤上扬州。""骑鹤上扬州"，即骑鹤到扬州。黄宗羲《柳敬亭传》："始复上街头理其故业。"戏曲产生后，引申专门表示"出场"。例如王实甫《西厢记》第一本楔子："正旦扮莺莺上。"

奉送、进献、上呈，也是由低到高，故可用"上"表示。例如《庄子·说剑》："宰人上食。"《史记·文帝本纪》："太尉乃跪上天子玺符。"③《汉书·东方朔传》："四方士多上书言得失。"清方苞《狱中杂记》："凡死刑狱上，行刑者先俟于门外，使其党入索财物。"④

增加、添加的部分在原来的部分上面，故而引申为"增添""增加"，例如《论语·颜渊》："草上之风必偃。"⑤"增加""添加"的对象是流质状，则引申出"涂抹、涂染"。例如明宋应星《天工开物·造竹纸》："先以白矾水染过，后上红花汁云。"引申出"安装""安上"义。例如《初学记》卷二十四载北朝后魏温子升《阊阖门上梁祝文》："维王建国，配彼太微。大君有命，高门启扉。良辰是简，穆卜无违。雕梁乃架，绮翼斯飞。八龙杳杳，九龙巍巍。居宸纳祐，就日垂衣。一人有庆，四海爱归。"⑥所谓"上梁"，即民间建造新屋时，架上主梁。民间习俗，上梁时，工匠致《上梁文》，祝告祖先、神祇，以求家宅平安。又如《镜花缘》第三十七回："楼窗上锁，不能开放。"

---

① 汉王逸注："溘，犹掩也。埃，尘也。言我设往行游，将乘玉虬，驾凤车掩尘埃而上征。"
② 卒，最终。
③ 句子大意是：太尉于是跪着进献皇帝的大印。
④ 句子大意是：凡是判了死罪的案件已经上报的，刽子手先在门外等候，叫他们的同伙进入牢房勒索财物。
⑤ 句子大意是：风吹在草上，草没有不倒的。
⑥ （唐）徐坚《初学记》下册，中华书局，2004年第2版，第584页。

由"增加""增添",引申为"进食",用于敬辞。洪升《长生殿·复召》:"请万岁爷上膳。"又《长生殿·惊变》:"娘娘,请上这一杯。"由"增加""增添"义引申为"达到""够(一定程度或数量)",例如清平山堂话本《快嘴李翠莲记》:"不上三年之内,死得一家干净。""不上三年",即不到三年。《儒林外史》第七回:"王员外共借了上千两的银子与荀家。""上千两的银子",即达到千两银子。

"上"的词义引申和词性变化如下图所示:

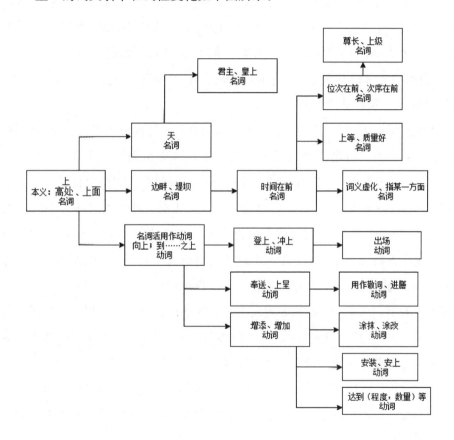

5. 向

向,《说文·宀部》:"北出牖也。从宀从口。"宋徐锴曰:"牖所以通人气,故从口。"徐锴所言不确。向,本义为朝北开的窗户。林义光《文源》云:"口象牖形,宀象屋在其上。"例如《诗经·豳风·七月》曰:"塞向墐户。"汉毛亨传:"向,北出牖也。"牖,即今之窗户。唐陆德明释文引《韩诗》云:"向,北向窗也。""北向窗",即朝北的窗户。

窗户朝北开,含有"方向"义,故引申出"朝向"义,字亦作"嚮"。例如《庄子·齐物论》:"五者园(圆)而几向方矣。"陆德明释文:"向,亦作嚮。"《庄子·秋水》:"(河伯)望洋向若而叹曰:'野语有之曰:闻道百以为莫己若者,我之谓也。'""向若",即朝向海神若。又如《孟子·滕文公上》:"(门人)入,揖于子贡,相向而哭。"《战国策·燕策三》:"北向迎燕。"《史记·滑稽列传》:"西门豹簪笔磬折,向河立待良久。"宋司马光《项羽诛韩生》:"夫秦据函谷,东向以制天下。"《聊斋志异·促织》:"夫妻向隅,茅舍无烟。"引申作名词,方向。例如《国语·周语上》:"明利害之向。"唐柳宗元《送从兄偁罢选归江淮诗序》:"今吾遑遑末路,寡偶希合,进不知向,退不知守。"

由朝向引申出"奔向""趋向"。例如《韩非子·外储说左下》:"今西伯昌,人臣也,修义而人向之。"《左传·定公十年》:"尔欲吴王我乎?"晋杜预注:"见剑向己,逆呵之。""见剑向己",连动结构,即谓看到剑刺向自己。又如南朝宋《后汉书·班超列传》:"莫不向化。"司马光《资治通鉴·赤壁之战》:"到夏口,闻操已向荆州。"由此引申为"接近"。例如《易经·说卦》:"离也者,明也,万物皆相见,南方之卦也;圣人南面而听天下,向明而治,盖取诸此也。"周振甫先生译文:"离日是明亮,万物都相见,是南方的卦。圣人南面而听天下的事,向着天亮时来办理政事,大概是有取于此。"① 据周先生译文可知,引文中之"向"意谓"接近"。"向明",即天刚亮。又如《后汉书·段颎列传》:"今适期年,所耗未半,而余寇残烬,将向殄灭。"

由"接近"引申出"偏向""偏袒"义。例如《商君书·慎法》:"民倍②主位而向私交,则君弱而臣强。""向私交",即偏向私交。《史记·班超传》:"何故欲向汉?""向汉",即偏袒汉朝。又如《新唐书·王播传》:"时韦处厚当国,以献替自任,天子向之。"唐刘禹锡《秋中暑退赠乐天》诗:"人情皆向菊,风意欲摧兰。"宋陆游《朝中措》词之二:"总是向人深处,当时枉道无情。"《西游记》第三十八回:"行者道:'八戒生得夯,你有些儿偏向他。'唐僧道:'我

---

① 周振甫《周易译注》,中华书局,1991 年,第 283 页。
② 倍,通"背",背离。

怎么向他?'"唐僧所说的"向他",即行者所说的"偏向他"。

又音同而假借为"曏"①,旧时、先前、往昔,表示时间的名词。《说文·宀部》清朱骏声《说文通训定声》:"向,假借为曏。"《说文·日部》清段玉裁《说文解字注》:"向年、向时、向者,即曏字也。"例如《庄子·寓言》:"若向也俯,而今也仰。""向"与"今"对言,犹言"过去"与"现在"。又如《庄子·庚桑楚》:"向吾见若眉睫之间,吾因以得汝矣。"②《商君书·君臣》:"瞋目扼腕而语勇者得,垂衣裳而谈说者得,迟日旷久积劳私门者得,尊向三者,无功而皆可以得,民去农战而为之,或谈议而索之,或事便辟而请之,或以勇争之。"《吕氏春秋·察今》:"病变而药不变,向之寿民今为殇子矣。"《谷梁传·成公二年》:"今之屈,向之骄也。"晋陶潜《桃花源记》:"太守即遣人随其往,寻向所志,遂迷,不复得路。"宋苏轼《谏买浙灯状》:"右臣向蒙召对便殿,亲奉德音。"由时间名词"先前""往昔"义引申表示"从来""向来",转化为时间副词。例如唐沈佺期《哭道士刘无得》:"蓬莱向清浅,桃杏欲芳菲。"唐赵璘《因话录》卷四:"某向不与张君熟。"元《杀狗劝夫》楔子:"我向住在哥哥嫂嫂家里。"

向,时间名词放在句首,表示假设情况,演变为假设连词。例如《史记·秦始皇本纪》:"贾谊、司马迁曰:'向使婴有庸主之才,仅得中佐,山东虽乱,秦之地可全而有,宗庙之祀未当绝也。'"《后汉书·张衡列传》:"向使能瞻前顾后。"清刘淇《助字辨略》卷四:"向使,犹假使也。"宋蔡絛《铁围山丛谈》卷二:"向非城西索水之北有新筑堤,初架水之通宫苑者,偶横阻得且止,微此,一夕灌城,悉为鱼鳖矣。""向"与后文"微"相对,均表示假设关系的连词。

当动词"向"跟宾语共同修饰动词性结构时,经过重新分析,介词"向"就产生了,表示动作的方向。《史记·孝文本纪》:"群臣皆伏固请。代王西向让者三,南向让者再。""西向""南向",即朝西坐、朝南坐。后汉《太平经·辛部》:"比若向日月而坐,俱有光明。何以知其热与清乎?去人积远。以何效之?主以成功也,向日而坐煴也,足以知热;向月而坐,足以知清。"《后汉

---

① 曏,xiàng,《说文·日部》:"不久也。从日鄉(乡)声。《说文春秋传》曰:'曏役之三月。'"曏,许两切;向,许谅切,两字唯有声调不同。"曏"字,简化后作"向"。

② 句子大意是:刚才看见你眉宇之间的表情,我就了解你了。

书·段颎列传》:"一日一夜二百余里,晨及贼,击破之。余虏走向洛川,复相屯结。"唐白居易《哭孔戡》诗:"洛阳谁不死,戡死闻长安。我是知戡者,闻之涕泫然。戡佐山东军,非义不可干。拂衣向西来,其道直如弦。从事得如此,人人以为难。"末例"拂衣向西来"是连动结构,"向西"是介宾结构,作动词"来"的状语。

介词"向",可以表示动作的起点,意谓"从""在",这种用法产生时代较晚。例如《水浒传》第八十二回:"向那御屏风背后,转出一大臣。"《西游记》第七十一回:"日期满足才开鼎,我向当中跳出来。"

介词"向",表示动作的地点,犹"在"。例如唐崔曙《登水门楼见亡友张贞期题望黄河诗因以感兴》诗:"人随川上逝,书向壁中留。"宋陆游《风云昼晦夜遂大雪》诗:"已矣可奈何?冻死向孤村。"《水浒传》第三十八回:"不搽煤墨浑身黑,似着朱砂两眼红,闲向溪边磨巨斧,闷来岩畔斫乔松。"

介词"向",表示动作的对象。例如南朝宋刘义庆《世说新语·雅量》:"后有人向庾①道此。"唐元稹《感梦》诗:"填填满心气,不得说向人。"

"向"的词义、词性演化如下图所示:

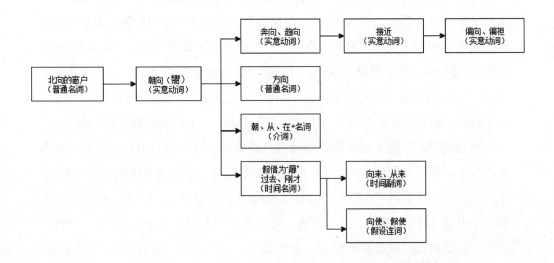

---

① 庾,庾子嵩,西晋名士、清谈家。

第二节 词的替换

在语言发展的历史长河中，往往产生这样一种现象，即甲词被乙词所替换。词语的替换又分三种情况：一种情况是甲词被替换后渐趋沉寂而成为历史词；一种情况是乙词替换后只存在于一定的时间后，甲词又重新回归，乙词趋于沉寂而成为历史；还有一种情况是，甲词被乙词替换，但是甲词并未消失，而是表义发生了偏移。

一、甲词被替换后渐趋沉寂而成为历史词

所谓的"历史词"是指历史上曾经使用而后来消亡了的词，例如现代汉语"脚"原本是用"足"来表示，最终"足"被"脚"所代替而成为历史词。

足，《说文·足部》："人之足也，在下。从止口。凡足之属皆从足。"宋徐锴系传："口象股胫之形。"段注："（足）人之足也，在体下。从口止，依《玉篇》订。口犹人也，举口以包足已上者也。"足，甲骨文已见，上下结构，上"口"下"止"，像连腿带脚的整个下肢。"足"字，传世文献中多见，例如《易经·剥》："初六，剥床以足（修治马车而伤了脚）。"《尚书·说命上》："若跣弗视地，厥足用伤。"春秋《左传·庄公八年》："冬，十二月，齐侯游于姑棼，遂田于贝丘。见大豕。从者曰：'公子彭生也。'公怒，曰：'彭生敢见！'射之。豕人立而啼。公惧，队于车。伤足，丧屦……见公之足于户下，遂弑之，而立无知。"又《左传·庄公十二年》："陈人使妇人饮之酒，而以犀革裹之。比及宋，手足皆见。宋人皆醢之。"《论语·子路》："礼乐不兴，则刑罚不中；刑罚不中，则民无所措手足。"《孟子·告子上》："故龙子曰：'不知足而为屦，我知其不为蒉也。'屦之相似，天下之足同也。"《楚辞·渔父》："沧浪之水清兮，可以濯吾缨。沧浪之水浊兮，可以濯吾足。"《谷梁传·定公十年》："齐人使优施舞于鲁君之幕下。孔子曰：'笑君者罪当死。'使司马行法焉，首足异门而出。"

"足"由指人的脚引申用于动物。例如《墨子·经说下》："谓四足兽，与

生鸟与，物尽与，大小也……若牛马四足。"词义进一步泛化，引申指无生命之物的"脚"。例如《易经·鼎》："九四，鼎折足，覆公𫗧，其形渥，凶。"《吕氏春秋·慎大览》："召忽曰：'吾三人者于齐国也，譬之若鼎之有足，去一焉则不成。'"而《易经》《尚书》《左传》《论语》《孟子》等书中均不见"脚"字。

脚，是个晚起的字，原本写作"却"。却，《说文·卩①部》："节欲也。"段注："各本作节欲也，误。今依《玉篇》欲为却，又改节为卩。卩②，却者，节制而却退之也。"

我们认为，许氏之说不确，段氏之说也未中的。篆文"却"，从卩（跪人），古人跪坐臀部压在脚后跟，故用以表示腿脚，即"脚"的本字。杨树达云："却，即脚之初文也……脚为后起之加形旁字，乃据有足胫之义，而初文之却只为却退等义矣。"③ 杨说是。

腿脚义的"脚"，初文作"却"。如湖北云梦睡虎地秦简《封诊式》："舌出齐唇吻，下遗矢弱，污两却。"弱，通"溺"，矢弱，即屎尿；"污两却"，即污两脚。睡虎地秦简的时代为战国晚期，秦统一六国之时。可见当时"脚（却）"已经产生了。

古人跪坐，脚（却）朝后，故由此引申出后退、使后退、退却等义，由名词演化为动词，此义改读què。例如《商君书·去强》："敌不敢至，虽至必却。"《吕氏春秋·序意》："马却不肯进。"《战国策·赵策三》："秦将闻之，为却军五十里。"贾谊《过秦论》："乃使蒙恬北筑长城而守藩篱，却匈奴七百余里。"此义存于今之合成词中，如"退却"。

却，加形旁"月（肉）"，当在战国初期，意谓"胫"，即膝盖以下的部分。例如《墨子·明鬼》："昔者，齐庄君之臣有所谓王里国、中里徼者，此二子者，讼三年而狱不断……于是㸤羊出血而洒其血，读王里国之辞既已终矣，读中里徼之辞未半也，羊起而触之，折其脚，祧神之而槁之，殪之盟所。""折

---

① 卩，jié，古同"节"。
② 卩，jié，古同"节"。
③ 杨树达《积微居小学述林》卷五，转引自《古文字诂林》第八册，上海教育出版社，2003年，第111页。

其脚",即折了中里徼的"脚",此"脚"当为"小腿"义。又如《韩非子·难言》:"孙子膑脚于魏。""脚",膝盖以下。《荀子·正论》:"捶笞膑脚。"唐杨倞注:"膑脚,谓刖其膝骨也。"《广雅·释亲》:"脚,胫也。"王念孙疏证:"凡对文则膝以上为股,膝以下为胫。"

到了西汉时词义产生偏移,例如《淮南子·俶真训》:"飞鸟铩翼,走兽废脚。"《黄帝内经·素问·藏气法时论》:"脾病者,身重善肌肉痿,足不收,行（胻）善瘛,脚下痛,虚则腹满肠鸣,飧泄食不化,取其经,太阴阳明少阴血者。"脚,与"足(下肢)""行(胻,小腿肚子)"相对,可知表"足"义。"脚下痛"是医学术语,《中医大辞典》:"脚下痛:证名。指脚底肌肤、筋脉着地作痛。多由脾病湿盛所致。"① 又《素问·气交变大论》:"岁土太过,雨湿流行,肾水受邪。民病腹痛,清厥意不乐,体重烦冤,上应镇星。甚则肌肉痿,足痿不收,行（胻）善瘛,脚下痛,饮发中满食减,四支(肢)不举。"又《黄帝内经·灵枢·经脉》:"项背腰尻腘腨脚皆痛,小指不用。"腘,即膝盖后弯腿处,俗称腿弯。腨,脚后跟(《玉篇·足部》:"腨,足跟也。")。"脚"与"项、背、腰、尻、腘、腨"相对,从上到下,此处"脚"即"足"义甚明。

南北朝时,"脚"表"足"义多起来了,例如东晋干宝《搜神后记》:"乃系鳖于床脚。"北魏《齐民要术》中的"脚"字用法已经超过了"足",汪维辉对《齐民要术》中的"脚"与"足"进行了统计,得出的结论是:"实际出现次数是38:18,'脚'比'足'多一倍强。'足'词义单一,都是指'(人或动物的)脚掌'。'脚'的使用范围很广,可以指动物的腿,如牛脚、马脚、羊脚、兔脚、鸡脚、鸥脚、鸭脚、鸠脚等;可以指器物的腿,如一/二/三脚耧;还有山脚、雨脚,甚至麦芽也可以称脚。"② 例如《齐民要术·种瓜·摘瓜法》:"凡瓜所以早烂者,皆由脚蹑及摘时不慎,翻动其蔓故也。"又:"于木槽中下水,脚踏十遍,净淘,水清乃止。"可见,到南北朝时,现实语言生活中,"脚"基本代替了"足"。自此以后"足"表示"脚"义,成为了历史词（古义）。不过,此义被保留在汉语合成词中,如"足下"等,例如《韩非子·内

---

① 李经纬、邓铁涛《中医大辞典》,人民卫生出版社,1995 年,第 1406 页。
② 汪维辉《试论〈齐民要术〉的语料价值》,《古汉语研究》2004 年第 4 期。

储说下》:"大夫有夷射者,御饮于王,醉甚而出,倚于郎门。门者刖跪请曰:'足下无意赐之余沥乎?'夷射叱曰:'去!刑余之人,何事乃敢乞饮长者!'"《战国策·秦策三》:"足下上畏太后之严,下惑奸臣之态;居深宫之中,不离保傅之手。"白居易《和答诗十首序》:"仆既羡足下诗,又怜足下心。"

再如现代汉语的"甜",先秦说"甘",例如《诗经·邶风·谷风》:"谁谓荼苦?其甘如荠。宴尔新昏,如兄如弟。"《诗经·小雅·节南山之什·巧言》:"盗言孔甘,乱是用餤。"

"甜"的用例始见于西汉①,例如扬雄《蜀都赋》:"乃使有伊之徒,调夫五味,甘甜之和,勺药之羹。"至北魏《齐民要术》中当"甜"义的"甘"用例49例,而"甜"则有59例,可见,北魏时口语中以用"甜"为主。例如《齐民要术》卷二《种瓜茄子附》引《永嘉记》曰:"永嘉美瓜,八月熟。至十一月,肉青瓤赤,香甜清快,众瓜之胜。"又《齐民要术》卷四《作酸枣法》:"多收红软者,箔上日曝令干。大釜中煮之,水仅自淹。一沸即漉出,盆研之。生布绞取浓汁,涂盘上或盆中。盛暑,日曝使干,渐以手摩挲,散为末。以方寸匕,投一碗水中,酸甜味足,即成好浆。远行用和火,饥渴俱当也。"唐代以后,味道甜一般用"甜"。例如唐令狐楚《代李仆射谢子恩赐状·第六状》:"今月九日,中使李朝诚到院,奉宣进旨,赐前件节料面肉等,次十日,中使徐智严奉宣圣旨,又赐麦粥饼餤者。宠荣便繁,锡赉稠叠,或陈于廊庑,或贮在樽壶。酒可驾车,面疑经市,而况屑杏实以为粥,味甜于蜜,卷牢肉以成餤,规大于拳,皆出御厨,无非仙馔。"

表示"甜"义的"甘"自此沉寂而成为历史词,不过,此义却成为构词语素而被保留在合成词中,如"甘果""甘露"。例如王梵志诗第276首:"新人食甘果,惭荷种花人。"又其诗第354首:"但令但贪但呼,般若法水不枯。醉时安眠大道,谁能向我停居?八苦变成甘露,解脱更欲何须。万法归于一相,安然独坐四衢。"

二、乙词替换只存在于一定的时间,甲词又重新回归

汉语词汇发展史上,有这样一种语言发展现象,即某概念由甲词表示,后

---

① 参见汪维辉《东汉—隋常用词演变研究》,南京大学出版社,2000年,第384页。

来被乙词所取代，但是不久，乙词却沉寂而成为历史词，甲词重新焕发生机，再次回归表示这个概念。下面先以称谓词"浑家"为例。

汉语中，与"夫"相对的"妻"早在商代就已经出现，甲骨文字体呈现以手捉女发之状，会意夺女为妻之义（远古抢亲之仪）。如《左传·桓公元年》："宋华父督见孔父之妻于路，目逆而送之，曰：'美而艳。'二年春，宋督攻孔氏，杀孔父而取其妻。"《诗经·齐风·南山》："取妻如之何？必告父母。"名词用作动词，例如《左传·隐公七年》："郑公子忽在王所，故陈侯请妻之，郑伯许之，乃成婚。"称谓词"妻"一直沿用至宋元。宋元时，口语中的"妻"被"浑家"所取代。例如元李文蔚《燕青博鱼》第一折："浑家王腊梅，元不是我自小里的儿女夫妻。"

称谓词"妻"是如何被"浑家"所替换的呢？这里先从乾嘉学派代表人物钱大昕（1728—1804）《恒言录》的释义说起①。

乾嘉学人钱大昕《恒言录·亲属称谓类·称妻曰浑家》云："称妻曰浑家，见郑文宝《南唐近事》史虚白诗：'风雨揭却屋，浑家醉不知。'尤袤《淮民谣》：'无钱买刀剑，典尽浑家衣。'"

钱氏认为"浑家"作为妻的称谓词最早见于郑文宝《南唐近事》所载史虚白诗，并以尤袤《淮民谣》诗为证。此说被清人梁章钜《称谓录》所引："《恒言录》称妻曰浑家，见郑文宝《南唐近事》史虚白诗：'风雨揭却屋，浑家醉不知。'尤袤《淮民谣》：'无钱买刀剑，典尽浑家衣。'"

然而，有关文献资料证明，钱大昕的考源与证明未必可靠，梁章钜的看法也有失察之嫌。《南唐近事》成书于"太平兴国二年"（977），是书记载史虚白诗的文字如下：

> 处士史虚白，北海人也……晚节放达，好乘双犊板辕，挂酒壶于车上，山童总角负瓢以随，往来庐阜之间，任意所适，当时朝士咸所推仰。保大末，淮甸未宁，割江之际，虚白乃赋《割江赋》以讽，曰："舟车有限，沿汀岛以俱闲；鱼鳖无知，尚交游而不止。"又赋《隐士诗》云："风雨揭却屋，浑家醉不知。"

---

① 曹翔《称谓词"浑家"考辨》，《辞书研究》2010年第4期，第171-176页。

"浑家"一词,大型辞书都有两个义项,如《辞源》:①全家;②指妻。史虚白诗"浑家",乍看起来,既可作妻解,也可作全家解,辞书的两个义项似乎均能适用,但是相关文献证明,此"浑家"还是释作全家义为妥。

龙衮《江南野史》("大约于北宋中期修成"①)也载有史虚白诗,引此诗作"风雨揭却屋,全家醉不知"。北宋马令《南唐书》(成书于1106年)也载有史虚白诗,引此诗作"风雨掇却屋,全家醉不知"。北宋阮阅《诗话总龟·隐逸门》(成书于1124年)也收录史虚白此诗,作"风雨揭却屋,全家醉不知"(引《江南野录》)。

《南唐近事》史虚白诗"浑家醉不知",在《江南野史》《南唐书》和《诗话总龟》中均被记作"全家醉不知",同义异文,"浑家"即"全家"。从语义表达上看,"浑家(全家)醉不知"似乎不合情理,难道连总角小儿都醉了吗?其实这只是一种夸张的修辞说法,不必较真。明乎此,顿觉诗文之妙。由此可知,《南唐近事》史虚白诗"浑家"并非妻的称谓词,故《恒言录》把它当作亲属称谓词的词源看待也就成了无根之谈。

《淮民谣》是尤袤的名作,全诗较长,此处节录相关文字:

> 东府买舟船,西府买器械。问侬欲何为?团结山水寨。寨长过我庐,意气甚雄粗。青衫两承局,暮夜连勾呼。勾呼且未已,椎剥到鸡豕。供应稍不如,向前受笞箠。驱东复驱西,弃却锄与犁。无钱买刀剑,典尽浑家衣。

从尤袤诗文表达内容来看,"浑家"则非解作"全家"义不可:"我"被逼从军,可兵器还得自备。可"我"实在是太穷了,无奈之下,唯一的办法就是典当全家人的衣裳,以应时需。如果把"浑家衣"解作"妻的衣裳",即把"浑家"当成"妻"的称谓词看待,一则不足以表现"我"的困顿与无奈,二则不能解释人们的疑问:为什么只典当"妻"的衣裳而不是自己或其他人的?钱锺书和金性尧都释此处"浑家"为"全家"②,完全印证了我们的看法。

---

① 燕永成《龙衮和他的〈江南野史〉》,见《赣南师范学院学报》1994年第4期。
② 钱锺书《宋诗选注》,人民文学出版社,1979年;金性尧《宋诗三百首》,上海古籍出版社,1986年。

"浑家"表"妻"义，《汉语大词典》始见例证引《碾玉观音》："浑家说与丈夫道：'你与我叫住那排军，我相问则个。'"《碾玉观音》"撰写于乾道二年（1166）之后"①，据此推断，称"妻"为"浑家"的产生时代大致可断在南宋中期。而《南唐近事》撰写于"太平兴国二年"，即 977 年，其时距"浑家"表"妻"义的产生至少还有 200 年的历史。从新词新义的产生时代来看，《南唐近事》成书时，"浑家"一词还未能产生出"妻"义。

尤袤（1127—1194）为南宋人，绍兴十八年（1148）举进士，旋任泰兴县令。据《宋诗纪事》引《三朝北盟会编》云："绍兴三十一年，金主亮倾国入寇，尝以淮南置山水寨扰民。泰兴县令尤袤窃哀之，作《淮民谣》。"② 可见《淮民谣》作于绍兴三十一年，即 1161 年。从时间上推算，《淮民谣》只早于《碾玉观音》5 年以上，似乎没有多大说服力，但《碾玉观音》"为南宋临安人的作品"③，根据话本的口语性质推测，此时，称谓词"浑家"或许还是一个市井口语词，未必已经进入通语，至少在书面语中还不曾流行，更何况《淮民谣》是借淮民之口写成，用的是北方通语。

为了验证我们的推测，我们对《全宋诗》(北京大学出版社，1992—1998)作了全面搜索，检得"浑家"11 例，其中 3 例为北宋人所作，均表"全家"义：

（1）王安石《春雪》：春雪堕如簁，浑家醉不知。

（2）饶节《次韵吕原明侍讲欢喜四绝句其三》：茅檐翁妪自相寿，饱暖浑家感县官。

（3）唐庚《春日杂言二首其一》：浑家惜此花，具饮呼乃翁。

例（1）"浑家醉不知"也是夸张的修辞说法。例（3）"浑家"，《全宋诗》出校说汪本作"举家"，也即"全家"也。另有 8 例为南宋人所作：

（4）陆游《上章纳禄恩畀外祠遂以五月初东归之一》：百钱浊酒浑家醉，六月飞蚊彻晓无。

---

① 程毅中《宋元小说家话本集》，齐鲁书社，2000 年。
② （清）厉鹗《宋诗纪事》，上海古籍出版社，1983 年。
③ 程毅中《宋元小说家话本集》，齐鲁书社，2000 年。

(5) 项安世《十五弟生日》：当年吉梦浑家喜，今日成名望汝能。

(6) 项安世《次韵苏主管小砚山歌》：浑家惊喜看不休，一拳寒雪春未收。

(7) 王炎《丰年谣五首其四》：共言官府催科缓，饱饭浑家百不忧。

(8) 郑清之《正月晦夕梦中作偈觉但记其首两句遂于枕上足之录呈慧上人》：贼去主人归，浑家不相识。

(9) 释师体《偈颂十八首其八》：少室无师句，曹溪绝学禅。浑家鬼孽口，五逆不成冤。

(10) 释师体《颂古十首其八》：着脚孤危草不生，没栖泊处等闲行。临风阔却噇空口，断送浑家入火坑。

(11) 释道璨《偈颂二十五首其一六》：篷底欹眠醉复醒，君山只在两眉青。浑家不管兴亡事，一味和云看洞庭。

这8例"浑家"有两个义位：一作"全家"解，如例（4）～（8）；另一作"浑人"解，如例（9）～（11）。例（9）（10）是贬斥之词，例（11）用于调侃自己。

据钱仲联考证，例（4）是陆游"嘉泰三年夏作于临安"[①]，即1203年所作，此时距尤袤《淮民谣》的产生已经晚近五十年。钱先生注"浑家"引张相《诗词曲语辞汇释》曰："浑家，犹云全家也。与称妻为浑家之义异。"[②] 钱注支持了我们的看法。

例（8）～（11）的作者郑清之、师体、道璨均为南宋末人。可见，两宋时期，诗人用语，"浑家"未有用作"妻"的称谓词用法。从语体性质推断，尤袤《淮民谣》"浑家"也不大可能是用作"妻"的称谓词。

《五灯会元》中，"浑家"用作贬义词的有3见次：

(12) 丹霞天然禅师：阿你浑家，切须保护。一灵之物，不是你造作名邈得，更说甚荐与不荐？吾往日见石头，亦只教切须自保护，此事不是你谈话得。阿你浑家，各有一坐具地，更疑甚么？禅可是你解底物？

[①] 钱仲联《剑南诗稿校注》（第六册），上海古籍出版社，1985年。
[②] 钱仲联《剑南诗稿校注》（第六册），上海古籍出版社，1985年。

(13) 西禅守净禅师：风以时而雨以时，渔父歌而樵人舞。虽然如是，尧舜之君，犹有化在。争似乾坤收不得，尧舜不知名，浑家不管兴亡事，偏爱和云占洞庭。

蒋宗福等把例（12）"阿你浑家"译作"你们大家"①，我们认为此译文大意不错，但与原文的含义还有一定的偏移。其实，此处文字是天然禅师斥责、训诫弟子的用语，用的是面称语，"阿你浑家"犹言"你们这些浑人"，"浑家"即浑人也，犹言糊涂虫、糊涂蛋之类。敝乡方言（安徽无为县南乡）呼人为"浑家子"，即"混蛋"义也，似与此例义通。例（13）是守净禅师自况，谦说自己是个糊涂虫。

例（12）是我们收集到的"浑家"用作贬义词的最早例证，据天然禅师（739—824）的生活年代推断，"浑家"表"浑人"义的产生时代大致可断在中晚唐时期。

"浑"有愚昧、糊涂义，如《商君书·壹言》"塞而不开则民浑"；也有全、满义，如唐人王梵志诗第 23 首"道士头侧方，浑身总著黄"。"家"有家庭义，如《荀子·儒效》"四海之内若一家"；也有某一类人义，如《汉书·杨恽传》"田家作苦，岁时伏腊"。所以合成词"浑家"既可表"全家"义，也可表"浑人"义。据此可知，"浑家"这两个义位各有不同的来源，在词义的演变上没有直接的联系。

显然，"浑家"释为"浑人"义时是个贬义词，贬义词用作调侃、自况和训斥，骂詈之词是合乎汉民族心理习惯的引申用法，由此再引申专称"妻"（与"拙荆""山妻""贱内""内人""内子"相似），称谓词"浑家"于是就产生了。

《五灯会元》中另有 3 见次"浑家"均作全家解："浑家送上渡头船""室内无灵床，浑家不著孝""此夜一炉火，浑家身上衣"。

宋《密庵咸傑禅师语录》"浑家"共有 2 见次，也作全家解："东村王大嫂家，夜来失却一头水牯牛。浑家大小，寻讨不见""一顿浑家尽灭门，更加两顿累儿孙"。《密庵咸傑禅师语录》成书于 1189 年，在时间上已经晚于尤袤《淮

---

① 蒋宗福、李海霞主译《五灯会元白话全译》，西南师范大学出版社，1997 年，第 240 页。

民谣》近三十年。

《全宋词》(中华书局,1965)中"浑家"有4例,均出自南宋:

(14)毛开《满庭芳》:回头笑,浑家数口,又泛五湖舟。

(15)陈著《沁园春》:咄咄书空,栖栖问路,岁晚山空风雪催。如何得,与浑家踏遍,雪顶岩隈。

(16)陈著《沁园春》:信书成痴,捱到如今,无生可谋。奈浑家夔饭,谷难虚贷,长年断肉,菜亦悭搜……八十岁,是这般多活,堪吊堪羞。

(17)陈著《洞仙歌》:到如今梦觉,佩著飞霞,浑家问、玉芝瑶草。

毛开,《全宋词》说是"礼部尚书友之子……与尤袤友善,袤尝序其集",可见例(14)与尤袤《淮民谣》大致产生在同一个时期。例(16)是陈著(1214—1297)80岁时作,此时距南宋灭亡(1279)已有15年。此例又一次证明,至南宋灭亡,文人用语中的"浑家"仍未出现"妻"的称谓词用法,由此再次证明,尤袤《淮民谣》"浑家"不可能用作"妻"的称谓词。

要之,无论从文献汇证、文义表达还是从新词新义的产生时代、文献语体性质等方面来看,《恒言录》所举"浑家"的二则例证都不可能用作"妻"的称谓词。

从我们掌握的书证材料来看,两宋诗、词、禅宗语录中均无"浑家"用作"妻"的称谓词用法。"浑家"用作"妻"的称谓词的最早用例均出自话本小说,如《红白蜘蛛》《三现身》《碾玉观音》等。话本是一种起于市井说唱文学的底本,接近民间口语,产生的确切年代已经不可考证,目前发现时代最早的是《新编红白蜘蛛小说》(《红白蜘蛛》的简本),为元刻本的一片残页,其余均为明刻本,原貌已经不得而知。程毅中考证《红白蜘蛛》似"编写于咸淳之前"[①],即1265年之前;《碾玉观音》产生时代在乾道二年(1166)之后,《三现身》的成书时代则相对模糊。由宋人话本语料可知,称妻为"浑家"源于市井口语,其产生的时代大概在南宋中期,但直至南宋灭亡它还未能进入通语官话中。

---

① 程毅中《宋元小说家话本集》,齐鲁书社,2000年,第1页。

顾学颉、王学奇《元曲释词（二）》释"浑家"为"妻"义引钱大昕《恒言录》"称妻曰浑家，见郑文宝《南唐近事》"，又引尤袤《难民谣》（按：疑为《淮民谣》之误）"无钱买刀剑，典尽浑家衣"，也未能审察《恒言录》之失及尤袤诗"浑家"的含义；但在引马令《南唐书·史虚白传》（按：疑为郑文宝《南唐近事》之误）"风雨揭却屋，浑家醉不知"时，认为此"浑家"为"全家之意也"，则是正确的见解。陆澹安《小说词语汇释》释"浑家"为"妻子"义，下引尤袤诗与钱大昕《恒言录》为证，亦误。

关于称谓词"浑家"的来源，《元曲释词（二）》认为："浑家本指全家；专用以指妻，则为由全取偏之例。"此论可备一说。但是此论似有不足，它不能合理地解释"浑家"由全取偏为什么唯独只用来称"妻"而不会是其他人呢。

我们认为，从语素组合、词义引申及词的具体用法来看，"浑家"应该区分为"浑家1"与"浑家2"两个词条，"浑家1"为"全家"义；"浑家2"有两个义项：①浑人，②妻。

现有大型语文工具书对"浑家"的"浑人"义均未收录，宜补；且把"全家"与"妻"这两个义位列在同一词条下，也不合理，宜分列在两个词条下，这样处理，"浑家"各义位的来源与词义之间的引申关系就清楚了。

"浑家"自南宋中期以后，直至清代，口语中用以称呼"妻"，但是入清以后，称谓词"浑家"逐渐退出历史舞台而成为历史词了。清《红楼梦》《儿女英雄传》《二十年目睹之怪现状》《封神演义》《官场现形记》《九尾龟》《老残游记》等口语化文献中，均未见称谓词"浑家"的用例。《儒林外史》中"浑家"有10例，"妻子"有19例，而《儒林外史》成书于乾隆十三年（1748）至乾隆十五年（1750）①，由此可推断，称谓词"浑家"在清代中期渐趋退出人们的实际语言生活而又重新被"妻子"所取代。

再看"朋友"一词的兴替。

"朋友"一词，自古有之，《论语·学而》："有朋自远方来，不亦乐乎？"郑注："同门曰朋，同志曰友。"《易经·兑·象》云："丽泽，兑。君子以朋友

---

① 陈美林《吴敬梓评传》，南京大学出版社，1992年，第441页。

讲习。"孔颖达疏:"同门曰朋,同志曰友。"

"朋友"一词,自古至今一直沿用不辍,如先秦例:《诗经·大雅·荡之什·抑》:"无言不雠,无德不报。惠于朋友,庶民小子。子孙绳绳,万民靡不承。视尔友君子,辑柔尔颜,不遐有愆。"《左传·襄公十四年》说:"有君而为之贰,使师保之,勿使过度。是故天子有公,诸侯有卿,卿置侧室,大夫有贰宗,士有朋友,庶人、工商、皂、隶、牧、圉,皆有亲昵,以相辅佐也。"《论语》:"曾子曰:'吾日三省吾身:为人谋而不忠乎?与朋友交而不信乎?传不习乎?'"《孟子·滕文公上》:"圣人有忧之,使契为司徒,教以人伦,父子有亲,君臣有义,夫妇有别,长幼有叙,朋友有信。"《晏子春秋》卷四:"晏子对曰:'事亲孝,无悔往行;事君忠,无悔往辞;和于兄弟,信于朋友,不谄过,不责得;言不相坐,行不相反;在上治民,足以尊君;在下莅修,足以变人,身无所咎,行无所创,可谓荣矣。'"

六朝例:

《文选·曹植〈赠丁翼诗〉》:"嘉宾填城阙。丰膳出中厨。吾与二三子。曲宴此城隅。秦筝发西气。齐瑟扬东讴。肴来不虚归。觞至反无余。我岂狃异人。朋友与我俱。大国多良材。譬海出明珠。"《世说新语·言语》:"孙皓问:'卿字仲思,为何所思?'对曰:'在家思孝,事君思忠,朋友思信,如斯而已。'"

唐人例:

李白《杂歌谣辞·箜篌谣》:"攀天莫登龙,走山莫骑虎。贵贱结交心不移,唯有严陵及光武。周公称大圣,管蔡宁相容。汉谣一斗粟,不与淮南舂。兄弟尚路人,吾心安所从。它人方寸间,山海几千重。轻言托朋友,对面九疑峰。多花必早落,桃李不如松。管鲍久已死,何人继其踪。"杜甫《忆昔二首》之二:"忆昔开元全盛日,小邑犹藏万家室。稻米流脂粟米白,公私仓廪俱丰实。九州道路无豺虎,远行不劳吉日出。齐纨鲁缟车班班,男耕女桑不相失。宫中圣人奏云门,天下朋友皆胶漆。百余年间未灾变,叔孙礼乐萧何律。岂闻一绢直万钱,有田种谷今流血。洛阳宫殿烧焚尽,宗庙新除狐兔穴。伤心不忍问耆旧,复恐初从乱离说。小臣鲁钝无所能,朝廷记识蒙禄秩。周宣中兴望我皇,洒血江汉身衰疾。"

清人例:

吴趼人《二十年目睹之怪现状》第四回:"此时我也无言可答,只坐在那里出神!继之又道:'虽是这么说,你也不必着急。我今天见了藩台,他说此地大关的差使,前任委员已经满了期了,打算要叫我接办,大约一两天就可以下札子。我那里左右要请朋友,你就可以拣一个合式的事情,代我办办。我们是同窗至好,我自然要好好的招呼你。至于你令伯的话,只好慢慢再说,好在他终久是要回来的,总不能一辈子不见面。'"

但是唐人俗语中,"朋友"一词被"朝庭"①所取代(王梵志诗中无"朋友"一词),如王梵志诗第 37 首:"世间慵懒人,五分向有二。例著一草衫,两膊成山字……朝庭数十人,平章共博戏。"又第 290 首:"朝庭来相过,设食因杯酌。四海同追游,五郡为欢乐。义故及三代,死活相凭托。""朝庭数十人",即朋友数十人;"朝庭来相过",即朋友来走动、做客。

朝庭,亦作"朝廷",如敦煌变文《燕子赋》:"百姚(白桃)忆朝廷,哽咽泪交连。"敦煌变文《唐太宗入冥记》:"皇帝缘心□□,便问催子玉:'卿与李乹风为知己朝庭否?'催子玉答曰:'臣与李乹风为朝庭。'帝曰:'卿既与李乹风为知己朝庭,情分如何?'子玉曰:'臣与李乹风为朝廷已来,□□管鲍。'""知己朝庭"即知己朋友。朝庭(朝廷),表朋友意,蒋礼鸿先生认为源于契丹语②,例见《资治通鉴·后唐纪四》,明宗天成元年(926):"契丹主闻庄宗为乱兵所害,恸哭曰:'我朝定儿也。吾方欲救之,以勃海未下,不果往,致吾儿及此!'哭不已。虏言'朝定',犹华言朋友也。"

而"朝廷"的本义"君主视事听政的地方",也一直活跃在语言交际中,如唐张说《洛桥北亭诏饯诸刺史》诗:"离亭拂御沟,别曲舞船楼。诏饯朝廷牧,符分海县忧。股肱还入郡,父母更临州。扇逐仁风转,车随霖雨流。恩光水上溢,荣色柳间浮。预待群方最,三公不远求。"又如唐韦应物《金谷园

---

① 参见曹翔《王梵志诗词汇研究》,南京大学出版社,2013 年,第 183-184 页。
② 蒋礼鸿《敦煌变文字义通释·释称谓·朝庭、朝廷》,载《蒋礼鸿集》第一卷,浙江教育出版社,2001 年,第 41 页。

歌》:"石氏灭,金谷园中水流绝。当时豪右争骄侈,锦为步障四十里。东风吹花雪满川,紫气凝阁朝景妍。洛阳陌上人回首,丝竹飘飘入青天。晋武平吴恣欢燕,余风靡靡朝廷变。嗣世衰微谁肯忧,二十四友日日空追游。追游讵可足,共惜年华促。祸端一发埋恨长,百草无情春自绿。"

"朝廷"的"朋友"义,兴于一时,昙花一现,宋以降,未见用例。

三、甲词本义被乙词替换,甲词表义转移

在汉语词汇发展史上,经常会出现这种情况,即某概念起初时由甲词表示,后来被乙词所取代,但是甲词并未沉寂成为历史词,而是继续活跃在人们的交际中,只不过,词义发生了偏移。例如现代汉语"跑",原本用"走"来表示,但是这个意义上的"走"后来被"跑"所取代,"走"词义产生转移,多表示"行走"义了。

走,《说文·走部》:"趋也。"段玉裁引《释名》"徐行曰步,疾行曰趋,疾趋曰走",注曰:"此析言之,许浑言不别也。今俗谓走。"

走,金文字形上下结构,上部像一人甩臂跑步之状,下部从止(脚),表奔跑之意。篆文整齐化后,人头前倾幅度加大,前后甩臂,更像跑步的样子,本义为"跑"。《左传·昭公七年》:"循墙而走。"杜预注:"言不敢安行。"安行,即安然而行,坦然而行。例中"走"即"跑"义。《左传·昭公十七年》引《夏书》云:"辰不集于房,瞽奏鼓,啬夫驰,庶人走。""庶人走",即(因为日食)民众(惊恐而)逃跑。《韩非子·五蠹》:"田中有株,兔走,触株折颈而死。""兔走",即"兔子奔跑",兔子因奔跑看不清路况才撞上树桩折颈而死。《战国策·楚策一》:"秦王闻而走之。"南宋鲍彪注:"走,疾趋也。"《史记·越王勾践世家》:"范蠡遂去,自齐遗大夫种书曰:'蜚鸟尽,良弓藏;狡兔死,走狗烹。越王为人长颈鸟喙,可与共患难,不可与共乐。子何不去?'""走狗"实谓善跑之狗,借以专指猎狗。"走"的"跑"义还一直保存在成语或合成词中,例如"走马观花""飞沙走石""走兽""走笔"等。

古代慢走叫"步",如"望而却步""固步自封",《荀子·劝学》:"不积跬步①,无以至千里。"快走叫"趋",如《礼记·曲礼》:"帷薄之外不趋。"《史记·萧相国世家》:"赐带剑履上殿,入朝不趋②。"比"趋"更快的就是"走"。"跑"代替"走",产生时代大致在唐代③。

"奔跑"的速度是主观衡量的,也就是说,"走"的词义边界是模糊的,"走"的速度慢下来,就是"快走",例如《左传·昭公七年》:"一命而偻,再命而伛,三命而俯,循墙而走,亦莫余敢侮。"《战国策·魏策一》:"公叔痤反走,再拜辞曰……"《吕氏春秋·乐成》:"将军还走,北面再拜曰……"诸例中,"走"义所表达的速度似乎都不及"跑"。

快走的速度慢下来,便是步行,例如三国吴支谦译《佛说义足经》卷上:"山神念是比丘无过,今当怨死。我可拥护令脱是厄,便化作大猪身,徐走王边。侍者即白王。大猪近在王边,王便舍比丘。"晋干宝《搜神记》卷十五载汉史姁死而复生的故事:"汉陈留考城史姁,字威明,年少时,尝病,临死谓母曰:'我死当复生。埋我,以竹杖柱于瘗上,若杖折,掘出我。'及死,埋之柱……七日往视,杖果折,即掘出之。已活,走至井上,浴,平复如故。"唐王梵志诗第 4 首:"身如圈里羊,命报恰相当。羊即披毛走,人着好衣裳。"又王梵志诗第 14 首:"双盲不识鬼,伺命急来追。赤绳串著项,反缚棒脊皮。露头赤脚走,身上无衣被。"唐李衍《醉妆词》:"者边走,那边走,只是寻花柳。那边走,者边走,莫厌金杯酒。"唐沈佺期《初达驩州》诗:"水行儋耳国,陆行雕题薮。魂魄游鬼门,骸骨遗鲸口。夜则忍饥卧,朝则抱病走。搔首向南荒,拭泪看北斗。何年赦书来,重饮洛阳酒。""抱病走",理解为因病慢步而行则较为合理。唐代日本和尚圆仁《入唐求法巡礼行记》卷二:"十一日,黄昏,寺主弟子沙弥咏贤,偷率上座小师师俊,两人同心,暗自走去。院中老少无人闻知。"宋元话本《错斩崔宁》:"两个厮赶着,一

---

① 跬步,半步。
② 古代礼仪,臣子拜见君上要小跑快走,以示尊敬。例如《战国策·赵策四》载左师触龙拜见赵太后时"入而徐趋,至而自谢",因为足疾不能小跑而向太后道歉。徐趋,慢走;谢,道歉。
③ 参见曹翔《古代汉语课堂教学改革的实践与思考》,《开封教育学院学报》2012 年第 32 卷第 3 期,第 75-76 页。

路正行，行不到二三里田地，只见后面两个人，脚不点地赶上前来，赶得汗流气喘，衣服拽开，连叫：'前面小娘子慢走，我却有话说知！'"《快嘴李翠莲记》："姑娘、小叔若要吃，灶上两碗自去拿。两个拿着慢慢走，泡了手时哭喳喳。"

走，由"跑""走"义引申专指在人前听命驱使奔跑的人，用作谦词①，《小尔雅·广言》："走，我也。"例如司马迁《报任安书》："太史公牛马走司马迁再拜言……"唐李善注："走，犹仆也。""牛马走"，意谓司马迁我是像牛马一样供太史公驱使的人。又如张衡《东京赋》："走虽不敏，庶斯达矣。"骆宾王《和道士闺情诗启》："走以不敏，谬蒙提及，谨申奉和，轻以上呈，未近咏歌，伏深悚恧。"黄庭坚《谢送碾壑源拣芽》诗："已戒应门老马走，客来问字莫载酒。"皆是其例。

跑，从足包声，是个形声字，本指兽用脚刨地，《说文》不收，《广雅·释言》："跑，趵也。"《玉篇·足部》："跑，蹴也。"（此义古音蒲角切）《广韵·肴韵》："足跑地也。"《六书故·人部》："跑，兽前足括地也。"西晋张华《博物志》卷之七《异闻》："汉滕公薨，求葬东都门外。公卿送丧，驷马不行，局地悲鸣，跑蹄下地得石，有铭曰：'佳城郁郁，三千年见白日，吁嗟滕公居此室。'遂葬焉。"又晋葛洪《西京杂记》卷四："滕公驾至东都门，马鸣，踢不肯前，以足跑地久之。""以足跑地"，即马用蹄子刨地。唐刘商《胡笳十八拍·第十七拍》："马饥跑雪衔草根，人渴敲冰饮流水。"又如唐开成六年（841）段成式撰《寂照和尚碑》云："大德号寂照，字法广，族庞氏。京兆兴平人。父诠，灌锺府折冲镇於咸阳马跑泉精祠。""马跑泉"，顾名思义，即马蹄刨出的泉水。浙江杭州大慈山慧禅寺侧院内有个著名景点"虎跑泉"，《西湖志纂》卷十一载明宋濂《虎跑泉铭并序》说明得名之由："唐元和十四年，性空大师来游兹山，乐其灵气盘郁，栖禅其中。寻以无水，将他之。忽神人跪而告曰：自师之来，我等邀惠者甚大，奈何弃去？南岳童子旋当遣二虎来移，师无忧也。翼（翌）日，果见二虎跑山出泉，甘冽胜常。大师因留建立伽蓝。""虎跑泉"，即源于"二虎跑山出泉"，两只老虎用爪刨地而此出泉。"虎跑泉"之"跑"是古汉语的遗存。

---

① 谦词，贬抑自谦之词，以抬高尊敬别人。

现代汉语中,"跑"意谓用脚快速前进,即"奔跑"义,来源于中古。明代李翊《俗呼小录》三十二:"趋谓之跑。"此义唐诗中已见,例如唐代马戴《边将》诗:"红缰跑骏马,金镞掣秋鹰。"但是这种用法并不多见,王梵志诗用"奔"而不是"跑",如第331首:"福门不肯修,福失竞奔驰。熟见苦乐别,偷生伴不知。"敦煌变文也用"奔"而不用"跑",例如《双恩记》:"如云急过,似鸟奔飞,正在商量,已却归殿。"《佛说阿弥陀经讲经文》之二:"五部三乘诸海藏,流传天下总沾恩。僧尼四众来金地,持花执盖似奔云,此日既能抛火宅,暂时莫闹听经文。"

宋以后,"跑"的这种用法多起来了,例如宋程公许《送崔吉甫外刺安康分韵得客字》诗:"翱翔半刺头欲雪,袖长奔跑何地褊迫。""跑"与"奔"连文同义。宋周文璞《翠蛟亭》诗:"禹驱龙蛇不驱蚊,依然蹓此山之坳。有时渊停忽奔放,如负山走如玉跑。昔时莘渭正如此,咨尔来者无空嘲。"宋方回《晓思》诗:"千骑马尘跑玉勒,一枝梅影伴香灯。"宋以降,俗文学多用"跑"而少用"走",如《水浒传》第十八回:"(宋江)离了茶坊,飞也似跑到下处。"现代汉语继承了这个用法,"跑"的"奔跑"义代替了"走"的本义,这是语言的替代现象。而"走"在口语中依然存在,只不过词义发生偏移,多用来表示"行走""步行"义了。

第三节　常用词的分化

词义在历史发展中会发生分化现象。常见的有三种形式:一种是书面上的以字别义;一种是以音别义;一种是词性分化。

一、以字别义

词义分化是指在语言的历史发展的长河中,词义随着社会发展的需要而产生新义。新义与本义或基本义之间的联系是比较清楚的,人们往往把这个新义当成该词的一个新义项。如果人们认为新义与本义或基本义间隔比较远,抑或新义用法频繁,需要与本义或基本义相区别,这时人们需要在文字上(体现在书面语上）或语音上（口语、书面语均有表现）加以区别，产生的新义被当成了新词。下面以书面语"她"从第三人称代词中分化出来为例。

先从"他"字说起。

"他"，《说文》不收，本来为旁指代词，意谓别的，其他的，字也作"它""佗"等（下文统一作"他"）。例如《诗经·王风·葛藟》："谓他人父，亦莫我顾。""谓他人父"，即呼喊别人的父亲。《诗经·郑风·褰裳》："子不我思，岂无他人。"《左传·隐公元年》："制，岩邑也……他邑惟命。""他邑"，即其他的城邑。《论语·子张》："孟庄子之孝也，其他可能也，其不改父之臣与父之政，是难能也。"《墨子·非儒下》："他人不知，己独知之。"《孟子·梁惠王下》："王顾左右而言他。"《史记·高祖本纪》："于是沛公乃夜引兵从他道还。""他道还"，即从其他的路上返回。唐人王梵志诗第4首："羊即辛苦死，人去无破伤。命绝逐他走，魂魄历他乡。"韩愈《答窦秀才书》："愈少驽怯，于他艺能，自度无可努力。"

引申特指"别人"。例如《左传·成公二年》："萧同叔子非他，寡君之母也。"北凉昙无谶《佛所行赞·离欲品第四》："见他老病死，不知自观察。"

第三人称，是你我之外的"旁人""别人"，故引申出第三人称代词，其萌生时代大约在六朝早期。例如南朝齐求那毗地译《百喻经·妇诈称死喻》："妇无贞信，后于中间，共他交往。"北齐魏收《魏书·尔朱度律传》："汝既荷国恩，无状反叛，我何忍见他屠戮汝也。"诸例中"他"既可以理解为旁指，也可以理解为第三人称。柳士镇先生认为，当出现代替前面已经提到的某一个确定的人，或者代替在场的对话之外的第三人时，"他"就成为真正的第三人称代词了，如姚秦弗若多罗与鸠摩罗什译《十诵律》："妇见打比丘，故语夫言：'何以打他?'"《百喻经·二鸽喻》："雄鸽见已，方生悔恨：'彼实不食，我妄杀他。'"

第三人称代词"他"虽起于六朝，但是"形成与确立则应当是唐代的事情"①，《北史·齐景恩王传》："食鸡羹，何不还他价直（值）也?"唐王梵志诗第15首："使者门前唤，忙怕不容迟。裸体逐他走，浑舍共号悲。""逐他走"，即跟随他走。"他"，即"使者"，伺命鬼。又："天子与你官，俸禄由他

---

① 柳士镇《魏晋南北朝历史语法》，南京大学出版社，1992年，第158页。

授。""由他授",即由上句提到的"天子"授。又如唐李玫《纂异记》(《太平广记》卷五十引):"不可近他贵婿。"唐元稹《遣悲怀》诗:"谢公最小偏怜女,自嫁黔娄百事乖。顾我无衣搜荩箧,泥他沽酒拔金钗。""泥",央求义。"泥他沽酒拔金钗",意谓恳请她帮我打点酒,她就会拔下头上的金钗去换钱买酒。唐寒山诗:"仲翁自身亡,能无一人哭。吃他杯脔者,何太冷心腹。"《大唐创业起居注》上:"且我辈无故远来,他又不与我战。"《隋唐嘉话》卷下:"阿师当向北门出入,南衙宰相往来,勿犯他。"

晚唐五代后以后,替代的内容虚化,演变成虚指代词。敦煌写卷《搜神记》:"我遣汝早去,因何违他期日?"《河南程氏遗书》卷二:"自古元不曾有人解'仁'字之义,须于'道'中与他分别出五常。"宋辛弃疾《祝英台近·晚春》词:"鬓边觑,试把花卜归期,才簪又重数。罗帐灯昏,哽咽梦中语:是他春带愁来,春归何处,却不解、带将愁去。"这里的"他"既可解作梦中的情人游子,也可指代春天,语义明显虚化。明《初刻拍案惊奇》卷二:"是你妹子,密地相认了,再做道理。不是妹子,睡他娘一晚,放他去罢!""睡他娘一晚",粗鄙俗语,意谓行男女之事,"他娘"之"他"是虚指。又如明《西游记》第三十二回:"行者又飞来,着耳根后又啄了一下。呆子慌得爬起来道:'这个亡人,却打搅得我狠!想必这里是他的窠巢,生蛋布雏,怕我占了,故此这般打搅。罢!罢!罢!不睡他了!'挲着钯,径出红草坡,找路又走。"清《儿女英雄传》第三十五回:"他听了这句,心里先有些说不出口的不愿意。转念一想:'倘然果的没信了,今日这一天的闷葫芦可叫人怎么打呀!倒莫如遵着太太的话,睡他一天,倒也是个老正经。'"

他,由旁指代词引申出特指"别人",再引申出第三人称,词义分化了。自六朝以来,语音和书面形式均未发生变化,人们习惯把这几个用法当成"他"的不同义项,一如英语世界中"叔叔""伯伯""舅舅"并不需要区别,一律用 uncle 表示一样。

但是到了五四时期,随着社会的发展和时代的进步,第三人称表示女性的"她",从"他"中分化出来而成为一个"新词"。

"五四"时期,人们的思想得到解放,倡导男女平等,白话运动的先驱们用"她"字代表第三人称的女性。1917 年刘复翻译英国戏剧《琴魂》,最早采用女性第三人称代词"她"①。康白情《北京学生界男女交际的先声》(载《晨报》1919年5月20日第七版)一文两次使用"她"字,俞平伯《狗与褒章》(载《新潮》杂志1920年4月第2卷第3号)一文用了近40次"她"字②,但是这些文章中"她"的使用影响都有限,未能被广大民众所接受而推广开来。

1920年8月9日,刘复《"她"字问题》发表在上海《时事新报·学灯》上,刘复提出:"一、中国文字中,要不要有一个第三位阴性代词?二、如其要的,我们能不能就用'她'字?……我现在还觉得第三位代词,除'她'字外,应当再取一个'它'字,以代无生物。"刘复1920年9月4日在英国伦敦写了一首诗《叫我如何不想她》③,抒发了诗人对祖国和亲人的思念和热爱,感人至深,产生了广泛的共鸣,引起人们对"她"字的注意。此诗后经赵元任先生谱曲,迅速在国内流行开来,第三人称代词"她",在书面上终于从"他"中独立分离开来。

"她"字,其实是个古字,本是称谓词。《玉篇·女部》:"她,同'姐'。古文亦作'毑'。"《集韵·马韵》:"姐、毑、她、媎:子野切。《说文》:'蜀谓母曰姐,淮南谓之社。'古作毑,或作她、媎。"《字汇》:"她,兹野切,音姐,长女。又臧可切,音左,《博雅》:婵母也。"

可见,在古代,她,除了作女子人名用字外,就是方言中作为称谓词"姐"的异体字而存在,跟第三人称女性代词没有任何关系。"五四"后,为了突出女性地位,"她"由于在字形上与"他"相对④,旧字新用,焕发出新的生命力。

再如"唱"与"倡"的分化。

---

① 刘复《琴魂》:"我们俩同到她那长眠的所在,去和她话别,因为一时玫瑰甚多,我先采了无数玫瑰,把她周身都盖满了,然后提起你来,叫你唱歌给她听。"(见《中国现代散文经典文库·刘半农卷》,大众文艺出版社,2005年,第34页)
② 见《俞平伯散文——陶然亭的雪》,浙江文艺出版,2015年,第147-150页。
③ 此诗原名《情歌》(载1923年9月16日《晨报副刊》):天上飘着些微云,地上吹着些微风。啊!微风吹动了我头发,教我如何不想?月光恋爱着海洋,海洋恋爱着月光。啊!这般蜜也似的银夜,教我如何不想?水面落花慢慢流,水底鱼儿慢慢游。啊!燕子你说些什么话?教我如何不想她。枯树在冷风里摇,野火在暮色中烧。啊!西天还有些儿残霞,教我如何不想她?
④ 刘复《她字问题》:"因为这一符号,形式和'他'字极像,容易辨认,而且又有显然的分别,不至于误认,所以尽可以用得。"(引自《中国现代散文经典文库·刘半农卷》,大众文艺出版社,2005年,第83页)

唱，《说文·口部》："导也。从口，昌声。""昌"甲骨文从日从口会意，本义即日出时呼叫大家起身干活，为区别一般的叫喊声，此呼叫声当有约定俗成的声腔声调，也即"唱"的本字，后来小篆在"昌"字旁增加"口"，即成为现在的通行字"唱"。引申为"领唱"义，即《说文》所谓"导也"，字也作"倡"（从人从昌会意，昌亦声）。《集韵·漾韵》："唱，亦作倡。"《诗经·郑风·萚兮》："叔兮伯兮，倡予和女。"陆德明释文："倡，本又作唱。"孔颖达疏："倡者当是我君，和者当是汝臣，汝何不待我君倡而和乎？"倡，即领唱义。《周礼·乐师》："遂倡之。"郑司农注："乐师主倡也。"《礼记·乐记》："一倡而三叹。"郑玄注："倡，发歌句也。"又《礼记·乐记》："倡和清浊。"孔颖达疏："先发声者为倡，后应声者为和。"又如《汉书·司马相如传上》："千人倡，万人和。"

由领唱引申出"倡导""歌唱"义，如《史记·陈涉世家》："今诚以吾众诈自称公子扶苏、项燕，为天下唱，宜多应者。"唐司马贞《索隐》："《汉书》作'倡'，倡谓先也。《说文》云：'倡，首也。'"《汉书·陈胜传》："今诚以吾众为天下倡，宜多应者。"颜师古注："倡，读曰唱，谓首号令也。"例中"倡"皆为"倡导"义。

唱歌，有好听的，也有不好听的；有成调的，也有不成调的，由此"唱"由"唱歌"义引申出"叫喊""呼叫"义，这种用法大约产生于中古时，如《北史·孙脩义传》："（高）居大言不逊，脩义命左右牵曳之，居对大众呼天唱贼。"例中"呼""唱"相对。又如唐人王梵志诗第114首："思量小家妇，贪奇恶行迹。酒肉独自抽，糟糠遣他吃。生活九牛挽，唱叫百夫敌。"例中"唱""叫"相对，又如《太平广记》卷二百四十一《王承休》（出《王氏闻见录》）："适有大驾前，鸷兽自路左丛林间跃出，于万人中攫将一夫而去，其人衔到溪洞间，尚闻唱救命之声……迟明，有军人寻之，草上委其余骸矣。""闻唱救命之声"，即听到高声呼喊救命的声音。又如苏轼《奏劾巡铺内臣陈愷》："贡院今月三日，据巡铺官捉到怀挟进士共三人，依条扶出，逐次，巡铺官并令兵士高声唱叫。"明汤显祖《牡丹亭》第三出《魂游》："有情人叫不出情人应，为什么不唱出你可人名姓？"现代汉语的"唱票""唱名"，即用此义。又《楚辞·九歌·礼魂》："姱女倡兮容与。"洪兴祖补注："倡，读作唱。"唐刘禹锡《插田歌》:"齐倡田中歌,嘤伫如《竹枝》。"例中"倡"皆为"歌唱"义。

后来,为了表义的精确性,书面上"唱、倡"分化,"唱"专表唱歌,"倡"专表倡导。他如"洲"本作"州","燃"本作"然",皆因词义的分化而演化为两字。

二、以音别义

人类语言是以语音为物质外壳,不同的语音表示不同的含义,以音表义,异音别义。不过,我们这里所讲的"以音别义",专指词义引申而分化出来的语音,例如形容词"好",本音第三声,引申作动词,表示"喜欢"义后,读音分化为第四声。这一种为了区分词义或词性而改读字音的现象,传统训诂学叫"破读"或"读破"。又如"食",用作名词、及物动词与用作使动用法的读音有别,前者今音读 shí,后者今音读 sì。以音别义的产生过程往往比较复杂,下面以"做"为例。为了说明问题,我们先从"作"① 说起。

作,《说文·人部》:"起也。从人从乍。"段玉裁注从之。张舜徽注:"作字从人,其本义自谓人之由坐卧而起也。"许慎、张舜徽等说不可信。

作,"耒"字甲骨文、金文像手握木叉农具翻土状。本义是耕作,《尔雅·释言》:"作,为也。"例如殷墟卜辞《甲骨文合集释文》② 第 9 472 片正:"令尹作大田。"引申指劳作、工作。《甲骨文合集释文》第 13 503 片:"贞余其作邑。""作邑",即为邑,修治城池。又《甲骨文合集释文》第 32 980 片:"甲午贞:其令多尹作王寝。"(第 17 页)"作王寝",即修建商王的寝宫。又如《尚书·五子之歌》:"内作色荒。"孔安国传:"作,为也。"《诗经·大雅·皇矣》:"帝作邦作对。"郑玄笺:"作,为也。"《谷梁传·文公二年》:"作主坏庙。"唐杨士勋疏:"作,为也。"《楚辞·天问》:"启代益作后。"王逸注:"作,为也。"《后汉书·廉范列传》:"旧制禁民夜作,以防火灾。"陶渊明《桃花源记》:"其中往来种作,男女衣着,悉如外人。""往来种作",意谓来来往往劳作(的人)。

---

① 参见曹翔《汉语常用100词源流演变研究》,中国社会科学出版社,2019年,第127页。
② 胡厚宣主编《甲骨文合集释文》,中国社会科学出版社,1999年。

作，由动词的劳作义引申为"站起""起身"。例如《论语·先进》："鼓瑟希（稀），铿尔，舍瑟而作。"何晏集解引孔安国曰："置琴起对。"清刘宝楠正义："作，起也。""舍瑟而作"，放下瑟站起身来。《礼记·少仪》："客作而辞。"客人站起身而告辞。宋苏轼《画佛赞》："如日出时，眠者皆作。"皆是其例。

人起身是力量的开始，引申为"振奋""兴起""发作"等义，例如《易经·乾》："圣人作而万物睹。"郑玄注："起也，马融作'起'。"《逸周书·武称》："作者劝之，怠者沮之。""作"与"怠"（懒惰）相对为文，表示"劳作"义，"作者劝之"，即劳作的人要鼓励他们。《左传·庄公十年》："一鼓作气，再而衰，三而竭。"《论语·学而》："有子曰：'其为人也孝弟而好犯上者，鲜矣！不好犯上，而好作乱者，未之有也。'"《庄子·齐物论》："子綦曰：'夫大块噫气，其名为风。是唯无作，作则万窍怒呺。'"宋王安石《送李宣叔倅漳州》诗："山川郁雾毒，瘴疠春冬作。"清方苞《狱中杂记》："此疫作也。"就是瘟疫开始发作了。

"诗言志"，古人认为，文学创作是抒发心情志向的，因奋激而作，故专指"写作""创作"。例如《易经·系辞下》："作《易》者，其有忧患乎？"《论语·述而》："子曰：'述而不作，信而好古，窃比于我老彭。'"《史记·屈原列传》："屈平之作《离骚》，盖自怨生也。"此句的大意是，屈原创作《离骚》，是由于怨恨而起的。《后汉书·列女传·曹世叔妻》："扶风曹世叔妻者……号曰大家。每有贡献异物，辄诏大家作赋颂。"由动作引申出动作之结果，即作品、文章，演化为名词。例如晋陆机《〈文赋〉序》："余每观才士之所作，窃有以得其心。"唐韩愈《荐士》诗："齐梁及陈隋，众作等蝉噪。"

动词"作"，后可跟具体工作，也可跟所担任的职务，由此引申出"担任""充当"义，例如《尚书·舜典》："佥曰：'伯禹作司空。'"南朝宋刘义庆《世说新语·政事》："（陶侃）作荆州时，敕船官悉录锯木屑，不限多少。"唐韩愈《唐故赠绛州刺史马府君行状》："司徒公作藩太原，授河南府参军。"由此引申为"认作""当作"，例如晋陈寿《三国志·魏志·吕布传》南朝宋裴松之注引《九州春秋》："布大怒曰：'布禁酒，卿酿酒，诸将共饮食作兄弟，共谋杀布邪？'成大惧而去，弃所酿酒，还诸将礼。"《世说新语·宠礼》："为人作父如此，何如？"唐李延寿《南史·羊侃传》："汝以铜鼓买朱异作父，韦粲作兄，何敢无宜适。"宋夏元鼎《水调歌头·要识刀圭诀》词:"愚底转生分别,划地唤爷作父,荆棘满心田。"宋费衮《梁溪漫志》卷六"米元章拜石"载周少隐诗:"唤钱作兄真可怜,唤石作兄无乃贤。望尘雅拜良可笑,米公拜石不同调。"

《广韵·暮韵》:"作,造也。臧祚切。"中古音"作","臧祚切",则"作"为入声字,有"为也、起也、行也、役也、始也、生也"等义。又《广韵·个韵》:"作,为也,则个切,本臧洛切。"中古音"作",又读"则个切",则为去声,只有"为也"一义。韩愈《奉和虢州刘给事使君三堂新题二十一咏·方桥》诗:"非阁复非船,可居兼可过。君欲问方桥,方桥如此作。""作"下自注"音佐",是去声字。此义晚唐五代后亦写作"做",以示区别。现代汉语"作""做"分作两字,且不可混用。明张自烈《正字通》:"做,俗'作'字。《字汇》作,去声,又音佐。不知'作'本有去入二音,分'作''做'为二,非。"张自烈不懂汉字在历史上的演变规律,故认为"做"从"作"中分化出来是错误的。做,是"作"的后起字,它是汉字自我调整,主动适应词义、语音变化的需要,其产生有历史的必然性。

做①,出现在字书中,最早见于宋丁度等《集韵·暮韵》:"作,宗祚切,造也。俗作'做',非是。"做,本字为"作"。作,本是阳声韵,但到了唐代已经变成了入声韵。因为经常使用,口语中入声的塞音音尾脱落②,变成了去声,于是另写作"做",而读书音还是入声,仍旧写成"作"。做,在晚唐五代的佛教文献《祖堂集》中已经出现③,如"做梦""做官""阎王是鬼做"。

做,以"作"之"制造"为起点,逐步引申开来,发展成为今天的"做"。表示某种活动,如宋朱敦儒《鹊桥仙·姮娥怕闹》:"山翁散发,披衣松下,琴奏瑶池三弄。曲终鹤警露华寒,笑浊世、饶伊做梦。"《五灯会元·临安府五云悟禅师》:"山僧虽与他同床打睡,要且各自做梦。何故?"《水浒传》第二十四回:"我且不做买卖,和你一同家去。"专指做文章,写作。例如宋《朱子语

---

① 参见曹翔《汉语常用100词源流演变研究》,中国社会科学出版社,2019年,第107页。
② 唐昭宗时日本和尚昌住《新撰字镜·人部》:"作,正音子各反,入,用也……俗音则卢反,去;又进贺反,去。"
③ 引自杜翔《论"做""作"的分野》,《词汇学理论与应用(四)》,该书编委会编,商务印书馆,2008年,第360页。

类·学四·读书法上》:"老苏只取《孟子》《论语》韩子与诸圣人之书,安坐而读之者七八年,后来做出许多文字如此好。他资质固不可及,然亦须着如此读。只是他读时,便只要模写他言语,做文章。"宋费衮《梁溪漫志》卷四:"为文若能立意,则古今所有,翕然并起,皆赴吾用。汝若晓得此,便会做文字也。"《清平山堂话本·简帖和尚》:"就旅邸中取出文房四宝,做了只曲儿,唤做《踏莎行》。"清李渔《闲情偶寄》卷一:"文章做与读书人看,故不怪其深。"

制造是由无到有,担任职位也是从无到有,故由制造义隐喻出从事某种工作或担任某种职务,后世专用"做"。例如《朱子语类·大学三·释正心修身》:"这心未有物之时,先有个主张说道:'我要如何处事。'才遇著事,便以是心处之,便是不正。且如今人说:'我做官,要抑强扶弱。'及遇著当强底事,也去抑他,这便也是不正。"宋邵雍《和人留题张相公庵》诗:"做了三公更引年,人间福德合居先。"元佚名《冻苏秦》一折:"我如今眼睁睁捱尽了十分蹭蹬。待要去做庄农,又怕误了九经;做经商,又没个本领。"《水浒传》第六回:"洒家不管菜园,俺只要做都寺、监寺。"《儒林外史》第一回:"只靠着我替人家做些针指生活寻来的钱,如何供得你读书。"由此引申出代表某种身份、地位。例如元张国宾《薛仁贵荣归故里·楔子》:"只守着这茅檐草舍,做个庄家。"

由制作引申出假扮、假装义。例如宋元话本《宋四公大闹禁魂张》:"宋四公故意叫骂埋怨,却把点茶老儿的儿子衣服,打换穿着,低着头,只做买粥,走将出来,因此众人不疑。"《水浒传》第三十五回:"宋江教分作三起下山,只做去收捕梁山泊的官军。"《红楼梦》第三十五回:"你不用做这些像生儿,我知道你的心里多嫌我们娘儿两个。"

词义由实向虚引申,犹言"化作""成为"。例如秦观《江城子·西城杨柳弄春柔》词:"便做春江都是泪,流不尽,许多愁。"宋杨万里《竹枝歌》之四:"积雪初融做晚晴,黄昏恬静到三更。"《清平山堂话本·羊角哀死战荆轲》:"庙中忽然起火,烧做平地。"《水浒传》第八十四回:"四对儿在阵前厮杀,绞做一团,打做一块。"引申为当作,叫作。宋柳永《两同心·嫩脸修蛾》:"嫩脸修蛾,淡匀轻扫。最爱学、宫体梳妆,偏能做、文人谈笑。"宋陈恼《无愁可解·光景百年》:"这里元无我与你。甚唤做,物情之外。"《宣和遗事》元集:"虽江湖不测之澜,力不可致者,百计出之,名做神运。"又《宣和遗事》亨集:"抵暮,至一坊,名做金环巷。"引申表示"结成(某种关系)"。例如宋《朱子语类·易四·乾上》:"其他爻象,占者当之。惟九二见龙,人当不得,所以只当把爻做主,占者做客,大人即是见龙。"话本《碾玉观音》:"秀秀道:'比似只管等待,何不今夜我和你先做夫妻,不知你意下何如?'"《京本通俗小说·冯玉梅团圆》:"又过数日,妇人脚不痛了,徐信和他做了一对夫妻上路。"

"作"因语音发展的变化,由阳声发展产生出入声,由入声而产生出去声,为了区别去声而另造新字"做",宋元以来,"入声"逐渐消失,"作""做"语音完全相同,变成了同音词,之后词义各自引申发展。"做"从"作"中分化而来,演变路径相当复杂。

三、词性分化

先秦以上,越往远古,词的兼类越多,越往后,词类的分别越清楚。甲骨文、金文中名、动、形兼类的很多。词性的分化、表义的严密往往需要在书面形体或读音上有所区别。下面举例说明。

能,《说文·能部》:"熊属,足似鹿。从肉㠯声。能兽坚中,故称贤能,而强壮,称能杰也。凡能之属皆从能。"能,甲骨文、金文像熊形。西周金文(如《能匋尊》)字形像张嘴的熊,本义专指一种似熊的兽,例如《左传·昭公七年》:"晋侯梦黄能入于寝门。""黄能",即黄色似熊的兽。南朝梁任昉《述异记》卷上:"尧使鲧治洪水,不胜其任,遂诛鲧于羽山,化为黄能,入于羽泉。今会稽祭禹庙,不用熊,曰黄能,即黄熊也。陆居曰熊,水居曰能。"

又因此兽力大,故引申指"能力""才干",名词。《玉篇·能部》:"能,多技艺也。"《尚书·说命中》:"官不及私昵,惟其能。"唐孔颖达疏:"能,谓才用。"《论语·泰伯》:"以能问于不能,以多问于寡。"《论语·卫灵公》:"君子病无能焉,不病人之不己知也。"(病:忧虑。)《楚辞·屈原·离骚》:"纷吾既有此内美兮,又重之以修能。"洪兴祖补注:"有绝人之才者谓之能。"《吕氏春秋·长见》:"君知我,而使我毕能西河,可以王。"高诱注:"能,力也。尽力为之，可以致君于王也。"后来，能的引申义行而本义废。正如段玉裁注所说："贤能、能杰之义行而本义几废矣。"又如《史记·高祖本纪》："吾非敢自爱，恐能薄，不能完父兄子弟。"张守节正义："能，才能也。"《史记·屈原贾生列传》："上官大夫与之同列，争宠而害其能。""害其能"，即妒忌其才干。诸葛亮《出师表》："先帝称之曰能。"引申指有才能的人，如《孟子·公孙丑上》："尊贤使能，俊杰在位，则天下之士皆悦，而愿立于其朝矣。"《周礼·天官·大宰》："以八统诏王驭万民：一曰亲亲，二曰敬故，三曰进贤，四曰使能。"郑玄注："能，多才艺者。"《礼记·礼运》："大道之行也，天下为公，选贤与能，讲信修睦。"孔颖达疏："能者，有道艺者。"

人们为了区别抽象名词的"能"与动物名词的"熊"，而在"能"字下增加形符"灬"①以示区别。

抽象名词的"能"，由"贤能"义引申为"亲善""顺从"，形容词。《正字通·肉部》："能，顺习也。"《诗经·大雅·民劳》："柔远能迩②，以定我王。"《左传·襄公二十一年》："（范鞅）故与乐盈为公族大夫而不相能。""不相能"，即二人不相亲善。

能，由"能力"义引申出"能做到""胜任"，经过重新分析，由名词演化为情态动词。《广雅·释诂二》："能，任也。"《尚书·西伯戡黎》："乃罪多参在上，乃能责命于天？"③ 能，能够。"能责命于天"，即能够求到上天的庇护。《老子》第七章："天地所以能长且久者，以其不自生，故能长生。"《诗经·邶风·雄雉》："道之云远，曷云能来。"郑玄笺："今君子独久行役而不来，使我心悠悠然思之。曷，何也。何时能来，望之也。"《荀子·劝学》："假舟楫者，非能水也，而绝江河。"唐杨倞注："能，善。"《论语·里仁》"子曰：'能以礼让为国乎？何有？不能以礼让为国，如礼何？'"《史记·田敬仲完世家》："不救寡人，寡人弗能拔。"唐司马贞索隐："能，犹胜也。"韩愈《马说》："安求其能千里也？"

---

① 一说是借"熊熊大火"之"熊"（形容词，火势旺盛的样子）。参见李学勤主编《字源》，天津古籍出版社、辽宁人民出版社，2012年，第885页"熊"字条。

② 句子大意是：怀柔远方，优抚近地（而使远近之人归附）。

③ 乃，第二人称。责，动词，责成。句子大意是：你的罪行太多了，你难道还能祈求上天的庇护吗？

"是否能做到""是否胜任",在未实现之前,只是一种推测,一种可能性,故而引申表示"可能",例如《世说新语·方正》:"王大将军当下,时咸谓无缘尔。伯仁曰:'今主非尧、舜,何能无过①?且人臣安得称兵以向朝廷?处仲狼抗刚愎,王平子何在?'""何能无过",即怎么可能没有过错。又《世说新语·汰侈》:"石崇厕常有十余婢侍列,皆丽服藻饰,置甲煎粉、沈香之属,无不毕备。又与新衣著令出。客多羞不能如厕。王大将军往,脱故衣,著新衣,神色傲然。群婢相谓曰:'此客必能作贼。'""此客必能作贼",张㧑之译:"这个客人一定会做贼!"② 当"能"与"可"等结合,其"可能"的意味就非常明显了,例如唐韩偓《偶题》诗:"萧艾转肥兰蕙瘦,可能天亦妒馨香。"宋李清照《渔家傲》词之二:"造化可能偏有意,故教明月玲珑地。"

由上文分析可知,"能"由具体名词演化为抽象名词,由抽象名词演化为形容词,由名词演化为情态动词,由情态动词演化为副词,不同的词性需要在词(字)形、读音上有所区别(能、熊)。

汉语常用词的历史演变,我们分为以形(字形)别义、以音别义和词性分化,这是为了便于说明和分析。事实上,汉语常用词演变中,这几种现象往往交织在一起,例如"食",王力先生说,它有四个意义:第一是吃,第二是给人吃(使食),第三是饭,第四是粮食。本来都读入声,乘力切,后来第二、第三两个意义读去声,祥吏切。第二个意义另写作"飤(饲)""飼"。但是"飼"的词义范围缩小变窄了,变为饲养牲畜了③。由"食"分化出"飤""飼"是以字别义,由乘力切变化为祥吏切是以音别义;由"吃"义动词演化为名词"粮食",属于词性分化;词性的分化,带来词义的变化。

第四节 词族研究

词族研究就是考察相关的一组词的产生与演变关系。通常较为关注的是同

---

① "今主非尧、舜,何能无过?"鄢先觉注译:"如今的皇上不是尧、舜,怎会没有过失?"见许嘉璐主编《文白对照诸子集成(下册)》,广东教育出版社,2006年,第214页。
② 见张㧑之《世说新语译注》,上海古籍出版社,1996年,第755页。
③ 王力《同源字典》,商务印书馆,1982年,第258页。

源词研究和同义词研究。

一、同源词研究

同源词研究①，实际上应该叫同源字研究，是探析字源的研究。一组字（词）中何者为源，何者为流？如何演化？在表意上有什么特点？这些都是同源词研究的内容。

汉语经历了原生造词、派生造词和合成造词三个阶段，派生造词形成了语言中的同源词。同源词是语言系统性的重要表现。从声音入手，通过系源和推源工作，就能深入认识字词之间的相互联系和语义演变发展的内部规律。

所谓同源词，即来自同一语源，后来分化成若干意义相关而不完全相同的一组词。或者说，由同一语源孳生而来的音义相关的一组词。王力先生说："凡音义皆近，音近义同，或义近音同的字，叫做同源字。这些字都有同一来源。或者是同时产生的，如'背'和'负'；或者是先后产生的，如'犛'（牦牛）和'旄'（用牦牛尾装饰的旗子）。同源字，常常是以某一概念为中心，而以语音的细微差别（或同音）表示相近或相关的几个概念。"② 同源字，是就书面文字而言，实际上就是语言中的同源词。

王宁《训诂学原理》云："由一个根词直接或间接派生出来，因而具有音近义通关系的词叫同源词。"③ 例如"八"，表示剖分意，其同源词有分、半、判、剖等，都含有剖分义。专，本义是纺专，旋转的圆形物，由此产生的转、篆、啭、缚、团、抟等字，均有圆转意。

同源词研究是汉语常用词演变研究的重要组成部分。"如果不将词源探求清楚，就无从对它进行阐释；如果对词源不加以阐释，已探求到的词源就难以证实。欲求词源研究的科学化，必须从分析微观的语言事实入手，继而达到宏观认识的目的。"④

---

① 参看王宁《汉语词源的探求与阐释》，《中国社会科学》1995 年第 2 期；胡继明《〈广雅疏证〉中的同源词研究》，《西南民族大学学报（人文社会科学版）》2004 年第 4 期；陈建初《〈释名〉同源词疏考》，《湖南师范大学社会科学学报》2007 年第 4 期。
② 王力《同源字典·同源字论》，商务印书馆，1982 年，第 3 页。
③ 王宁《训诂学原理》，中国国际广播出版社，1996 年，第 49 页。
④ 王宁《汉语词源的探求与阐释》，《中国社会科学》1995 年第 2 期，第 167 页。

两汉是词源研究的第一座丰碑，以探源为目的的《释名》是其杰出代表。《释名》的同源词研究方法大约有以下几种方式：

1. 以音同音近推源或系源

例如《释名·释水》："小渚曰沚。沚，止也，小可以止息其上也。"渚，水中的小块陆地。沚，从止得声取义。水中比"渚"小的陆地叫"沚"。《诗经·召南·采蘩》曰："于以采蘩？于沼于沚。"《诗经·秦风·蒹葭》"溯洄从之，道阻且右；溯游从之，宛在水中沚"即是其例。段玉裁《说文解字注》曰："沚，渚也，此浑言之。《秦风》传、《尔雅·释水》曰：'小渚曰沚。'此析言之也。从水，止声。"沚、渚，上古音双声，同属章母，二字音近。

《释名》常用同形词推源，如《释名·释床帐》："屏风，言可以屏障风也。"名物词"屏风"一物，源于其动词义"屏障风"。《释名·释长幼》："弟，弟也，相次第而生。"兄弟之弟，源于动词次第（先后顺序，后出为弟）义。

2. 以声符推源或系源

汉字具有表音功能，派生词中，绝大部分是用形声原则来造字的，形声字中很多是采用根词或根词声符来作声符，这为声符示源提供了条件。刘熙《释名》充分注意到了形声字声符的独特价值。我们以"伦""沦""纶""论""轮"为例。

《释水》："水小波曰沦。沦，伦也，水文相次有伦理也。"《释采帛》："纶，伦也。作之有伦理也。"《释典艺》："论，伦也，有伦理也。"《释车》："轮，纶也，言弥纶也。""伦""沦""纶""论""轮"以"仑"得音而义相通，故而同源。

《说文·人部》："伦，辈也。从人，仑声。一曰道也。"《荀子·富国》"人伦并处"，杨倞注："伦，理也。"《文选·左思〈魏都赋〉》："缪默语之常伦。"吕向注："伦，次也。"《中庸》："行同伦。"朱熹章句："伦，次序之体。"《论语·微子》："言中伦。"朱熹集注："伦，义理之次第也。"《孟子·滕文公上》："使契为司徒，教以人伦，父子有亲，君臣有义，夫妇有别，长幼有叙，朋友有信。"伦从人，本义应是人的血缘关系、人际关系的层次、条理。人伦就是指不同层次、等级的人的人际关系。

沦，《尔雅·释水》："小波为沦。"《诗经·魏风·伐檀》："河水清且沦猗。"毛亨传："小风拂水成文，转如轮也。"

纶，《说文·丝部》："纶，青丝绶也。从糸，仑声。"《中庸》："为能经纶天下之大经。"朱熹章句："经、纶皆治丝之事也……纶者，比其类而合之也。"《易经·系辞上》："故能弥纶天地之道。"王夫之稗疏："纶，乃治丝而合之之谓。"纶，由青丝绳辫纠而成，所谓宛转绳也。

论，《说文》："论，议也。从言，仑声。"段玉裁注："凡言语循其理得其宜谓之论。"《玉篇》："论，思理也。"《论衡·对作》："论者，述之次也。"论是循着层次有条有理地去分析、说明事理；作为名词，论则是根据层次条理作出的评论或判断。

从"仑"得声的"伦""沦""纶""论""轮"均含"回旋条理"义，可见"仑"这一声符具有示源的功能。既然"伦、沦、纶、论、轮"，都从"仑"得声，在意义上，虽然各自概念义不同，却有重合的理据义，即"次序、层次"。《释名》以伦训沦、纶、论，均取其"次序，层次"之义。

又如《释名·释典艺》："铭，名也，述其功美，使可称名也。"铭，从"名"取音，铭、名二字同音。"名"，《说文·夕部》："自命也。"即给自己取名字。《说文解字》新附："铭，记也。"铭是刻在器物上记述生平、事业或警戒自己的文字。《礼记·祭统》："夫鼎有铭，铭者，自名也，自名以称扬其先祖之美，而明著之后世者也。"《周礼·夏官·司勋》："凡有功者，铭书于王之大常。"郑玄注："铭之言名也。"可见"名""铭"确为同源词。

又如《释形体》："腕，宛也，言可宛曲也。"手腕之腕，从"宛"取声，源于婉曲义。

这种利用声符推源或系源的语义关联现象，给予宋代学者以很大影响，宋人王圣美、张世南、王观国等递相推阐其同声相训的精神，提出了文字训诂学上的重要命题"右文说"。不过，"右文说"在利用声符关系研究同源词时，如果无限放大，则犯了以偏概全的逻辑错误，因而受到清代学者的批评。尽管如此，清儒们仍然没有忽略字形在训诂中的独特价值。王念孙"就古音以求古义，引伸触类，不限形体"的训诂原则，其本身即道出了形体具有指示音义的作用。段玉裁不但提出了形、音、义"三者互相求"的主张，而且在训诂实践中常利用形体关系来阐明语词之间音义相通的现象。如《说文·女部》："娠，女妊身动。"段注："凡从辰之字皆有动意。震、振是也。"又："芋，大叶实根骇人，故谓之芌也。"段注："口部曰'吁，惊也'。毛传曰：'訏，大也。'凡'于'声，字多训大。"

3. 以词的本义推源或系源

同源词的研究目的是求语源，得本义。例如《释名·释言语》："教，效也，下所法效也。"《释名》音训释义与《说文》形训释义相同。《说文·攴部》："上所施下所效也。从攴从孝。凡教之属皆从教。"《白虎通·三教篇》："教者，效也，上为之，下效之。"

又如《释名·释宫室》："户，护也，所以谨护闭塞也。"《说文·户部》："户，护也。"古人单扉为户，双扉为门（門），门户的基本作用是"守护"外人进入房屋。

《释名·释书契》："约，约束之也。"《说文·糸部》："缠束也。从糸勺声。"《诗经·小雅·鸿雁之什·斯干》："约之阁阁，椓之橐橐。"毛传："约，束也。"《周礼·秋官》"司约"，郑玄注："约，言语之约束。"

清人在同源词研究方面成就尤大，王念孙《广雅疏证》是其杰出代表。王念孙《广雅疏证·自序》云：

> 窃以训诂之旨，本于声音。故有声同字异、声近义同，虽或类聚群分，实亦同条共贯，譬如振裘必提其领，举网必挈其纲。故曰本立而道生，知天下之至啧而不可乱也。此之不窹，则有字别为音，音别为义，或望文虚造而违古义，或墨守成训而鲜会通。易简之理既失，而大道多岐矣。今则就古音以求古义，引伸触类，不限形体，苟可以发明前训，斯凌杂之讥，亦所不辞。其或张君误采，博考以证其失；先儒误说，参酌而窹其非，以燕石之瑜，补荆璞之瑕，适不知量者之用心云尔。①

王念孙在继承前人成果的基础上，利用形声字声符表音的特点，发挥自己的古音学特长，将传统的"右文说"改造成利用谐声偏旁系联同源词的利器。他在疏证《广雅疏证》时，依据音近义通的原则，不仅系联同声符的同族词，还将声符不同但读音相同相近的形声字也系联到一块，从而取得了远超前人的

---

① 王念孙《广雅疏证·自序》，中华书局，2004年第2版，第2页。

成就。如《广雅·释器》："黸，黑也。"王念孙疏证：

> 《说文》：齐谓黑为黸。字通作卢。黑土谓之垆，黑犬谓之獹，目童子谓之卢，黑弓谓之玈弓，黑矢谓之玈矢，黑水谓之泸水，黑橘谓之卢橘，义并同也。

"黸、垆、卢、澛"，均从"盧"得声，其核义素均为"黑色"，以"右文说"可归为同源关系，"玈"虽不从"盧"得声，然与前几词为音同关系，故而可以系联为一组同族词。

《广雅·释诂》："叔，少也。"王念孙疏证：

> 叔、少，一声之转。《尔雅》云："父之昆弟，先生为世父，后生为叔父。"又云："妇谓夫之弟为叔。"《白虎通义》云："叔者，少也。"《释名》云："仲父之弟曰叔父。叔，少也。"又云："叔，少也，幼者称也。"

"叔""少"为同源族词。词义上，"叔"为兄弟排行中年少者，"少"为年龄小，它们都有共同的源义素"小"。语音上，"叔"与"少"古音为书母双声，觉、宵旁对转，音相近。

懂得同源词之间的音义关系和语源，则对相关词义的理解更为深入。例如"乔（喬）"，《说文·夭部》："高而曲也，从夭，从高省。"段注云：

> 《尔雅·释诂》："《诗》'伐木时迈'。"《传》皆曰："乔，高也。"《释木》曰："上句（勾）曰乔，句（勾）如羽乔。"《汉·广传》曰："乔，上竦也。"按：乔不专谓木，浅人以说木，则作桥，如《郑风》"山有桥松也"，是也；以说山，则作峤。《释山》"锐而高峤"，是也。皆俗字耳。许云"高而曲"，即《尔雅》之"上句勾如羽"。木有如是者，他物亦有如是者。

乔，会意兼形声，从夭从高（高省形）会意，高亦声。本义是高而不平，引申为高。如《尚书·禹贡》："厥草惟夭，厥木惟乔。"孔安国传："乔，高也。"《诗经·小雅·伐木》："出自幽谷，迁于乔木。""乔木"即高大的树木。

"乔"通"峤""桥"。《释名·释山》："山锐而高曰乔。形似桥也。"山锐顶而高，字后来写作峤；桥，树锐顶而高，字又写作乔，二者同源。《诗经·周南·汉广》："南有乔木，不可休息。"毛亨传："乔，上竦也。"陆德明释文："乔，木枝上竦也。乔本亦作桥。"朱熹《集传》："上竦无枝曰乔。"上竦无枝，即锐顶而高之象。《说文新附》："峤，山锐而高也。从山，乔声。古通用乔。"《尔雅·释山》："锐而高，峤。"《诗经·郑风·山有扶苏》："山有桥松，隰有游龙。"朱熹集传："上竦无枝曰桥，亦作乔。"陆德明释文："桥，高也。"桥松之桥，实假借为乔木之乔。可见，从"乔"会意者，当有高意。又如："趫"，指缘木登高之人，"挢"谓举高，"桥"是高架的渡水河梁，"轿"则是高抬于肩上类似车舆的代步工具，"骄"则是高大的马（《说文·马部》："马高六尺为骄。"），则乔、峤、桥、骄等皆同源。

从语音上说，乔、峤、桥、轿、趫，皆群纽宵韵，双声叠韵；挢、骄，均在见纽宵部。见、群旁纽。从谐声偏旁来看，诸字均从"乔"取声。可见诸字音同、音近而同源。

二、同义词研究

古人早就注意到同义词，例如《尔雅·释诂》云："初、哉、首、基、肇、祖、元、胎、俶、落、权舆，始也。"表示"开始"义的，在上古汉语中有"初、哉、首、基、肇、祖、元、胎、俶、落、权舆"等词，其中，我们较为熟悉的是"初、首、基、肇、祖、元"，不熟悉的词有"哉、胎、俶、落、权舆"，翻阅辞书，我们很快便知晓这几个词的"开始"义产生的大致时间。

哉：《尚书·武成》："哉生明。"（开始有月光。西周纪时术语，农历每月初三）《尚书·康诰》："哉生魄。"（始生月魄。月魄，月黑无光的部分。）

胎：《尔雅·释诂上》："胎，始也。"郭璞注："胚胎未成，亦物之始也。"孔颖达疏："胎者，人成形之始也。"《汉书·枚乘传》："祸生有胎。"颜师古注引服虔曰："胎，始也。"

俶：《尚书·胤征》："俶扰天纪。"孔安国传："俶，始也。"又《诗经·小雅·大田》："俶载南亩。"《诗经·大雅·既醉》："令终有俶。"毛传："俶，始也。"

落：《诗经·周颂·访落》："访予落止。"毛传："落，始也。"《诗经·小雅·斯干序》"斯干"郑玄笺："歌斯干之诗以落之。"陆德明释文："落，始也。"《逸周书·文酌解》:"伐道咸布,物无不落,落物取配,维有用究。"孔晁注:"落,始也,类也。"

权舆:《诗经·秦风·权舆》:"于嗟乎,不承权舆。"毛传:"承,继也。权舆,始也。"《逸周书·周月解》:"是谓日月权舆。"(日月之始通名权舆)《逸周书·文酌解》:"一干:胜权舆。"东周《子华子》卷上:"夫太初胚胎,万有权舆。"

从词汇史的角度看,同族词"初、哉、首、基、肇、祖、元、胎、俶、落、权舆"在春秋之前都已经产生,但是它们是怎么形成的呢?它们又呈怎样的分布?什么时候"哉、祖、胎、俶、落、权舆"开始退出"开始"语义域的?这些问题都是词汇演变研究需要解决的问题。

再如汉语表示"脑袋"概念的一组词有"元、首(页)、良、颅、头、颔、儿(兒)、头颅、头脑、脑袋(脑带)、脑壳、脑瓜、元首、圆颅、四岳(颠、颁)"等,它们是如何产生与发展的呢?这也是词汇演变研究需要解决的问题。

如"良",《尔雅·释诂》:"元、良,首也。"但是"良"表示"头"义的直接例证至今未被发现,需要另辟蹊径综合考证。战国时出现了"头""颅""脑"等的称谓,现代汉语则有"脑壳""脑袋""脑瓜"等称谓。

这里我们以表示时间的名词"日""天"为例,说明同义词之间的区别与联系。

"一天",也叫"一日",那么"日"和"天"在时间表示上有什么异同呢?

唐以前,表示时间用"日"而不用"天"。

日,《说文·日部》:"实也。太阳之精不亏。"日,甲骨文是个象形字,圆圈内有一短横,圆圈像日之形,短横象征太阳之光。本义即太阳。例如《易经·系辞下》:"日往则月来,月往则日来。"例中"日"即天体太阳,和"月"相对而出。《诗经·卫风·伯兮》:"其雨其雨,杲杲出日。"王安石《登飞来峰》诗:"飞来山上千寻塔,闻说鸡鸣见日升。"

能见到太阳的时间,只有在白天,故而"日"被引申用来表示白昼,和"夜"相对。例如《诗经·唐风·葛生》:"夏之日,冬之夜。"《孟子·离娄下》:"仰而思之,夜以继日。"唐陈鸿《长恨歌传》:"每至春之日,冬之夜,池莲夏开，宫槐秋落。"《资治通鉴·汉献帝建安十三年》："轻骑一日一夜行三百余里。"

日，升起落下，即地球自转一周的时间，循环往复，无始无终，故用作计时单位，表示"天"。例如《易经·乾·九三》："君子终日乾乾，夕惕若，厉无咎。"《诗经·王风·采葛》："一日不见，如三秋兮。"《荀子·儒效》："造父者，天下之善御者……舆固马选①矣，而不能以至远，一日而千里，则非造父也。"《汉书·苏武传》："武气绝，半日复息。"宋李之仪《卜算子》词："日日思君不见君，共饮长江水。"

日夜相继、日日相连，故而表示每天、一天天。例如《商君书·错法》："道明则国日强，道幽则国日削。"《论语·学而》："吾日三省吾身。"《史记·田单列传》："田单兵日益多，乘胜，燕日败亡，卒至河上。"陶渊明《归去来兮辞》："园日涉以成趣，门虽设而常关。"《三国志·蜀志·诸葛亮传》："于是与亮情好日密。"又如王梵志诗第4首："身如圈里羊，命报恰相当。羊即披毛走，人着好衣裳。脱衣赤体立，形段不如羊。羊即日日死，人还日日亡。"又王梵志诗第19首："无问男夫及女妇，不得惊忙审三思。年年相续罪根重，月月增长肉身肥。日日造罪不知足，恰似独养神猪儿。"又王梵志诗第26首："富者相过重，贫者往还希（稀）。但知一日乐，忘却百年饥。"王安石《窥园》诗："杖策窥园日数巡，攀花弄草兴常新。"明高启《书博鸡者事》："日抱鸡呼少年博市中。"

日，由"每天""一天天"进一步引申，用来泛指时间，于是就有了"日子""往日""昔日"等说法。例如《左传·昭公七年》："日我先君共王。"句中"日"，即往日。又如《左传·襄公三年》："日君乏使，使臣斯司马。"《国语·晋语四》："日吾来此也，非以狄为荣，可以成事也。"《孟子·梁惠王上》："壮者以暇日修其孝悌忠信。"诸葛亮《出师表》："试用于昔日，先帝称之曰能。"引申为"时代""光阴"。例如《左传·昭公元年》："赵孟②将死矣。主民，玩岁而愒日，其与几何？"玩、愒，近义，都有"贪"义；岁、日相对，表示时

---

① 舆固马选，意谓车好马好。
② 赵孟，中国春秋时期晋国赵氏大宗的宗主。

间。"玩岁而愒日",即谓贪图安逸,虚度岁月。又如《荀子·王制》:"殷之日,安以静兵息民。"韩愈《答李翊书》:"道德之归也有日矣。"《明史·海瑞传》:"时世宗享国日久。"引申泛指未来一段时间,犹言"他日""改天""某日"。例如《国语·晋语一》:"日君以骊姬为夫人,民之疾心固皆至矣。"《列子·汤问》:"穆王曰:'日以俱来,吾与若俱观之。'"唐韩愈《此日足可惜赠张籍》诗:"此日足可惜,此酒不足尝。"陆游《示儿》诗:"王师北定中原日,家祭无忘告乃翁。"

天,《说文·一部》:"颠也,至高无上。"段注:"颠者,人之顶也。以为凡高之称……然则天亦可为凡颠之称。臣于君、子于父、妻于夫、民于食皆曰天是也。至高无上。"

天,甲骨文、金文字形像一个正面展开双臂站立的人,构形中凸显人的头部。小篆的形体结构较之甲骨文、金文变化较大,出于文饰的作用,圆形的人头化作一横。天,本义指人头。《山海经·海外西经》:"刑天与帝至此争神,帝断其首,葬之常羊之山。乃以乳为目,以脐为口,操干戚以舞。"晋郭璞注:"是为无首之民。"刑天,因头被砍掉而得名。晋陶潜《读山海经》诗"刑天舞干戚,猛志固常在"讲的就是这个故事。凿额亦谓天,这是由整体称代部分的修辞引申手法,例如《易经·睽》:"其人天且劓。"唐陆德明释文引汉马融曰:"剠,凿其额曰天。"

天,由人头义引申作"凡高之称"。头之上为天,即天空。例如《诗经·唐风·绸缪》:"绸缪束薪,三星在天。""三星在天",即三颗星星高挂于天空。《庄子·逍遥游》:"天之苍苍,其正色邪?"《孟子·梁惠王上》:"天油然作云,沛然下雨,则苗浮然兴之矣。""天油然作云",即指天空突然布满了乌云。王充《论衡·谈天》:"察当今天去地甚高,古天与今无异。"《敕勒歌》:"天似穹庐①,笼盖四野。"李白《宣州谢朓楼饯别校书叔云》诗:"俱怀逸兴壮思飞,欲上青天览明月。"唐黄巢《不第后赋菊》诗:"冲天香阵透长安,满城尽带黄金甲。"皆是其例。

天,无人触及,浩瀚无垠,神秘诡异,魔力无边,被古人视作神明,故而

---

① 穹庐,qióng lú,毡帐。

引申表示"天神"义，即万事万物的主宰者。例如《尚书·泰誓上》："天佑下民，作之君，作之师。"句中"天"，即天神，上天。又如《左传·成公十六年》："国之存亡，天也。"《论语·八佾》："获罪于天，无所祷也。"《孟子·万章上》："《泰誓》曰：'天视自我民视，天听自我民听。'"《春秋繁露·郊祭》："天者，百神之大君也。"王充《论衡·祸虚》："秦襄王赐白起剑，白起伏剑将自刎，曰：'我有何罪于天乎？'良久曰：'我固当死。长平之战，赵卒降者数十万，我诈而尽坑之，是足以死。'遂自杀。"杜甫《曲江三章》之三："自断此生休问天。"古代以为君权神授，故称帝王为天子。例如《墨子·尚同》："天子者，固天下之仁人也，举天下之万民以法天子，夫天下何说而不治哉？"《北齐书·陆法和传》载北齐术士陆法和之预言："一母生三天，两天共五年。"此语是说，北齐武明皇后（北齐奠基人高欢之妻），即娄太后，生子文宣帝高洋、孝昭帝高演、武成帝高湛，这就是"一母生三天"。孝昭帝在位一年，武成帝在位四年，这就是"两天共五年"。天，天子也。

雨从天降，风从天起，冷暖由天决定，故而引申出"天气""气候"。例如《墨子·兼爱》："今天大旱，即当朕身履，未知得罪于上下，有善不敢蔽，有罪不敢赦，简在帝心。"《吕氏春秋·季春》："行秋令，则天多沉阴。"杜甫《佳人》诗："天寒翠袖薄，日暮倚修竹。"白居易《新乐府·卖炭翁》："可怜身上衣正单，心忧炭贱愿天寒。"杜牧《春日茶山病不饮酒，因呈宾客》诗："欲开未开花，半阴半晴天。"南唐张泌《浣溪沙》词："小市东门欲雪天，众中依约见神仙。"

在一段时间内，天气相类，故用"天"来表示季节。例如《孙子·计》："天者，阴阳，寒暑，时制也。"杜甫《春日忆李白》诗："渭北春天树，江东日暮云。"白居易《送敏中新授户部员外郎西归》诗："千里归程三伏天，官新身健马翩翩。"白居易《竹窗》诗："是时三伏天，天气热如汤。"唐吴融《雨夜》："旅夕那禁雨，梅天已思秋。"唐窦常《北固晚眺》诗："水国芒种后，梅天风雨凉。"

天的一切活动，都是自身运动形成的，故而引申表示"天体""自然"。例如《易经·乾·象传》："《象》曰：天行健，君子以自强不息。"《易经·革·象传》："天地革而四时成。汤、武革命，顺乎天而应乎人。"《庄子·大宗师》：

"知天之所为，知人之所为者，至矣。"成玄英疏："天者，自然之谓。"《荀子·天论》："天行有常，不为尧存，不为桀亡。"又《荀子·天论》："形具而神生，好恶喜怒哀乐臧焉，夫是之谓天情。"《论衡·自然》："天地合气，万物自生，犹夫妇合气，子自生矣。"南宋刘过《龙洲集·襄阳歌》："人定兮胜天。"引申表示自然规律。《史记·范雎蔡泽列传》："终其天年，而不夭伤。"柳宗元《种树郭橐驼传》："能顺木之天以致其性焉尔。"

一昼夜的时间就是"一天"，不过这种用法产生较晚，约在有唐之时，且用例较少，如唐玄奘《大唐西域记》卷第十二："罗汉将去，谓其人曰：'却后七天，当雨沙土，填满此城，略无遗类。尔宜知之，早图出计。'"[①]

唐以降，用例增多，例如明罗懋登《三宝太监西洋记》第四十四回："却说宝船上二位元帅、一位天师、一干将官，只见国师出马，一会儿天昏地黑，一会儿天清气爽，一会儿天上掉下山来，一会儿海里涌起水来。又不见个国师在那里，又不见个番兵番将在那里，宝船上好忧闷也！不觉的过了一天，猛然间一个国师站在地上，后面站着一个云谷徒孙，对面站着一个骊山老母，众人无限欢喜。"清《儿女英雄》第十四回："谁想他遭了这样大事，哀也不举，灵也不守，孝也不穿，打算停灵七天，就在这山中埋葬，葬后他便要远走高飞。"引申专指白天，例如明《醒世恒言·赫大卿遗恨鸳鸯绦》："蒯三道：'昨天小尼明明说的，如何是虚报？'"清《儒林外史》第十七回："匡超人背着行李，走了几天旱路。"《儿女英雄传》第二十四回："大长的天，也是白闲着，帮帮我，又解了闷儿。"引申为一天内的某段时间。例如明《二刻拍案惊奇》卷十八："约莫一更多天，然后睡了。"《儿女英雄传》第四回："赶到那里大约天也就是时候了。"

由上面的分析可知，汉语中表示时间最早用"日"不用"天"，唐以后才用"天"。现代汉语中用"日"表示时间则具有书面色彩，用"天"则体现口语色彩。

[①] （唐）玄奘撰，辩机编次，芮传明译注《大唐西域记全译》，贵州人民出版社，1995年，第700页。

第五节　名物词研究

一、"名物词"内涵

"名物",顾名思义,即事物及其名称。"名物"一词先秦已见,例如《周礼·天官·庖人》:"掌共六畜、六兽、六禽,辨其名物。"例中"名物",意谓名号和物色。唐贾公彦疏:"此禽兽等皆有名号物色,故云'辨其名物'。"《周礼·地官·大司徒》:"辨其山林、川泽、丘陵、坟衍、原隰之名物。"郑玄注:"名物者,十等之名与所生之物。"现在人们一般用"名物"来指代某些具体而特定事物的相关名称。

王宁、陆宗达《训诂与训诂学》云:"从词义学的观点来看,名物讲的是一些专名的词义。这种专名的特殊性在于,它所指的对象范围比较特定(就概念来说,就是外延很小)而特征比较具体(就概念来说,就是内涵较大)。"① 中国传统语文学上的所谓名物,早期专指草木鸟兽虫鱼等自然界生物名称,后来才扩展为车马、宫室、衣服、星宿、郡国、山川以及人的命名等领域。

名物考证并非易事。王宁先生在为刘兴均教授所著的《〈周礼〉名物词研究》一书作序时对名物研究的任务做过解释,她说:

> 名物考据是我国古代学术的一个专门题目,它的任务是对一些物类的专有名称进行解释。解释一个专有名称,必须名、实同步考察,源、流一并弄清,所以,这一课题涉及多方面的领域,是一个词源学、训诂学、文化学甚至科技史等学科的交叉课题,难度是比较大的②。

要之,对名物词的研究,即名物学,"研究与探讨名物得名由来、异名别称、名实关系、客体渊源流变及其文化涵义之学问是为名物学"③。

名物词研究有三个目的,一是阅读先秦古籍的需要,一些名物概念不明,

---

① 王宁、陆宗达《训诂与训诂学》,山西教育出版社,1994年,第68页。
② 王宁《周礼名物词研究·序一》,巴蜀书社,2001年,第1页。
③ 王强《中国古代名物学初论》,《扬州大学学报(人文社会科学版)》2004年第6期,第54页。

需要辨析、解释,使人不惑;二是探索名物得名的原理,探索人们命名的理据,探索事物命名之后的文化因素;三是名物词释义的辨析。黄金贵在其《古代文化词义集类辨考》中指出,许多名物命名研究过程中,"其中未训、误训、存疑者尤多;即便是正诂,也往往一鳞半爪,语焉不详,道其然,而不解其所以然"①。而"历史沧桑,时代巨变,加之殊类科迥、方域有别、异名迭出、文献阙征、物证难求等等,多数名物的渊源流布也已随社会的发展而漫灭了经纬"②。所以名物学中涉及许多各个时代不同的常用词,也涉及常用词的演变——博物考异、同名异实、异名同实的问题。

我国名物文化研究历史源远流长,从殷商甲骨文字到稍后的钟鼎金文,先民很早就开始了对名物文化的探索。古老汉字的字形,多是先民对名物特征与本质的概括与描绘。《左传·昭公元年》载:"晋侯闻子产之言,曰:'博物君子也。'""博物君子",即是对精研名物、博通诸种事物之士的称谓。解释命名理据,即诠释、探索事物命名的原因,在我国具有悠久历史。

我国第一部大规模研究名物文化的典籍当推《尔雅》,该书分 19 个类目;东汉末刘熙《释名》是我国第一部名物训诂的专著,该书分 27 个类目。

古代名物学研究常常与博物考异相关涉。秦汉间唐蒙撰《博物记》、晋张华撰《博物志》、晋崔豹撰《古今注》,记载异物、妙境、奇人、灵怪以及殊俗、琐闻等,此处"博物"指"博通诸种事物",并非名物类的"浩博实物"。三国时期,吴国人陆玑撰《毛诗草木鸟兽虫鱼疏》,为专书的名物研究。《尔雅》解释名物,注重名物的别名异称(同实异名),陆玑疏却把重点又转移到了名物实体的研究上,运用现实生活的经验,详述草木鸟兽虫鱼形态。

至清代,乾嘉朴学成为学术主流,考据、名物典制之学成为朴学体系的核心。王鸣盛有《周礼军赋说》,任大椿有《深衣释例》,焦循有《群经宫室图》,这些著作显示了清代朴学名物考据范围之广。清人程瑶田名物考证的著作主要有《九谷考》《释宫小记》《释草小记》《释虫小记》《考工创物小记》《果蠃转语记》等,这些著作对古代经书中九谷、草虫、宫室、车舆、礼乐兵器等名物

---

① 黄金贵《古代文化词义集类辨考》,上海教育出版社,1995 年,第 22 页。
② 王强《中国古代名物学初论》,《扬州大学学报(人文社会科学版)》2004 年第 6 期,第 57 页。

做了细致系统的考证。程氏考证能够做到不依旁传注,而是疏解经典原文旁求其他文献,注重亲自调查研究所得实物为证。因此其考证能够鳌清历代文献记载名物称名之缠绕,解读名物得名之真义,订正诸家文献记载的讹误,是名物学研究中的典范。

今人钱玄(1910—1999)《三礼名物通释》(江苏古籍出版社,1987)、黄金贵《解物释名》(上海辞书出版社,2008)、黄金贵《古代文化词语考论》(浙江大学出版社,2001)、扬之水《诗经名物新证》(北京古籍出版社,2000)、刘兴均《〈周礼〉名物词研究》(巴蜀书社,2001)、闫艳《〈全唐诗〉名物词研究》(巴蜀书社,2004)、杜朝晖《敦煌文献名物研究》(中华书局,2011)等著作,皆是当下专书断代名物学研究的代表。但是当下专书名物词研究成果虽多,可是地域方言中的名物词研究似乎未见成果,这是一块有待开垦的处女地。

二、名物词研究的方法

名物词研究,除了涉及传统的训诂学方法外(形训、音训、义训),还有特别的方法,常见的有"因声求义",如程瑶田所著《果蠃转语记》就是从声音出发,由"果蠃"一词系联了250多个双声叠韵可互相通转的名物词语,不仅表明单音节字可以通转,双音节字词亦可通转。程氏非常重视运用"转语"的方法,但音转并不是随意的,因此运用的时候要非常谨慎。程氏运用转语总是在参考诸多文献之后才下结论,他常说:"音语相转,是考字要义。然必旁举数事,证之使确,乃可定其说。不然,何字无音,何音无转,举可比而同之哉?"① 如果音同即可通转,就会造成"转语"运用的泛滥而导致错误,在应用的时候应注意参引其他文献,才可确定其可以通转的字词。程瑶田在其《果蠃转语记》中提出了一个重要的理论,即"声随形命,字依声立,屡变其物而不易其名,屡易其文而弗离其声。物不相类也,而名或不得不类;形不相似,而天下之人皆得以是声形之"②。

其次是实验法。名物考证不能离物,离物谈名往往会有疏漏错误的地

---

① 程瑶田《九谷考·梁》,《程瑶田全集》第三册,黄山书社,2008年,第25-26页。
② 程瑶田《果蠃转语记》,《程瑶田全集》第三册,黄山书社,2008年,第491页。

方，因此观物之情、察物之质是名物考证的重要手段。程瑶田在名物考证中非常重视目验与实验的方法，所考之物几乎无一不取道观察，常言"陈言相因，不如目验"①。程氏注重目验的同时亦重视实验，曾亲自品尝草木之味，栽种在园中以便时时观之，兼以实验贯穿目验，名物考证的准确性也就提高了。

　　再次是考古实物与文献对照方法的运用。程瑶田《考工创物小记》所考之古代礼乐器、兵器、车马器等，主要以当时所能见到的出土古物为参证，具体对《考工记》中所记之车舆马器、戈戟、钟磬、璧羡等做了详细的考证。"他所著《通艺录》的《考工创物小记》对古代器物什么叫钟，什么叫镈，什么叫干，什么叫戈，什么叫戟……——都据实物，以考定古代制度；更用以权衡古今学者的'议论'对与不对。这是一种十分客观的科学方法。"②

　　《考工记》研究历代有之，前世研究大多以文献的训释为主，即以文献解文献，就文本论文本，很少有把《考工记》文本所记之物与现实中所见古物联系起来进行考察研究的。程瑶田所著《考工创物小记》，打破了传统的研究模式，虽然出发点还是为《考工记》名物作注，但其论证不仅旁及诸多其他文献记载，还把实物引入考证。所观之物与文献描述的物的称名、形制相互对照，且经常绘图以解之，在古器物考证上有开创之功，郭沫若就称其为"中国近世考古学之先驱也。其学即主于就存世古物以追考古制，所得发明者特多"③。可见，程氏的方法有开拓性，有其合理性和科学性的一面，后世遵从此法进行研究者多有其人。

　　名物训诂不仅解决词义疑难，还可以解决文化史研究中的某些疑难，更好地发挥语言研究的社会效用。不少文化类的专名、通名，既是常用词，又往往是某一文化史中的重要名物，对此，语言研究中的名物训诂，就可以有所作为。

---

　　① 程瑶田《释虫小记·螟蛉蜾蠃异闻记》，《程瑶田全集》第三册，黄山书社，2008年，第280页。
　　② 张舜徽《考古学者王国维在研究工作中所具备的条件、方法与态度》，《中国史论文集》，湖北人民出版社，1956年，第168页。
　　③ 郭沫若《殷周青铜器铭文研究·说戟》，《郭沫若全集》考古编第四卷，科学出版社，2002年，第189页。

三、"异名同实"与"同名异实"

语言交流，必须找到共有的话题。话题常常从指称事物开始。指称事物就必须事先给事物命名。《尹文子·大道下》记载这样一个故事：

> 庄里丈人字长子曰"盗"，少子曰"殴"。盗出行，其父在后追，呼之曰"盗，盗"。吏闻因缚之。其父呼"殴"喻吏，遽而声不转，但言"殴，殴"，吏因殴之，几殪。

乡村老人给大儿子起名叫"盗"，给小儿子起名叫"殴"。一天"盗"出门远行，他父亲在后面追着喊他："盗！盗！"官吏听到后，就把"盗"给捆绑起来。老人让小儿子"殴"来向官吏解释清楚，但情急之下直叫"殴！殴！"，官吏因此就打名叫"殴"的人，险些把他打死。这个故事告诉我们，给某一事物或现象（概念）命名一个合适的名字是何等的重要。

现实生活中往往会出现这样一种现象，即同一名称代表着不同事物——同音异义现象，这种现象，语言学上叫"同名异实"。上引《尹文子》故事中的所谓"盗"，实际上是"同名异实"的具体表现——人们约定俗成，"盗"，即谓"盗贼"之"盗"，"殴"即谓"殴打"之"殴"，而乡里老人违反了这一约定，用"盗""殴"来给两个儿子命名，引起官吏理解上的偏差而产生了误会。

在语言演变研究中，"同名异实"现象需要仔细推敲甄别才能求得本真，例如"道士"一词的区别就比较细微。

表示道教徒的"道士"一词，大概起于东汉，正如元胡三省注《资治通鉴》卷第一百六十六所云：

> 道家虽曰宗老子，而西汉以前未尝以道士自名，至东汉始有张道陵、于吉等，其实与佛教皆起于东汉之时①。

"道士"的称呼，源于"方术之士"，如《后汉书·祭遵传》：

---

① 《资治通鉴》，宋司马光编著，元胡三省音注，中华书局，1976年，第5131页。《资治通鉴》卷第一百六十六："齐主（洋）还邺，以佛、道二教不同，欲去其一，集二家学者论难于前，遂敕道士皆剃发为沙门；有不从者，杀四人，乃奉命。于是齐境皆无道士。"

> 时涿郡太守张丰执使者举兵反，自称无上大将军，与彭宠连兵。四年，遵与朱祐及建威大将军耿弇、骁骑将军刘喜俱击之。遵兵先至，急攻丰，丰功曹孟纮执丰降。初，丰好方术，有道士言丰当为天子，以五彩囊裹石系丰肘，云石中有玉玺。丰信之，遂反。既执当斩，犹曰："肘石有玉玺。"遵为椎破之，丰乃知被诈，仰天叹曰："当死无所恨！"

张丰好方术，被"道士"所惑而谋反，例中所谓"道士"，当指方术高明者，义与"术士"相近。

东汉以前也有"道士"之称，但是其含义谓"有道之士"，与道徒之"道士"义不同，如西汉刘向《新序·节士》载介子推故事：

> 晋文公反（返），酌士大夫酒，召咎犯而将之，召艾陵而相之，授田百万。介子推无爵齿而就位，觞三行，介子推奉觞而起曰："有龙矫矫，将失其所，有蛇从之，周流天下，龙既入深渊，得其安所，蛇脂尽干，独不得甘雨，此何谓也？"文公曰："嘻！是寡人之过也。吾为子爵，与待旦之朝也；吾为子田，与河东阳之间。"介子推曰："推闻君子之道，谒而得位，道士不居也；争而得财，廉士不受也。"文公曰："使我得反国者，子也，吾将以成子之名。"介子推曰："推闻君子之道，为人子而不能成其父者，则不敢当其后；为人臣而不见察于其君者，则不敢立于其朝，然推亦无索于天下矣。"遂去而之介山之上。文公使人求之不得，为之避寝三月，号呼期年。诗曰："逝将去汝，适彼乐郊，谁之永号。"此之谓也。文公待之不肯出，求之不能得，以谓焚其山宜出，及焚其山，遂不出而焚死。

引文中"道士"与"廉士"相对为文，"道士"之"道"，义同前文"君子之道"中的"道"。又如《后汉书·第五伦传》：

> （第五）伦后为乡啬夫，平徭赋，理怨结，得人欢心。自以为久宦不达，遂将家属客河东，变名姓，自称王伯齐，载盐往来太原、上党，所过辄为粪除①而去，陌上号为道士，亲友故人莫知其处。

引文中的"陌上号为道士"，即乡间百姓称第五伦为"道士"（有道之士）。

---

① 《后汉书》李贤注："粪除，犹扫除也。"

要之,"道士"一词,在东汉之前谓"有道之士",到东汉时引申出"道家徒"之义,不同的时代,所指略有不同。

与"同名异实"相反的是"异名同实",它们都是语言研究的重要内容,如《尔雅·释草》:"唐,蒙,女萝。女萝,菟丝。"晋郭璞注:"别四名。《诗》云:'爰采唐矣。'①"陆德明释文:"孙炎曰:'别三名。'郭云:'别四名。'则唐与蒙,或并或别,故三四异也。《诗经》直言唐,而传云'唐,蒙也',是以蒙解唐也。则四名为得。下云:'蒙,王女。'郭云:'即唐也。'是又名王女。然则,唐也,蒙也,女萝也,菟丝也,王女也,凡五名。《诗·頍弁》云:'蔦与女萝。'毛传云:'女萝,菟丝。'陆机云:'今菟丝。蔓连草上生,黄赤如金,今合药菟丝子也。'"

菟丝,一种缠绕寄生的草本植物,茎细柔,呈丝状,多缠绕在豆类植物上,种子可入药。"菟丝"又名"唐""蒙""女萝""王女"等,五个名称同指一物,属于"异名同实"现象。

"异名同实"形成的原因有很多,常见的有"一物有别称""通语与俗呼""时代不同""方域有别"等。

"异名同实"的形成可能是物有别称造成的,例如《尔雅·释草》:"茥,蒛葐。"郭璞注:"覆盆也。实似莓而小,亦可食。"宋邢昺疏引《本草》云:"蓬蔂,一名覆盆,一名陵蔂,一名阴蔂,其实名覆盆子。今注云蓬蔂,是覆盆之苗也。覆盆乃蓬蔂之子也。唐本注云:'然生处不同,沃地则子大而甘,瘠地则子细而酸。'是也。"草药"茥",又名蒛葐。晋代叫"覆盆",是蓬蔂的子实。蓬蔂,一物四名,又名覆盆、陵蔂、阴蔂。本条说明"茥"是蒛葐的别名。

"异名同实"的形成可能是通语与俗呼的区别造成的。一种事物,所用来指称的名称(词)通行于天下,但是它往往还有俗称,例如《尔雅·释草》云:"柱夫,摇车。"晋郭璞注:"蔓生,细叶,紫华。可食。今俗呼曰'翘摇

---

① 见《诗经·鄘风·桑中》:"爰采唐矣?沬之乡矣。云谁之思?美孟姜矣。期我乎桑中,要我乎上宫,送我乎淇之上矣。爰采麦矣?沬之北矣。云谁之思?美孟弋矣。期我乎桑中,要我乎上宫,送我乎淇之上矣。"诗歌的大意是:采摘女萝在何方?就在卫国沬邑乡。思念之人又是谁?美丽动人是孟姜。约我来到桑林中,邀我欢会祠庙上,送我告别淇水旁。采摘麦子在哪里?就在沬邑北边地。思念之人又是谁?美丽动人是孟弋。约我来到桑林中,邀我欢会祠庙上,送我告别淇水旁。

车'。"邢昺疏:"柱夫,可食之草也。一名摇车,俗呼'翘摇车'。蔓生,紫华,华翘起摇动,因名云。"一种可食之草,通语叫"柱夫",又名"摇车",但是乡野俗呼为"翘摇车"。

"异名同实"的形成可能是时代不同造成的。某一事物在前代用这个名称,后代易作另一名称,例如表示道教徒的"道士"一词,起于东汉,东汉以降,"道士"的道教徒含义基本固定,唐代徐坚《初学记》引晋《太霄琅书经》云,"人行大道,号为道士。士者何?理也,事也。身心顺理,唯道是从,从道为士,故称道士"①。男道士称为"乾道",也称羽士、真人、神仙、道人、羽流、羽衣、紫阳、方士、黄冠、先生、希夷等,尊称为道长。女道士称曰"坤道",别称女冠。如《大唐新语·隐逸》载:"王希夷,徐州人,孤贫好道。父母终,为人牧羊取佣,供葬毕,隐于嵩山。师事道士,得修养之术。"但是,明代文献中道士又可以用"法家"来表示,如明《道法会元》卷七十七《雷霆妙契·天罡说》(张野愚述):

> 三清上圣,雷霆之祖,十极高真,雷霆之本也。昊天玉帝统天元,为万化所始,号令雷霆也。后土皇地祇,承天禀命,主执阴阳,节制雷霆也……十二月建丑,未为破,戌为罡,辰为魁也。此乃阴阳术家论四冲之不吉也。法家掌雷霆之号令,握天地之枢机,论取天罡正真之气也。天罡之位在辰,犹龙之变化莫测也。

又明《道法会元》卷一百一十六《议玄篇》:

> 且如法家投坛祈雨一事,试言一二。且如龙潭相去法院百里,必用倒海符亲诣投之,纵有效验,已落第二艺矣。如我真师,则不然。先于玄坛之上,以一符召功曹。功曹至,则一符召某处雷公。雷公至,则一符召某处龙神。龙神至,财风生云合,电掣雷轰,依法起之喝之行雨。此法可谓至玄至妙,至效至灵。吾师又谓此法繁矣,未为简要。吾遇祷雨之时,止书一符于铁简之上,击投壁宿方,轮诀飞罡,喝之行雨。

《道法会元》所载均为道家故事,故而例中所谓"法家",均意指"道士"。

---

① 见(唐)徐坚《初学记》,中华书局,1962年,第551-552页。

"道士"在明代文献《道法会元》中用"法家"称谓,这是时代不同造成的。

"同名异实"的形成也有可能是地域不同造成的,例如《尹文子·大道下》记载了这样一个故事:

> 郑人谓玉未理者为璞,周人谓鼠未腊者为璞,周人怀璞谓郑贾曰:"欲买璞乎?"郑贾曰:"欲之。"出其璞,视之,乃鼠也。因谢不取。

郑国人把没有雕琢加工的玉叫作"璞",周地人把没有晒干的老鼠叫作"璞"。"璞"在郑地与在周地名称虽同而所指物却不同,最终造成交易失败(语言交流的失败)。我国汉代扬雄《方言》(全名《輶轩使者绝代语释别国方言》)即是这方面的专著,例如《方言》卷四云:

> 襌衣,江淮南楚之间谓之䙱,关之东西谓之襌衣。有袌者,赵魏之间谓之袏衣;无袌者谓之裎衣。古谓之深衣。

古代所谓的"深衣",在西汉时期江淮南楚之间称之为"䙱",而在函谷关东西两侧的地方却呼之为"襌衣"。"深衣"在赵魏之间又有两种别名,一种是有袌的,谓之"袏衣";一种是无袌的,谓之"裎衣"。"深衣"与"襌衣"的异名是时代不同造成的,"襌衣""䙱"的区分是地域造成的。

"异名同实"与"同名异实"形成的原因大致相同。"同名异实"造成了同音词,"异名同实"多有同源关系(详见前文《词族研究》)。

四、名物词释例

1. 称谓名词"娘子"释义①

"娘子"一词,唐宋文献多见,指称"主妇",例如唐王梵志诗第9首:"撩乱失精神,无由见家里。妻是他人妻,儿被后翁使。奴事新郎君,婢逐后娘子。"又:"奴富欺郎君,婢有陵娘子②。鸟饥缘食亡,人穷为财死。钱是害人物,智者常远离。"诗中"娘子",称谓主妇。又如宋《太平广记》卷四百八十六《无双传》:"塞鸿曰:'郎君见知此驿,今日疑娘子在此,令塞鸿问候。'"

---

① 参见曹翔《王梵志诗词汇研究》,南京大学出版社,2013年,第197页。
② 陵,项楚注:"通'凌',欺凌。"(《王梵志诗校注》增订本,上海古籍出版社,2010年,第547页)

文中"郎君""娘子"分别是对男女主人的称呼。宋孙光宪《北梦琐言》卷十："唐咸通中,前进士李昌符有诗名……有诗云:'春娘爱上酒家楼,不怕归迟总不留。推道那家娘子卧,且留教住待梳头。'"

其实"娘子"一词,六朝已见,本义谓"年轻妇女",如《北齐书·祖珽传》:"(祖珽)性疏率,不能廉慎守道……所乘老马,常称骝驹。又与寡妇王氏奸通,每人前相闻往复。裴让之与珽早狎,于众中嘲珽曰:'卿那得如此诡异,老马十岁,犹号骝驹;一妻耳顺,尚称娘子。'于时喧然传之。"①

祖珽为北齐人,裴让之嘲讽他称呼老妻为"娘子",不合自己身份,在当时竟然"喧然传之",可见,此事必为人乐道。据此典故可知,"娘子"是时人口语词。遗憾的是,南北朝至隋唐之间,"娘子"的例证我们并不多见。唐以降,用例渐多,如刘悚《隋唐嘉话》卷上:"平阳公主闻高祖起义太原,乃于鄠司竹园招集亡命以迎军,时谓之娘子兵。"

平阳公主起兵助父李渊建立唐朝,事情发生在隋唐之际,"时谓之娘子兵",是指老百姓对平阳公主军队的称呼,"娘子"实指平阳公主,此时距北齐不到五十年的历史。《旧唐书·平阳公主传》载其事:"平阳公主,高祖第三女也……时公主引精兵万余与太宗军会于渭北,与绍各置幕府,俱围京城,营中号曰'娘子军'。京城平,封为平阳公主,以独有军功,每赏赐异于他主。六年薨。"平阳公主娘子军事又见于宋王溥《唐会要》卷六《公主·杂录》,此处不赘。

从《北齐书·祖珽传》及平阳公主事可知,"娘子"在南北朝至隋唐之间,是"年轻妇女"的通称。《辞源》释作"妇女"释义似嫌过宽。《汉语大词典》"少女"义项下始见例证正是《北齐书·祖珽传》。不过,我们觉得,把此"娘子"释作"少女"似也欠妥②。

古人"耳顺"是六十岁的代称,语出《论语·为政》"六十而耳顺"。马到十岁,当是"老"马;妻到六十,当是"老"妻。驹,《说文》云:"马二岁曰驹。"驹自古以来都是"少壮之马"的代称。骝,指马的颜色,《说文》:"赤

---

① 见《北齐书》第二册,中华书局,1972年,第514页。
② 罗竹风《汉语大词典》第四卷,汉语大词典出版社,1989年,第365页。

马,黑毛尾也。""骊驹"当谓少壮剽悍的好马。"老马十岁,犹号骊驹;一妻耳顺,尚称娘子"是对文句式,老马对老妻,少马对娘子,可知"娘子"必谓"年轻女性"。再说平阳公主领兵打仗,此时已经婚嫁,其夫即柴绍。"娘子"用来称呼已经婚配的女子,就不能释作"少女"①。又如唐蒋防《霍小玉传》:"小娘子爱才,鄙夫重色。"又:"我小娘子,即霍王女也。"两例中的"娘子"也是指"年轻女子",前面带有形容词"小",语义更显豁。称主妇为"娘子",在宋元间十分流行,元陶宗仪《南村辍耕录》卷十四《妇女曰娘》云:"都下自庶人妻以及大官之国夫人皆曰'娘子'。"

王梵志诗"娘子"出现 2 见次,都是指称主妇,在敦煌三卷本《王梵志诗集》写卷中,而"整个三卷本《王梵志诗集》的创作下限,不会晚于开元以后"②。也就是说,这两例"娘子"的产生时代在公元 742 年以前,属于初唐时期。

唐代称呼主妇为"娘子"的用例颇多,仅初唐张鷟《游仙窟》③ 中就有 22 见次,如:"五嫂为人饶剧,掩口而笑曰:'娘子既是主人母,少府须作主人公。'"例多不赘。

张鷟(658? —730),唐高宗调露(679—680)进士。《游仙窟》一般被认为是初唐时的作品。此文采用自叙体的形式,描写作者奉使河源,夜宿神仙窟,与两年轻女子调笑戏谑,宴饮歌舞,无所不至,口语成分特别明显。《游仙窟》中五嫂与仙女两人为妯娌关系。从《游仙窟》的用例可知,唐人不仅仆从和外人尊称主妇为"娘子",即使是妯娌平辈也可称为"娘子"。

"娘子"晚唐以后的书证颇多,如《筠州洞山悟本禅师语录》:"伏惟娘子收心慕道,摄意归空,休怀离别之情,莫作倚门之望。"洞山悟本禅师(807—869)为晚唐人④。蒋礼鸿《敦煌变文字义通释》释"娘子"为"主母",即女主人也,所引书证为晚唐传奇薛调《无双传》:"又数夕,有青衣告仙客曰:'娘子适以亲情事言于阿郎,阿郎曰:向前亦未许之。模样云云,恐是参差

---

① 少女,《现代汉语词典》:"年轻未婚的女子。"商务印书馆,1998 年修订本,第 1113 页。
② 项楚《王梵志诗校注(增订本)·序》,上海古籍出版社,2010 年,第 16 页。
③ 见汪辟疆校录《唐人小说》,上海古籍出版社,1978 年新 1 版,第 19—37 页。
④ 见徐文明《洞山良价与曹洞宗源》,载《浙江学刊》2000 年第 3 期。

也。'"① 例证嫌晚。敦煌变文中的例子更多，不赘。

娘子，项楚先生注："亦作'孃子'。《广记》卷十六《张老》（出《续玄怪录》）：'义方偶游扬州，闲行北邸前，忽见张家昆仑奴前曰："大郎家中如何？孃子虽不得归，如日侍左右，家中事无巨细，莫不知之。"因出所怀金十斤以奉曰："孃子令送与大郎君。"'司马光《书仪》卷一《上内外尊亲》云：'古人谓父为阿郎，谓母为孃子……其后奴婢尊其主如父母，故亦谓之阿郎、孃子。'"②

项楚先生的这段注文，我们觉得有必要作个说明：书面上，"娘子"与"孃子"并不完全相同。

《说文·女部》段注："《广韵》：孃，女良切，母称。娘，亦女良切，少女之号。唐人此二字分用画然。故耶孃字断无有作娘者。今人乃罕知之矣。"可见，去唐不远的司马光应该明白"孃"谓母亲义，故在《书仪》中说"谓母为孃子"。

"孃"谓母亲，"娘"谓"姑娘、少女"，以此推论，则谓母必为"孃子"，而不是"娘子"了。但是，从我们本节的推论中则知，称呼女主人为"娘子"，正是从"年轻女子"的意义上引申而来，而非从"母亲"义引申而来。唐初王梵志诗、《游仙窟》，中晚唐时的《隋唐嘉话》《霍小玉传》③《无双传》等均作"娘子"。我们认为"娘子"是源，而"孃子"是流了。

司马光《书仪》中的这段话，蒋礼鸿《敦煌变文字义通释》引文完整，转录如下：

> 古人谓父为阿郎，谓母为孃子，故刘岳《书仪》④上父母书称阿郎孃子。其后奴婢尊其主如父母，故亦谓之阿郎、孃子；以其主之宗族多，故

---

① 蒋礼鸿《敦煌变文字义通释》增订本，上海古籍出版社，1981年，第13页。
② 项楚《王梵志诗校注》增订本，上海古籍出版社，2010年，第40页。
③ 《隋唐嘉话》的作者为刘餗，字鼎卿，是史学家刘知几的儿子（见程毅中点校《隋唐嘉话·点校说明》，中华书局，1979年），可以推知，《隋唐嘉话》为中唐时期的作品。《霍小玉传》的作者为蒋防（约792—835），据作者卒年可以推断《霍小玉传》的成书至迟不晚于晚唐的前期。
④ 周一良先生指出："综观有唐一代书仪的编撰，从唐初裴矩到开元时杜有（友）晋约为百年，从杜有晋至郑余庆时（元和中），又近百年，元和到五代长兴三年（932）刘岳定书仪，又百余年。大致每经百年上下，'士大夫之风范'即因时代及社会变化而有所变化。"（见周一良、赵和平《唐五代书仪研究》，中国社会科学出版社，1996年，第84页）可见，刘岳为五代时人；《书仪》是一种规范应用文书。

更以行第加之。①

古代的《书仪》是人们用作撰写书札时的范本。五代时"孃子"与"娘子"在书面上可能已经混用不分，故文人在《书仪》中选用"孃子"作为规范的形式。司马光从词根语素"孃""娘"的区别出发，以五代文人的规范用例为证，结论却并不可靠。他认为"孃子"谓主妇是从"奴婢尊其主如父母"而来，此观点不合语言事实。一代大家似也犯了个简单思维、不明语源的主观错误。

2. 实物名词"甓"释义

解物释名是名物训诂的要求，意在通过解物来释义。但必须注意，在训释时，必须将文化学与语言学研究的方法、手段相结合，必须做好"解物释名、名物互求"②。下面以黄金贵先生对《诗经》中"甓"义的考释为例③。

《诗经·陈风·防有鹊巢》："中唐有甓。"毛传："甓，瓴甋也。""瓴甋"，即长方砖。孔颖达正义引李巡曰："瓴甋一名甓。"马瑞辰通释："甓为砖。"王先谦《诗三家义集疏》云："令適，即甓之合声。"《尔雅·释宫》："瓴甋谓之甓。"郭璞注："甎甓也，今江东呼瓴甓。"《广雅·释言》："瓴甋、甓，甎甓也。"《众经音义》卷十四引《通俗文》曰："狭长者谓之瓴甋。"至《玉篇》训"甓"为"甎也"。可见《说文》等早期辞书与汉唐训诂确实比较一致地以"甓"为"甎（砖）"。

"甓"从瓦辟声。"瓦"是古代陶器通称，则其物必是陶制品；辟声有"圆"义，可见它必是用于建筑的某种圆形陶制品，这是释义。再求诸物。

查阅建筑资料，知我国最早使用的陶制建材是用于地下排污的"陶"制水管，然后是屋瓦，最后是砖，先后序列是：排污管→（屋）瓦→砖。名与物对号，"甓"当指排污管。验之文献，果然完全吻合。如《庄子·知北游》有一段对话：

东郭子问于庄子曰："所谓道，恶乎在？"庄子曰："无所不在。"东郭

---

① 蒋礼鸿《敦煌变文字义通释》增订本，上海古籍出版社，1981年，第14页。
② 黄金贵《"甓"义考》，《考古》1993年第5期，第444-452页。
③ 参见黄金贵《"甓"义考》，载《考古》1993年第5期。

子曰:"期而后可。"庄子曰:"在蝼蚁。"曰:"何其下邪?"曰:"在稊稗。"曰:"何其愈下邪?"曰:"在瓦甓。"曰:"何其愈甚邪?"曰:"在屎溺。"东郭子不应。庄子曰:"夫子之问也,固不及质。正获之问于监市履狶也,每下愈况。汝唯莫必,无乎逃物。至道若是,大言亦然。周、遍、咸三者,异名同实,其指一也。

庄子所谓"每下愈况"所指即:蝼蚁→稊稗→瓦甓→屎溺,排污管处于第三位,比地上的稊稗卑下,比屎溺高一位。

但是文献中"甓"为砖称比比皆是,陶侃运甓当是运砖,遂又引出新问题:"甓"是在何时又怎么取得"砖"义的?复求诸物。从陶管、屋瓦的形制与生产可以发现,陶水管一种是剖分作屋瓦,屋瓦都是圆筒形烧制后剖开,所谓"瓦解",故早期屋瓦都很大。屋瓦一类不涉砖。另一种作陶井,陶制圆管横放是地下排水管,竖立相叠就成了陶井井壁。古代水井的发展序列是:土井、木井→陶井→砖井。考古实物是战国至西汉见陶井,东汉见砖井。

要之,"甓",战国时有了井壁义。"砖"又训为"井甓",时在东汉。

"甓"义的演变序列是:排污管→陶井壁→砖井壁→砖。原来通过陶井之用,"甓"变为砖义。至此,名与物互动结束,结论:"甓"本义为排污管,战国时有"井壁"义;东汉起此二义消失,变作砖之称。

第六节　常用词与文化研究

文化,《现代汉语词典》有三个义项①:①人类在社会历史发展过程所创造的物质财富和精神财富的总和,特指精神财富,如文学、艺术、教育、科学等。②指运用文字的能力及一般知识:学习文化、文化水平。③考古学用语,指同一个历史时期的不依分布地点为转移的遗迹、遗物的综合体。同样的工具、用具,同样的制造技术等,是同一种文化的特征,如仰韶文化、龙山

---

① 《现代汉语词典》,商务印书馆,2018年第7版,第1371页。

文化。

我们所说的"文化"是指第一个义项，即人类创造的物质财富和精神财富的总和。语言文字记载着人类物质文化和精神文化，同时，语言文字也是人类社会创造出来的精神财富，本身就是文化的一部分。下面以"剃头""理发"为例说明语言与文化的关系。

汉人本来是不"剪发"的，汉人崇尚"身体发肤受之于父母"，伤之不孝，孔子曾对他的学生曾参说过："身体发肤，受之父母，不敢毁伤，孝之始也。"（《孝经·开宗明义章》）《论语·泰伯》载曾子故事：

> 曾子有疾，召门弟子曰："启予足，启予手。诗云：'战战兢兢，如临深渊，如履薄冰。'而今而后，吾知免夫！小子！"

《论语》这段话是说：曾子得了重病，召来他的门生弟子，说："看看我的手和足吧！《诗经》上说：'小心呀！小心呀！像临深潭边，像蹈薄冰上。'自今而后，我知道能保全我的身体了。小子们呀！"

曾子在重病之时还让学生看看他的手脚，确定自己的身体没有损伤才放心，并不忘告诫学生们也要保护好自己的身体，不能损伤。头发是身体的一部分，当然要好好保护，不能随便丢弃。

头发如此重要，故而割去人的头发，便算是一种刑罚，古人叫"髡刑"。《三国演义》第十七回记载了一个被后人津津乐道的故事——曹操以发代首：

> 操留荀彧在许都，调遣兵将，自统大军进发。行军之次，见一路麦已熟；民因兵至，逃避在外，不敢刈麦。操使人远近遍谕村人父老，及各处守境官吏曰："吾奉天子明诏，出兵讨逆，与民除害。方今麦熟之时，不得已而起兵，大小将校，凡过麦田，但有践踏者，并皆斩首。军法甚严，尔民勿得惊疑。"百姓闻谕，无不欢喜称颂，望尘遮道而拜。官军经过麦田，皆下马以手扶麦，递相传送而过，并不敢践踏。操乘马正行，忽田中惊起一鸠。那马眼生，窜入麦中，践坏了一大块麦田。操随呼行军主簿，拟议自己践麦之罪。主簿曰："丞相岂可议罪？"操曰："吾自制法，吾自犯之，何以服众？"即掣所佩之剑欲自刎。众急救住。郭嘉曰："古者《春秋》之义：法不加于尊。丞相总统大军，岂可自戕？"操沉吟良久，乃曰：

"既《春秋》有法不加于尊之义,吾姑免死。"乃以剑割自己之发,掷于地曰:"割发权代首。"使人以发传示三军曰:"丞相践麦,本当斩首号令,今割发以代。"于是三军悚然,无不懔遵军令。后人有诗论之曰:"十万貔貅十万心,一人号令众难禁。拔刀割发权为首,方见曹瞒诈术深。"①

"割发代首"的典故其实源于《三国志·魏志·武帝纪》裴松之的注:

  常出军,行经麦中,令"士卒无败麦,犯者死"。骑士皆下马,付麦以相持,于是太祖马腾入麦中,敕主簿议罪;主簿对以《春秋》之义,罚不加于尊。太祖曰:"制法而自犯之,何以帅下?然孤为军帅,不可自杀,请自刑。"因援剑割发以置地②。(《三国志·魏志·武帝纪》裴注引《曹瞒传》)

正因为"头发"在古人那里非常重要,所以"头发"的买卖才有市场,如《世说新语·贤媛》载陶侃母亲割发待客的故事:

  陶公少有大志,家酷贫,与母湛氏同居。同郡范逵素知名,举孝廉,投侃宿。于时冰雪积日,侃室如悬磬,而逵马仆甚多。侃母语侃曰:"汝但出外留客,吾自为计。"湛头发委地,下为二髲。卖得数斛米,斫诸屋柱,悉割半为薪,剉诸荐以为马草。日夕,遂设精食,从者无所乏。逵既叹其才辩,又深愧其厚意。明旦去,侃追送不已,且百里许。逵曰:"路已远,君宜还。"侃犹不返。逵曰:"卿可去矣。至洛阳,当相为美谈。"侃乃返。逵及洛,遂称之于羊晫、顾荣诸人,大获美誉。

陶侃家贫,为了招待客人,陶母狠心剪下自己的头发去换粮食,陶母的这个举动在当时需要多么大的勇气和决心啊,也体现陶母的智慧。

汉语中流传着"正月剃头死舅舅"的谣谚,清潘荣陛《帝京岁时纪胜·宜忌》:"正月多不剃头,恐妨舅氏。"当然,这种说法肯定不符合科学原理——理个发还能克死舅舅(外甥理发与舅舅死亡不可能有什么必然的因果联系)?其实它是"正月不剃头——思旧"的歇后语讹变而来。民国二十四年(1935)

---

① (明)罗贯中《三国演义》,人民文学出版社,1979年,第157-158页。
② (晋)陈寿《三国志》,(南朝宋)裴松之注,中华书局,1964年,第55页。

版的《掖县志》卷二《风俗》揭出了习俗的谜底:"闻诸乡老谈前清下剃发之诏于顺治四年正月实行①,明朝体制一变,民间以剃发之故思及旧君,故日'思旧'。相沿既久,遂误作'死舅'。"正月不剃头,原是"思旧"之意。

清代以前,汉人成年时,男人"束冠"(盘于头顶),女人及笄(盘于脑后),有清满人入关统治中原后,强行颁布"薙发令",要求汉人在束发上与满人一致,强迫汉人学满人的样子,剃头留辫子,以摧毁汉人的民族认同感。清胡蕴玉《发史》记载许多汉人"护发"的故事,如《左懋第》一节,记载了明末抗清名臣左懋第宁死守节的故事:

> 左懋第被拘于太医院,洪承畴来说降,懋第曰:"此鬼也。洪督师在松山死节,先帝赐祭九坛,今日安得更生?"洪惭而退。闻南京失守,痛哭不欲生,赋诗曰:"□□黄河少雁过,片云南下意如何。丹衷碧血消难尽,荡作寒烟总不磨。"监守者拘见清摄政王多尔衮。多酋令薙发。懋第曰:"头可断,发不可断!懋第血性男子,有死而已!"多酋曰:"汝等不怕死,忠臣也。然降亦不失富贵,左侍郎勿自误!"懋第曰:"斫头胜于剃头,惟愿速死!"乃令曳出,寻复遣人问曰:"先生惧乎?"懋第曰:"莫问我惧不惧,亦问尔羞不羞?"至宣武门,仍遣满官以封爵唆之,懋第曰:"我宁为大明鬼耳!"遂就义。

清吴伟业所撰《鹿樵纪闻》,文中也有类似的记载,如《使臣碧血》一节载:"摄政王乃遣兵至院,勒令剃头,懋第及从官陈用极、王一斌、王廷佐、张良佐、刘统五人皆不屈。同执下刑部狱,旋移水牢,绝其食饮。"

在清廷强推的"留发不留头,留头不留发"的统治下,"剃头"业很快发展起来了。清吴趼人《二十年目睹之怪现状》第六十一回:

> 最奇的是剃头匠这一行事业,本来中国没有的,他又不懂得到满洲去查考查考这个事业是谁所创,却供了一个吕洞宾。他还附会着说:有一回,吕洞宾座下的柳仙下凡,到剃头店里去混闹,叫他们剃头;那头发只管随剃随长,足足剃了一整天,还剃不干净。幸得吕洞宾知道了,也摇身

---

① 实际不是顺治四年正月,是顺治二年六月,见《清史稿·世祖本纪一》:"(顺治二年六月)是月,始谕直省限旬日薙发如律令。"《掖县志》记载有误。

一变,变了个凡人模样,把那斩黄龙的飞剑取出来,吹了一口仙气,变了一把剃刀,走来代他剃干净了。柳仙不觉惊奇起来,问你是甚么人,有这等法力。吕洞宾微微一笑,现了原形;柳仙才知道是师傅,连忙也现了原形,脑袋上长了一棵柳树,倒身下拜。师徒两个,化一阵清风而去。一班剃头匠,方才知道是神仙临凡,连忙焚香叩谢,从此就奉为祖师。

一个行业发展壮大后,常常会附庸风雅,如清陈恒庆《谏书稀庵笔记·文人标榜》:"剃头匠亦有解文义者。潍郭宅街有一剃头铺,乞予撰联,且送宣纸来。予书曰:'职赞共和,学佛门祝发;名为待诏,代文士修容。'此联一悬,文士咸来剃头,日不暇给。"

"剃头"一词,其实早在唐代就已经活跃在一般百姓的口语中,其时意谓"剃发"——出家人落发为僧为尼的一种仪式,例如王梵志诗第111首:

男婚藉嘉偶,女娉希好仇。但令足儿息,何忧无公侯。菩萨常梳发,如来不剃头。何须秃兀硬,然始学薰修。

又王梵志诗第360首:

教君有男女,但令遣出家。如山覆一篑,似草始生牙(芽)。剃头并去发,脱俗服袈裟。闻钟即礼拜,见佛献香花。不思五等贵,宁贪驷马车。此即菩提道,何处觅佛家。

"剃头",在王梵志诗第111首中,字面意谓"剃发""剪发","如来不剃头",是说男孩子不用出家当和尚;第360首"剃头"意谓"落发出家",又如明梅鼎祚《章台柳》第十回:

小尼道:"好宝相,敢是一位活菩萨么。"老尼道:"师兄莫怪我说,你不似惯出家的。"小尼道:"你们月下谈心,我取茶来。"老尼道:"师兄,年来行脚,请示同门。"柳姬道:"师父听启,一言难尽。只因胡尘乍惊,家缘都罄,愿寄空门,聊度此生。"老尼道:"只怕你剃头不剃心哩。"

"只怕你剃头不剃心哩"是说,老尼认为柳姬不是诚心真意出家,而是另有缘故。

剃头,即"剃除头发"之省,本是佛教专用词,随佛教而生,东汉已经出现。如《佛说摩邓女经》(后汉安息国三藏安世高译)载摩邓女求佛准许出家，追随阿难："佛告女言：'阿难沙门无发，汝有发，汝宁能剃汝头发不？我使阿难为汝作夫。'女言：'我能剃头发。'佛言：'归报汝母，剃头发来。'……母啼泣下刀剃女头发。女还到佛所言：'我已剃头发。'""沙门无发"，即谓僧尼不留头发。

剃发是佛家弟子出家一相。唐沙门空海撰《密藏宝钥》中："出家者，剃头染衣比丘等是也。"僧侣剃发是为去骄慢之心，且有别于外道之出家。后秦鸠摩罗什译《大智度论》四十九："剃头著染衣，持钵乞食，此是破骄慢法。"南朝刘宋天竺三藏求那跋陀罗译《过去现在因果经》卷二载悉达多太子发心，以利剑自剃须发，云："过去诸佛为成就阿耨多罗三藐三菩提故，舍于饰好，剃除须发，我今亦当依诸佛法。"

南齐释僧顺《释三破论》(南朝梁僧祐撰《弘明集》卷之八)曾对僧众剃发多作辩解：

> 论云：太子不剃头使人落发。释曰：在家则有二亲之爱，出家则有严师之重。论其爱也，发肤为上。称其严也，剪落为难。所以就剃除而欢，若辞父母而长往者，盖欲去此烦恼，即彼无为。发肤之恋，尚或可弃。外物之徒，有何可惜哉！不轻发肤，何以遵道？不辞天属，何用严师？……经云：诸天奉刀，持发上天，不剃之谈，是何言也。

又曰：

> 论云：剃头本不求佛，为服凶胡。今中国人士，不以正神自训，而取顽胡之法。释曰：夫六戎五狄，四夷八蛮，不识王化，不闻佛法者。譬如畜生，事均八难。方今圣主隆三五之治，阐一乘之法，天人同庆，四海䜣䜣，蚑行喙息，咸受其赖，喘嚅之虫，自云得所。子脱不自思厝言云云，宜急缄其舌，亦何劳提耳。

又曰：

> 论云：剃头犯毁伤。释曰：发肤之解，具于前答，聊更略而陈之。凡言不敢毁伤者，正是防其非僻，触冒宪司，五刑所加，致有残缺耳。今沙门者，服膺圣师，远求十地，剃除须发，被服法衣，立身不乖扬名，得道

还度天属，有何不可而入毁伤之义？守文之徒，未达文外之旨耳。轮扁尚不移术于其儿，子何言哉！

元明以前，汉语中的"剃头"一词大抵指剪发为僧，如刘宋沮渠京声译经《佛说耶祇经》："佛说经已，耶祇心意开解，即得须陀洹道，欢喜而去。耶祇归家，即敕舍中大小皆诣佛所受五戒，岁三斋、月六斋，耶祇便舍家，剃头发被袈裟，从佛作沙门，遂得阿罗汉道。"又敦煌变文《难陀出家缘起》："欲识我家夫主时，他家还著福田衣。不作俗人之貌相，剃头身作出家儿。"唐卫准逸句："何必剃头为弟子，无家便是出家人。"唐王建《题法云禅院僧》诗："不剃头多日，禅来白发长。合村迎住寺，同学乞修房。觉少持经力，忧无养病粮。上山犹得在，自解衲衣裳。"唐张鷟《野朝佥载》卷三：

则天朝有鼎师者，瀛州博野人，有奇行。太平公主进，则天试之，以银瓮盛酒三斗，一举而饮尽。又曰："臣能食酱。"即令以银缸盛酱一斗，鼎师以匙抄之，须臾即竭。则天欲与官，鼎曰："情愿出家。"即与剃头。后则天之复辟也，鼎曰："如来螺髻，菩萨宝首，若能修道，何必剃除。"遂长发。

唐人鼎师不愿做官，情愿"剃头"（剃发）出家当和尚。又如唐韦蟾《题僧壁》诗："一竹横檐挂净巾，灶无烟火地无尘。剃头未必知心法，要且闲于名利人。"均是其例。后蜀何光远《鉴诫录》卷十《高僧谕》载《一钵和尚》，颇含哲理，歌曰：

阿剌剌，闹聒聒，总是悠悠造末挞。如饥吃监加得渴，枉却一生头夐夐。究竟不能知本末，抛却死尸何处脱。闲事到头须结撮，火落身上当头拨。莫待临时叫菩萨，大丈夫儿须豁豁，莫学痴人受摩捋。也系裹，也摆拨。也学柔和也粗粝，亦解剃头亦披褐，也学凡夫作生活。直言向君君未达，更作长歌歌一钵。多中少，少中多，莫笑野人一钵歌，缘持此钵度婆裟……

剃头落发也是文学作品中的重要元素，如明吴承恩《西游记》第八十四回，写唐僧师徒四人路过灭法国，悟空以其人之道反制其人之身，将国王大臣后宫嫔妃尽皆剃发，以此唤醒国王而挽救僧众的故事：

那国王正在睡浓之际,他使个大分身普会神法,将左臂上毫毛都拔下来,吹口仙气,叫:"变!"都变做小行者。右臂上毛,也都拔下来,吹口仙气,叫:"变!"都变做瞌睡虫;念一声"唵"字真言,教当坊土地,领众布散皇宫内院,五府六部,各衙门大小官员宅内,但有品职者,都与他一个瞌睡虫,人人稳睡,不许翻身。又将金箍棒取在手中,掂一掂,幌一幌,叫声:"宝贝,变!"即变做千百口剃头刀儿,他拿一把,吩咐小行者各拿一把,都去皇宫内院、五府六部、各衙门里剃头。咦!这才是——法王灭法法无穷,法贯乾坤大道通。万法原因归一体,三乘妙相本来同。钻开玉柜明消息,布散金毫破蔽蒙。管取法王成正果,不生不灭去来空。这半夜剃削成功,念动咒语,喝退土地神祇,将身一抖,两臂上毫毛归伏,将剃头刀总捻成真,依然认了本性,还是一条金箍棒收来些小之形,藏于耳内。复翻身还做蝼蚁,钻入柜内!现了本相,与唐僧守困不题。却说那皇宫内院宫娥彩女,天不亮起来梳洗,一个个都没了头发。穿宫的大小太监,也都没了头发。一拥齐来,到于寝宫外,奏乐惊寝,个个噙泪,不敢传言。少时,那三宫皇后醒来,也没了头发,忙移灯到龙床下看处,锦被窝中,睡着一个和尚,皇后忍不住言语出来,惊醒国王。那国王急睁睛,见皇后的光头,他连忙爬起来道:"梓童,你如何这等?"皇后道:"主公亦如此也。"那皇帝摸摸头,唬得三尸呻咋,七魄飞空,道:"朕当怎的来耶!"正慌忙处,只见那六院嫔妃,宫娥彩女,大小太监,皆光着头跪下道:"主公,我们做了和尚耶!"国王见了,眼中流泪道:"想是寡人杀害和尚……"即传旨吩咐:"汝等不得说出落发之事,恐文武群臣,褒贬国家不正。且都上殿设朝。"却说那五府六部,合衙门大小官员,天不明都要去朝王拜阙。原来这半夜一个个也没了头发。各人都写表启奏此事。

游牧民族因为骑马射箭的需要,习惯剃发编辫子,与汉人的束发不同。如南宋初陈规、汤璹《守城录》:

建炎二年十二月二十八日,有北来一项群贼数万人,称是单州团练使、郓州钤辖孔彦舟,在黄州麻城县作过。至三年正月初七日,贼至黄州，皆剃头辫发，作金人装束。是夜，填塞壕堑，用云梯及牛皮洞子，安立炮座，攻围黄州城。

贼众"剃头辫发"，作的是金人打扮。又南宋赵彦卫《云麓漫钞》卷第八：

副使郭元迈、尚书张邵、副使杨宪并官属崔渊等并在宜州，已上奉使官吏并不剃头换官。郭初离阙，许补五资恩泽，已得其三云。

"不剃头换官"，是说南宋一干将领保持汉人装束，宁死也不剃发换作金人的装束、做金人的官。又明《喻世明言》第四十卷《沈小霞相会出师表》：

却说杨顺到任不多时，适遇大同鞑虏俺答，引众入寇应州地方，连破了四十余堡，掳去男妇无算。杨顺不敢出兵救援，直待鞑虏去后，方才遣兵调将，为追袭之计。一般筛锣击鼓，扬旗放炮，都是鬼弄，那曾看见半个鞑子的影儿？杨顺情知失机惧罪，密谕将士，搜获避兵的平民，将他剃头斩首，充做鞑虏首级，解往兵部报功。那一时不知杀死了多少无辜的百姓。

"剃头斩首"，即谓官兵强行将百姓剃发，作倭人发式，然后杀头冒充"鞑虏首级"向朝廷邀功请赏。

汉人成年剃头，元明以前其实也是有的，只不过与僧尼剃除头部的所有头发和游牧民族的编辫子不同，元代《朴通事谚解》所记甚详：

叫将那剃头①的来（自注：汉俗凡梳头者，必剃去脑后顶上发际细毛，故曰剃头）。

你的刀子快也钝？

我剃头的，管什么来刀子钝？

你剃的干净着，不要只管的刮。刮的多头疼。剃了，撒开头发梳，先将那稀笓（篦）子搣了，将那挑针②〔自注：挑针，用牛角作广箴，箴一端作刷子者。多髽（发）者，髽（发）厚难梳，故先梳之髽（发），以此箴插置上头，更梳下发。今俗犹然。〕挑起来，用那密的笓（篦）子好生搣

---

① 见汪维辉《朝鲜时代汉语教科书丛刊》第三册，中华书局，2005年，第800页。
② 见汪维辉《朝鲜时代汉语教科书丛刊》第三册，中华书局，2005年，第801页

着。将风屑去的爽利着。梳了,绾起头发来。①

汉人剃头,其实应该叫"梳发""理发",即束发后剃除发际间的细毛。明《金瓶梅词话》第五十二回,有一段文字描写成人和儿童理发的细节:

> 西门庆打发来人去了,从上房吃了粥,正出厅来,只见篦头的小周儿扒倒地下磕头。西门庆道:"你来的正好,我正要篦篦头哩。"于是走到翡翠轩小卷棚内,坐在一张凉椅儿上,除了巾帻,打开头发。小周儿铺下梳篦家活,与他篦头栉发。观其泥垢,辨其风雪,跪下讨赏钱,说:"老爹今岁必有大迁转,发上气色甚旺。"西门庆大喜。篦了头,又叫他取耳,掐捏身上。他有滚身上一弄儿家活,到处与西门庆滚捏过,又行导引之法,把西门庆弄的浑身通泰。赏了他五钱银子,教他吃了饭,伺候着哥儿剃头。西门庆就在书房内,倒在大理石床上就睡着了。
>
> ……
>
> 李瓶儿道:"小周儿,你来的好。且进来与小大官儿剃剃头,他头发都长长了。"小周儿连忙向前都磕了头,说:"刚才老爹吩咐,交小的进来与哥儿剃头。"月娘道:"六姐,你拿历头看看,好日子,歹日子,就与孩子剃头?"金莲便交小玉取了历头来,揭开看了一回,说道:"今日是四月廿一日,是个庚戌日,金定娄金狗当直,宜祭祀、官带、出行、裁衣、沐浴、剃头、修造、动土,宜用午时。——好日期。"月娘道:"既是好日子,叫丫头热水,你替孩儿洗头,教小周儿慢慢哄着他剃。"小玉在旁替他用汗巾儿接着头发,才剃得几刀,这官哥儿呱的怪哭起来。那小周连忙赶着他哭只顾剃,不想把孩子哭的那口气憋下去,不做声了,脸便胀的红了。李瓶儿唬慌手脚,连忙说:"不剃罢,不剃罢!"那小周儿唬的收不迭家活,往外没脚的跑。月娘道:"我说这孩子有些不长俊,护头。自家替他剪剪罢。平白教进来剃,剃的好么!"天假其便,那孩子憋了半日气,才放出声来。李瓶儿方才放心,只顾拍哄他,说道:"好小周儿,恁大胆!平白进来把哥哥头来剃了去了。剃的恁半落不合的,欺负我的哥哥。还不

---

① 汪维辉《朝鲜时代汉语教科书丛刊》第一册,中华书局,2005年,第236页。

拿回来,等我打与哥哥出气。"于是抱到月娘跟前。月娘道:"不长俊的小花子儿,剃头耍了你了,这等哭?剩下这些,到明日做剪毛贼。"

在宋代之前,汉人就有给儿童理发的习俗,如宋无名氏《道山清话》载:

> 周穜言,垂帘时,一日早朝,执政因理会事,太皇太后命一黄门于内中取案上文字来。黄门仓卒取至,误触上幞头坠地。时上未著巾也,但见新剃头撮数小角儿。黄门者震惧,几不能立。旁有黄门取幞头以进,上凝然端坐,亦不怒,亦不问。既退,押班具其事取旨,上曰:"只是错。"太后命押班只是就本班量行遣。又言,一日辅臣帘前论事甚久,上忽顾一小黄门附耳与语,小黄门者既去,顷之复来,亦附耳而奏。上忽矍然而兴,俄闻御屏后小锣钹之声交作,须臾即止。上复出,一小黄门抱上御椅子,再端拱而坐,直待奏事毕,乃退。太皇亦顾上笑。

儿童理发,留有数端,这与和尚尼姑剃光头发的装式和游牧民族的发式有别。宋哲宗10岁登基即位,"新剃头撮数小角儿",言谓小皇帝赵煦刚刚理好发,梳了几个小辫子。小黄门不慎碰掉了哲宗的头巾,露出了小儿相貌(与皇帝应有的庄严相貌有别),哲宗和太皇太后没有怪罪,故而被文人骚客看作是君主宽仁传为佳话。

元杂剧中多有给儿童"剃发"的戏文,如元李行道《包待制智勘灰阑记》一折:"现放着剃胎头收生的老娘,则问他谁是亲娘,谁是继养?"又二折:"现放着收生的刘四婶,剃胎头的张大嫂,俺孩儿未经满月,早问道我十数遭。"

儿童理发,其实由来已久,《礼记·内则》云:"子生……三月之末,择日翦发为鬌,男角女羁,否则男左女右。"郑玄注:"鬌,所遗发也。夹囟曰'角',午达曰'羁'也。"孔颖达疏:"夹囟曰'角'者,……夹囟两旁当角之处,留发不剪。午达曰'羁'也者,按《仪礼》云'度尺而午',注云一从(纵)一横曰'午',今女剪发,留其顶上,纵横各一,相交通达,故云'午达'。不如两角相对,但纵横各一在顶上,故曰'羁'。"《礼记》成书于西汉,相传为孔子的弟子们所撰而传,由此可见,儿童理发总角自先秦始。

汉语"理发",初始义即谓"梳理头发",例如唐张鷟《朝野佥载》卷二载妒妇故事:"后魏末,嵩阳杜昌妻柳氏甚妒。有婢金荆,昌沐,令理发,柳氏截其双指。无何,柳被狐刺螫,指双落。又有一婢名玉莲,能唱歌,昌爱而叹其善,柳氏乃截其舌。""令理发",即杜昌叫婢女金荆梳理头发。又唐孟郊《长安羁旅行》诗:"十日一理发,每梳飞旅尘。三旬九过饮,每食唯旧贫。万物皆及时,独余不觉春。失名谁肯访,得意争相亲。""理发",即梳理头发。又如宋《太平广记》卷第一百二十九《报应·婢妾·王范妾》(出《冥报志》):"晋富阳县令王范妾桃英,殊有姿色,遂与阁下丁丰、史华期二人奸通。范当出行不还,帐内督孙元弼闻丁丰户中有环珮声,觇视,见桃英与同被而卧,无弼扣户叱之。桃英即起,揽裙理发,蹑履还内。""揽裙理发",即提起裙子,理顺头发。又《太平广记》卷第三百六十一《妖怪·刘志言》(出《五行记》):"长安刘志言任华州下邽县尉,此廨素凶,遂于里内借宅,然宅内不免有怪。婢晨起理发,梳堕地,婢俯取梳,见床下有布袋,中似有数岁小儿。婢引手取之,袋内跳出。婢惊惧走出,举家就视,了无所见。志言秩满而卒。"北宋《宋朝事实》卷十七《削平》载:"又(孟)昶袭位后,民质钱取息者,将徙居,必书其门曰:'召主取赎。'其末年,西川妇女竞理发为高髻,号朝天髻。"五代十国,孟昶统治后蜀时期,"理发为高髻",即西川的妇女们梳理发型作"高髻"状。清曾朴《孽海花》第二十一回:"且说雯青一跤倒栽下去,一头正碰在内房门上,崩的一声,震得顶格上篷尘都索索地落下来。当那儿,恰好彩云在外房醉妃榻上听见了,早吓得魂飞天外,连忙慢慢地爬起来。这真是妇人家的苦处,要急急不来:裹了脚,又要系带;系了带,还要扣钮;理理发,刷刷鬓,乱了好一会子。""理理发",即梳理梳理头发。

从"剃头""理发"词义的产生与演变可以看出,词义既是社会发展的产物,同时也是观照社会文化的一面镜子。透过语言文字,我们可以感受人类历史文化的丰富性和历史性。1950年北京大学出版社出版了我国第一部文化语言学著作——罗常培先生的《语言与文化》,是书被认为是"中国文化语言学的'先驱'和'开山之作'"[①]。

语言与文化的交叉研究形成了文化语言学。文化语言学的研究范围非常广

[①] 宋永培、端木黎明编著《中国文化语言学辞典》,四川人民出版社,1993年,第319页。

泛,内容非常丰富。例如我们可以从语词的语源和变迁看历史文化的遗迹,从造词的文化心理看民族的思维逻辑,从借字借词看文化的接触和民族的融合,从地名看出民族迁徙的踪迹,从姓氏名号看出民族的起源及其宗教信仰,从亲属称谓看到社会的婚姻制度,从方言考察出区域地方的风貌人情,从语言特征辨析出文献产生的时代等,下文略举三端:"姓名称谓与民族文化""专名词与社会历史文化""词义发展与民族隐喻心理"。

一、姓名称谓与民族文化

我们以姓名、称谓词为例说明语言与文化的关系。先说姓名与文化之间的关系①。

汉人的姓名与语言、文字、民族心理和社会历史均有千丝万缕的联系,值得研究。自古以来,中国境内生活着不同的民族,虽然各个民族不断融合消长,但是各自的相对独立性是非常清楚的,一个明显的特征便是各民族的姓名文化存在着很大的差异性。例如满族人重名不重姓,满人改姓的现象比较普遍,姓"爱新觉罗"氏的就有改为"金、赵、肇"等汉姓的。有些民族有名无姓,如藏族、傣族、裕固族、门巴族、布朗族、傈僳族、贵州台江的苗族等;有的民族实行连名制,如怒族、佤族、哈尼族、景颇族,实现的是父子连名、母子连名、夫妻连名、舅甥连名等。汉族在漫长的历史进程中,虽然也有改姓的情况,如为避祸或是封建皇帝恩赐异姓功臣为王室族姓,不过这种情况是比较少见的,汉人行不更名坐不改姓的文化心理一直占主流地位。

"汉人"得名于汉王朝的建立和强盛,汉族是以汉人为中心的一脉相承的稳定的社会共同体,汉族的前身是古老的华夏族。华夏族是由传说中的远古三大氏族部落——兴于江淮而发展至黄河下游的以伏羲氏太皓为始祖的夷越苗蛮一系、兴于渭水而发展至黄河中游的以神农氏炎帝为始祖的氐羌一系、兴于北方草原而后南下直至江汉以轩辕氏黄帝为始祖的胡狄一系融合而成的。三大部落曾长期逐鹿中原,此消彼长又相互融合,经颛顼、帝喾、尧、舜、禹的更迭统治,终于在黄河流域促成了华夏族的形成。而位于中原周边的三大部落的后

---

① 参看曹翔《华夏汉族人名文化浅论》,《涪陵师范学院学报》2003年第1期,第84-87页。

裔大多延续发展，直至分化为各自不同的民族。"华夏"是夏氏部落社会的自称，由于华夏氏族社会的活动范围主要在黄河流域，建国于中原地区，自以为居天下之中央，所以又自称为"中国"，以别于四方其他人口较少的部落。无疑，汉人的姓氏由华夏始祖传承而来。

华夏汉人的姓名包括姓氏和名字两个部分，相应地，姓名文化也包括姓氏文化和名字文化。姓氏文化可以追溯到远古的母系社会。《说文·女部》云："姓，人所生也。古之神圣人，母感天而生子，故称天子，因生以为姓。从女生。"所谓"感天而生"，其实是后人对先民知其母而不知其父的讳饰委婉之说，这个推论可以从华夏远古先民口耳相授的古老传说中得到验证。商族祖先"契"，是其母简狄吞玄鸟之卵而孕而生，周族祖先"后稷"是其母姜嫄踩了天帝的脚印感孕而生，这些都折射出母系社会的婚姻状况。远古帝王的姓，如炎帝姓姜、黄帝姓姬、少昊姓嬴、虞舜姓姚、夏禹姓姒等都带"女"字旁，也反映出先民姓氏的母系特征。华夏远古先民按母系血缘分成若干部落，每个部落都以图腾或居住地形成互相区别的族号，这个族号就是"姓"。班固《白虎通义》说："人所以有姓者何？所以崇恩爱、厚亲亲、远禽兽、别婚姻也。故纪世别类，使生相爱、死相哀，同姓不得相娶，皆为重人伦也。"古人取姓的实际价值是"纪世别类"，称代整个氏族部落；是"别婚姻"，古人知道"男女同姓，其生不蕃"(《左传·僖公二十三年》)，防止近亲通婚，影响下一代；是"崇恩爱、厚亲亲"，同姓一家，维系部落的有序性和传承性。

汉人不仅有姓还有"氏"。"姓是一种族号，氏是姓的分支。"《通鉴外纪》说："姓者，统其祖考之所出，氏者，别其子孙之所自分。"氏是部落子孙繁衍发展成分支的特有称号。例如，子是殷人的姓，姓子的后代又分华氏、向氏、乐氏、鱼氏等；姬是周人的姓，姓姬的后代又分孟氏、季氏、孙氏、游氏等。先民的姓不变，而氏的变化却很大。明人顾炎武《日知录》卷二十三说："氏一再传而可变，姓千万年不变。"清人袁枚《随园随笔》也说："姓者所以统系百世使不别也，氏者所以别子孙所自出，一传而变也。"据《左传·哀公十一年》载：春秋末年楚国的伍子胥，本以伍为氏，他在吴国被杀后，他的儿子逃到齐国避难，改为王孙氏。晋国的荀氏由于荀林父在"中行"为将，荀林父的后代就为中行氏；荀林父的弟弟荀首为下军大夫，其采邑在"知"这个地方，于是荀首的后代就以"知"为氏。

大约在汉魏，汉人的姓氏合二为一。顾炎武《日知录·杂论》说："姓氏之称，自太史公始混而为一。"清人钱大昕《十驾斋养新录》卷十二说："盖三代以前，姓与氏分；汉魏以后，姓与氏合。"

古人除姓以外，还有名（也叫"正名"）、字（也叫"表字"），甚至还有号。周代礼仪规定，小孩出生3个月，由父亲给他命名；男性20岁举行冠礼取字；女性在15岁举行笄礼取字。取字要行冠礼，须占卜吉日，在宗庙里举行。《礼记·冠义》说："礼义之始，在于正容体、齐颜色、顺辞令。"又说："冠者，礼之始也。"加冠正容取字是礼仪之始，标志着进入社会的开始，取字与加冠同时进行。名和字在意义上有一定的联系。有的名字是同义词，例如宰予，字子我。"予""我"为同义词。樊须，字子迟。"须"与"迟"都有"待"的意思。有的名和字是反义词，例如赵衰，字子馀。衰，减少；馀，饶多。曾点，字皙。《说文》："点，小黑也。"引申为"污"的意思；"皙，人色白也"。自辛亥革命后，国内推行"一名主义"，名与字逐渐合二为一。经过五四新文化运动的洗礼，新文化新观念顺势而起，名与字的界限更趋淡化，人们只取名而不再取字了（民国时期的名人多有名有字，例如张学良，字汉卿①；陈诚，字辞修②）。

古人取"号"始于西周。《周礼》云："号为尊其名更为美称焉。"号是在名、字以外的美称或尊称，如老子别号"广成子"，范蠡别号"鸱夷子皮"。号，在意义上与名、字无关，所以也叫"别号"或"别字"。号可以自己命名，也可以是别人赠送。如晋代的陶潜，自号五柳先生；明代学者王守仁，因曾在家乡余姚阳明洞旁筑室而居，世人称之为"阳明先生"，又加以姓氏省称为"王阳明"。先秦至魏晋南北朝取号的人一直不是很多。到了隋唐，伴随着封建国家的强盛和文化的高度发达，取号的人逐渐多起来，宋代取号更是一种风气，《水浒传》中的一百单八将人人有别号，明清更把取号当成一种时髦，上至皇

---

① 学良，字面义，学习张良。张良，西汉的名相。
② 辞修，取自《易经·乾·文言》："修辞立其诚。"

帝下至一般百姓，几乎人人有号。清人凌杨藻《蠡勺编》卷二十七《别字别号》说：其时"闾市村垄，鬼人琐夫，不识丁者莫不有号……近闻妇人亦有之，向见人称'冰壶老拙'，乃嫠媪也。"辛亥革命后有意识的自我取号逐渐消退，但赠号的现象延续下来，如绍剧《孙悟空三打白骨精》中的孙悟空的扮演者章宗义，艺名"六龄童"，又称"当代猴王"。

华夏汉人命名的总体特征是体现时代性、社会性。名是人类社会发展到一定历史阶段的产物，人名文化必然反映出一定的时代特征，深深地打上时代的烙印。

商代社会迷信盛行，凡事皆卜，甲骨文辞记录的多为占卜祭祀之事。人们多以生日为名，最突出的是 30 个商王几乎全以天干为名，如迁殷的"盘庚"，商纣王"帝辛"之"庚""辛"为天干。周朝建立后，社会规范，讲究礼仪，命名也有了许多规定。如《左传·桓公六年》所记："公问名于申繻。对曰：名有五，有信、有义、有象、有假、有类。"以出生时的情况命名为"信"，以道德品行命名为"义"，以某一物的形象命名为"象"，借用某一物体的名称为"假"，以婴儿与其父相同之处命名为"类"。《礼记·曲礼上》载："名子者，不以国、不以日月、不以隐疾、不以山川。"规定不以国名等事物命名。孔子的儿子出生时，鲁昭公赠送一条鲤鱼，于是给儿子取名为孔鲤，字伯鱼。这种命名方式就叫"信"。春秋战国以后，社会礼制急剧变化，命名现象更多反映了社会下层的风貌，以贱、丑命名的甚多，如晋惠公的儿子叫"圉"，女儿叫"妾"，鲁文公的儿子取名"恶"等。这时的人们还喜欢在姓和名之间加一些毫无意义的助词，如烛之武、介之推、申不害、吕不韦等，其中的"之、不"都是助词。汉代国力强盛，国人多祈求长生不老，因而取名也多用"安国、延年、延寿、千秋、去病"等。汉代首倡"独尊儒术"，世人推崇《公羊传》"二名非礼也"及《春秋》"讥二名"的礼制，加之西汉末年，王莽复古，笃信周礼，推行"二名之禁"，单名之风一直延续到东汉三国，一部《三国志》里的人物几乎都是单名。到了魏晋南北朝，因单名重复太多，复名又兴盛起来，受士大夫们清高风气的影响，人们喜欢用"之"字，如祖冲之、王羲之、王献之、顾恺之、裴松之、颜延之等；其时又因佛教盛行，命名多取佛语，如王僧辩、王僧智、柳僧习、崔僧护等。以后数代，取名均受时代影响。宋元以后，由于宗族制度高度发达,各地同姓之人的联系逐渐密切。为了便于区分长幼尊卑和交往时的称呼,一些家族率先在修族谱时编定一首寓意深刻的五言或七言诗,族人命名时按辈分高低依次选用一字,构成"姓+字辈+名"的格式,这种命名方式一直沿用至今,可谓影响最广。如湖南韶山毛氏字辈谱是:"立显荣朝士,文方运济祥。祖恩贻泽远,世代永承昌。孝友传家本,忠良振国光。起元敦圣学,风雅列明章。"一代伟人毛泽东,"泽"是他的字辈,"东"才是他自己的名字;毛泽东的祖父"毛恩普"、父亲"毛贻昌"、侄儿"毛远新",祖孙四代的字辈"恩贻泽远"都嵌入了各自的名字中。新中国成立以后,按字辈取名的风俗逐渐消退,取名的时代特征更为明显。刚解放时,人们喜欢用建国、爱国等命名;抗美援朝时,又多以"抗美""援朝"为名;"文革"期间,称"卫东、向东、向红、立新"的不绝于耳。当今由独生子女组成的家庭所养育的后代,取名常用"父姓+母姓+名"的形式了。

下面再以"小姐"一词为例,说明称谓词随时代的发展而变化。

《汉语大词典》(1986年版第1610页)"小姐"具有三个义项:①宋时称乐户、妓女等,至清代仍有此称呼。宋洪迈《夷坚志·傅九林小姐》:"(傅九)好狎游,常为倡家营办生业,遂与散乐林小姐绸缪。"②称缙绅仕宦家青少年女子。巴金《家》十八:"'真不愧为一位千金小姐。'觉慧冷笑地赞了一句。"亦泛称未婚女子,今在社交场合中仍沿用之。③称妻子,犹夫人。明贾仲名《金安寿》第一折:"俺小姐夹谷人氏,童家女儿,小字娇兰,娶为妻室,十年光景,甚是绸缪。"

在《现代汉语词典》中不同版本之间的释义还有所差异。例如1988年版中将"小姐"释义为:"①旧社会官僚、地主和本产阶级家庭里仆人称主人家未出嫁的女儿;②对未出嫁的女子的尊称,现在多用在外交方面。"而1996年版则为:"[名]①旧时有钱人家里仆人称主人的女儿;②对年轻的女子的尊称。"1998年版:"①旧时有钱人家里仆人称主人的女儿;②对年轻的女子的尊称。"2012年版又不同:"[名]①旧时有钱人家里仆人称主人的女儿;②对年轻的女子或未出嫁的女子的称呼。"2018年版的释义同2012年版。

从上面词典在不同时期对"小姐"一词的释义中,我们俨然已经能观察到

145

"小姐"词义的变化:作为未婚女子的通称,而"仆人称主人的女儿""乐户""妻子"等义项则均随着社会发展而消逝。

到了近现代,尤其是五四运动时期,西方文化涌入中国,英语单词"Miss"进入汉语,而"小姐"作为其意译词逐渐战胜其音译词"密斯"而存在。至此,"小姐"又得到了进一步的发展,多用于指"思想开放、反封建的年轻知识女性"。随后慢慢衍生到表示"对一般年轻女性的尊称",如在面对陌生的女性时,在人的姓名后面加上"小姐"表示尊敬。

随着中国革命运动的开展,特别是"文革"期间受意识形态的影响,"小姐"与"少爷"一起,被涂上了浓重的政治色彩,贬为对女性异己分子的贱称,成为娇生惯养、好吃懒做的女剥削者的代名词。

改革开放以后,特别是二十世纪九十年代,社会生活中政治色彩的日趋淡化和人们对文明礼貌的日益尊崇,让曾经一度饱受冷落和轻视的"小姐"一词重新获得褒义的色彩,再次被用于表示"对一般年轻女性的尊称"。这种"回归"现象,也是适应时代的需要。

再如专称代词"朕",封建社会 2 000 年来一直是帝王的专称,它是如何由通用代词变为专用代词的呢?

"朕"是先秦的常用代词。《尔雅·释诂》:"朕,身也。"《说文·舟部》:"朕,我也。"朕,自称代词,如屈原《离骚》:"帝高阳之苗裔兮,朕皇考曰伯庸。"但是秦统一六国后,"朕"成为秦嬴政的专称,《史记·秦始皇本纪》载丞相王绾、御史大夫冯劫、廷尉李斯等奏请:"臣等昧死上尊号,王为'泰皇',命为'制',令为'诏',天子自称曰'朕'。"南朝宋裴骃《集解》引蔡邕曰:"朕,我也。古者上下共称之,贵贱不嫌,则可以同号之义也。皋陶与舜言'朕言惠,可底行'。屈原曰'朕皇考'。至秦,然后天子独以为称。汉因而不改。"如《史记·秦始皇本纪》载:"制曰:'朕为始皇帝。后世以计数,二世三世至于万世,传之无穷。'"秦代以后,相沿成习,"朕"成为历朝历代皇帝的专称。

二、专名词与社会历史文化

汉语中有许多专名词是在特定历史阶段产生的,蕴含着时代历史文化的信息,例如货币单位名词"元"的产生①。

元,《说文·一部》:"始也。"许慎释"元"为"开始"义,这是把"元"的引申义当成了本义。甲骨文、金文字形像人的头,本义谓人头、脑袋。《尔雅·释诂下》:"元,首也。"《左传·僖公三十三年》:"狄人归其元,面如生。""狄人归其元",即狄人归还了他的脑袋。《孟子·滕文公下》:"志士不忘在沟壑,勇士不忘丧其元。""丧其元",即失去脑袋。《后汉书·臧洪列传》:"陨首丧元,必无二志。""首""元"同义为文。

头在人体的最高处,故而引申表示"头一个""第一"。《诗经·鲁颂·閟宫》:"建尔元子,俾侯于鲁。"《公羊传·隐公元年》:"元年者何?君之始年也。"引申指"为首的",例如《左传·僖公二十七年》:"作三军,谋元帅。"《荀子·王制》:"元恶不待教而诛。"

引申为帝王年号"元年"。例如《史记·孝武本纪》:"元,宜以天瑞命,不宜以一二数。"唐张守节正义:"孝景以前即位,以一二数年至其终。武帝即位,初有年号,改元以'建元'为始。"我国封建社会,皇帝建立年号始于汉武帝,公元前 140 年,也就是汉武帝建元元年。又如宋欧阳修《归田录》卷一:"太祖建隆六年,将议改元,语宰相勿用前世旧号,于是改元乾德。"

由"第一",开始引申为"原来""本来",副词,这种用法大约起于汉魏时期,例如嵇康《琴赋序》:"推其所由,似元不解音声。"唐《神会语录遗集》卷一:"(荷泽和尚与拓拔开府书)是以诸佛法身,元来不别。"唐王鲁复《诣李侍郎》诗:"文字元无底,功夫转到难。"宋苏轼《浣溪沙·徐门石潭谢雨道上作》词:"使君元是此中人。"沈括《梦溪笔谈·谬误》:"旃檀与沉香,两木元异。"又:"五物迥殊,元非同类。"陆游《示儿》诗:"死去元知万事空,但悲不见九州同。"宋吴曾《能改斋漫录》卷一"试诗赋题示出处":"本朝试进士诗赋题,元不具出处。"

"原来",本作"元来",顾炎武《日知录》卷三十二"元"字条:"唐宋人多此语,后人以'原'字代之,不知何解……或以为洪武中,臣下有称元任官者,嫌于元朝之官,故改此字。""元来",改作"原来",始于明朝,大

---

① 参见曹翔《汉语常用 100 词源流演变研究》,中国社会科学出版社,2019 年,第 270 页。

概初时是因避前朝讳"元"而改作"原"，后世相沿成习，"原来"行而"元来"废。

"元"又用作朝代名。1206年蒙古成吉思汗铁木真建国，1271年忽必烈定国号为元。1279年元灭南宋，定都大都（今北京），1368年被朱元璋推翻。明宋濂《元史·世祖本纪四》载至元八年发布《建国号诏》云："诏曰：……我太祖圣武皇帝，握乾符而起朔土，以神武而膺帝图，四震天声，大恢土宇，舆图之广，历古所无。顷者耆宿诣庭，奏章申请，谓既成于大业，宜早定于鸿名。在古制以当然，于朕心乎何有？可建国号曰大元，盖取《易经》'乾元'之义。"明高启《书博鸡者事》："识者固知元政紊弛。""元政"，即指元朝的政治。

钱币与"元"扯上关系，可以上溯到唐代。唐高宗整顿币制，废五铢钱，改铸"开元通宝"钱，以两、钱、分、厘十进制计算。"开元通宝"因循环排列而被误读作"开通元宝"，"元宝"一词由此而来。《旧唐书·食货志上》载：武德四年七月，废五铢钱，行开元通宝钱。开元钱之名，为给事中欧阳询制词及书。"其词先上后下，次左后右读之。自上及左回环读之，其义亦通，流俗谓之开通元宝钱。"如唐王梵志诗第74首："奉使亲监铸，改故造新光。开通万里达，元宝出青黄。本姓（性）使流传，涓涓亿兆阳。"其时称呼钱为"元宝"，后世承之。清赵翼《陔余丛考》卷三十"元宝"："然元宝之名，其实不始于银，而始于钱。唐武德四年铸开通元宝钱，其文乃欧阳询所书。晋天福三年铸钱，以天福元宝为文。宋太宗铸钱常亲书，淳化元宝作真、行、草三体。后每改元，更铸以年号元宝为号。仁宗时改年号曰宝元，钱文当曰宝元元宝，乃改铸皇宋通宝四字（自后钱文则曰通宝，历代因之）。可见元宝之名，本属钱文，因而后代制钞亦用之，铸银亦用之也。"

一个金锭或银锭就叫作"一元"，清袁枚《小仓山房尺牍·答秋帆制府书》："见案上手书及国宝四元。""四元"，即四个元宝。到了清光绪二十六年（1900），在铸造银元的同时，开始机制铜元，清朝铜元的发行为今天的货币名称"元"打下了基础。

用"元"作为货币单位是从明代万历年间开始的。那时，欧美流行的"银圆"（如西班牙银元Spanish Carolus dollar，又称柱洋、本洋、佛头）开始流入中国。清朝最流行的是墨西哥银圆。光绪二十五年（1899）五月，两江总督刘坤一奏称："伏查中国行用洋元以墨西哥所铸鹰洋为最多，日斯巴尼亚（西班牙）所铸本洋次之。初抵沿海各省，近且渐入内地。前经饬查上海进口之数，每年不下千余万元，利源外溢，实为中华一大漏卮。"

因银圆有鹰的图案，所以又称鹰洋。鹰洋质地为银，形状圆形，故一枚称为一圆，"圆"既是货币名称，又是货币单位，早期有写作"员"的，如乾隆十二年（1747）台湾《新建明伦堂碑记》载捐款情况，其中有"林邦彩、邓永仓、李民选共捐银二十八员。举人苏惟豫捐银二十员"的字样。稍后省写为"元"，例如乾隆三十七年（1772）《修建台湾县捕厅衙署记残碑》载"今归入县尹，递口口口口口银一百五十元……俨口口踊跃勸银七十元……余实捐银六百口员"字样，又《台湾府学重修夫子庙捐题碑记》："监生吴志泽、武生吴扬清、殷户谢宝树，各捐银八十员……殷户林合和、陈开英、黄登源，各捐银五十元……以上各捐银三十员。"两碑所记货币单位，既作"员"又作"元"。又如1854年《遐迩贯珍》第三、四号："李姓向其定买米三千五百担，每担三十三元。"1875年林乐和《中美关系略论》："以中国、美国民数核之，美国每人派洋二十五元，中国每人派洋五角五分。"但正式文书多写作"圆"，例如清道光元年（1821）《每月统纪传》："荷兰公班衙为首始，出公银二百五十万圆。"清魏源《圣武记》卷八："凡商船出洋者，勒税番银四百圆。"（《圣武记》成书于道光二十二年，即1842）

清末发行银圆票，其最低面额为一圆，也写作"一元"，民国时，发行的纸币也有写作"员"或"圆""元"的。

比"元"小的货币单位依次是"角""分"。如1889年傅云龙《游历日本图经》卷十五："屑丝六千九百九十一贯目。每一贯目相场九十圆八角七分，相场价格也。"1907年金保福《扶桑考察笔记》下卷："贮蓄银行其法无论金之多少，一角一分亦可收存。"

再如"节杖"一词，宋元话本小说中有其用例，如话本《三现身》："边馨手携节杖入来，长揖一声，摸着阶沿便坐。"[①] 例中"节杖"，程毅中先生注：

[①] 程毅中《宋元小说家话本集》，齐鲁书社，2000年，第54页。

"疑当作'筇杖'。"①

我们认为原文中的"节杖"不误②，程毅中先生的看法有误。

"节杖"为道家专用的法器，即"九节杖"之省称。道教认为，神属阳气，鬼属阴气，而九为纯阳之数，故以"九"名之。道教《文昌大洞仙经》云："九，为纯阳之数，故经有三十六章，亦如乾元用九，无以异也。"道教有"九统之法"、传"九光之符"，皆以九为用③。

九节杖，在道家手中具有召神劾鬼之法力，也是仙道身份的象征。《三国志·魏书·张鲁传》裴注引《典略》云："太平道者，师持九节杖为符祝，教病人叩头思过，因以符水饮之，得病或日浅而愈者，则云此人信道，其或不愈，则为不信道。"杜甫《望岳》诗："安得仙人九节杖，拄到玉女洗头盆。"《全唐诗》"九节杖"下注："汉武帝登少室，见一女子以九节杖指日，闭目食日精。"④ 清仇兆鳌注引《刘根外传》："汉武登少室，见一女子以九节杖仰指日，闭左目，东方朔曰：'此食日精者。'"又引道教《真诰》："杨羲梦蓬莱仙翁，拄赤九节杖而视白龙。"⑤ 太平道用"九节杖"画符治病，仙女凭借手中"九节杖"指日而得以吞食日精，蓬莱仙翁拄"九节杖"而视白龙，可见，在古人看来，"九节杖"绝非平常之物，俨然是道家仙人的法宝和不凡身份的象征。《太平广记·神仙·王遥》（出《神仙传》）载："（王）遥有竹箧，长数寸，有一弟子姓钱，随遥数十年，未尝见遥开之。一夜，大雨晦暝，遥使钱以九节杖担此箧，将钱出，冒雨而行，遥及弟子衣皆不湿。"道士王遥及弟子竟能冒雨而不湿，可见法力之高；而钱姓弟子担箧之"九节杖"，显然是个灵异之物，这不禁让人联想到梁山好汉武僧鲁智深手中的禅杖——武艺高强的象征。

宋《梦粱录》卷一载南宋时杭州二月初八敬献庙神的盛况："其日，龙舟六只，戏于湖中。其舟俱装十太尉、七圣、二郎神、神鬼……有一小节级，披黄衫，顶青巾，带大花，插孔雀尾，乘小舟抵湖堂，横节杖，声诺，取指挥，

---

① 程毅中《宋元小说家话本集》，齐鲁书社，2000年，第69页。
② 参见曹翔《〈宋元小说家话本集〉校注商兑》，《社会科学论坛》2016年第4期，第90-91页。
③ 中国道教协会、苏州道教协会《道教大辞典》，华夏出版社，1994年，第49页。
④ （清）彭定求、杨中讷、沈三曾等《全唐诗》，中华书局，1960年，第2415页。
⑤ （清）仇兆鳌《杜诗详注》，中华书局，1979年第1版，1999年重印，第486页。

次以舟回。"二月初八是杭州祭祀道家"真君"（道教对神仙的尊称）的节日，故维护交通的小节级（小吏）"披黄衫，顶青巾"，装扮成道士模样来指挥西湖中"诣庙献送"的舟船。"横节杖"，即横"九节杖"也，以此强化道家节庆氛围。

话本《三现身》中的"边瞽"，自言"不用五行四柱，能知祸福兴衰"，即吹嘘自己是个能掐会算的神道之人，他持"节杖"（九节杖）是刻意显摆自己的道士身份，以便于糊弄人。

筇杖，即用筇山之竹做成的手杖，因其节高中实而堪称手杖中的精品，为世俗家用之物，与道家"九节杖"寓意有别。程先生盖多见世有筇杖而未察道家之九节杖故也。

再如"打脊"一词，起于唐代，与唐代的刑法有关。

打脊，即鞭笞背部，古时肉刑①的一种。明徐渭《南词叙录》："打脊，古人鞭背，故詈人曰打脊，唐之遗言也。"唐杜佑《通典》卷一百四十九《兵》二载《大唐卫公李靖兵法》："诸应乘官马，事非警急，不得辄奔走，致马汗及打脊破。"唐代日本和尚圆仁《入唐求法巡礼行记》卷四："天子怒，打脊二十棒。"王梵志诗第270首："丑妇来恶骂，啾唧搦头灰。里正被脚蹴，村头被拳搓。驱将见明府，打脊趁回来。"又第280首："当官自慵懒，不勤判文案。寻常打酒醉，每日出逐伴。衙日唱稽逋，佐史打脊烂。"又"有钱不造福，甚是老愚痴。自身不吃着，保爱授妻儿。打脊眼不痛，十指不同皮"。宋孙光宪《北梦琐言》卷七："卢延让《哭边将诗》曰：'自是碙砂发，非干炮石伤。牒多身上职，益大背边疮。'人谓此是打脊诗也。"五代王定保《唐摭言》卷九《恶得及第》："高锴侍郎第一榜，裴思谦以仇中尉关节取状头，锴庭谴之，思谦回顾厉声曰：'明年打脊取状头。'"《祖堂集》十二《禾山》："吾云：'你若

---

① 肉刑是直接摧残身体的刑罚。上古有"五刑"之说，从轻到重依次是：墨（在面或额头上刺字涂墨）、劓（割鼻）、剕（砍脚；一说"髌"挖去膝盖骨）、宫（腐坏生殖器）、大辟（死刑）。汉代，肉刑被文帝、景帝废除，汉文帝以髡钳代黥刑，以笞三百代剕刑。笞五百代斩左趾，弃市代斩右趾。汉以后多以自由刑为主，隋、唐后逐渐形成了新的"五刑"，即笞（用竹板或荆条拷打犯人脊背或臀腿，按次数分等级）、杖（用大竹板或大荆条拷打犯人脊背臀腿，按次数分等级）、徒（强制服劳役，按期限分等级）、流（把罪犯押解到边远地方服劳役或戍边，按里程分等级）、死（死刑，隋、唐时死刑分为斩、绞两等）。"打脊"属于笞、杖刑法。

唤作草鞋,则鞭胸打脊。'"

引申转指行使"打脊"动作的人,例如王梵志诗第 55 首:"工匠莫学巧,巧即他人使……无赖不与钱,蛆心打脊使。"又第 285 首:"兀兀自绕身,拟觅妻儿好。切迎打脊使,穷汉每年枵。"

又引申用作詈词,犹言"该死""囚犯",指被打的人、该打的人。如南宋末《张协状元》第五出:"早请去离,又要寻宿处。(净)腌臜打脊,罔两当直!着得随它去,路上偷饭吃。"又《张协状元》第十二出:"(丑)教你来与我做老婆。(旦唾)打脊!不晓事底呆子,来伤触人。打个贫胎!(打丑)"《水浒传》第四十三回:"那张保睁起眼来,喝道:'你这打脊饿不死冻不杀的乞丐,敢来多管!'"《水浒传》第七十三回:"李逵骂道:'打脊老牛,女儿偷了汉子,兀自要留她!你怎地哭时,倒要赖我不谢。我明日却和你说话。'"明冯梦龙《醒世恒言·乔太守乱点鸳鸯谱》:"裴九老便骂道:'打脊贱刁!真个是老亡八。女儿现做着恁样丑事,那个不晓得了!亏你还长着鸟嘴,在我面前遮掩。'"又《醒世恒言·闹樊楼多情周胜仙》:"周大郎听说,双眼圆睁,看着妈妈骂道:'打脊老贱人!得谁言语,擅便说亲!他高杀也只是个开酒店的。我女儿怕没大户人家对亲,却许着他!你倒了志气,干出这等事,也不怕人笑话。'"《京本通俗小说·西山一窟鬼》:"打脊魍魉!你这厮许了我人情又不还。"金董解元《西厢记诸宫调》卷二:"打脊的髡囚!怎敢把爷违拗!"《警世通言·三现身包龙图断冤》:"(王兴)骂道:'打脊贱人!见我恁般苦,不去问你使头借三五百钱来做盘缠?'"

三、词义发展与民族隐喻心理

汉语词义的发展,有时候与民族心理因素有关。认知语言学理论认为,语言是认知系统的一部分,语言既是一种认知活动,也是一种认知结果。

语言是人类社会最重要的交际工具。在交际过程中,为了更好地传达信息,人们利用思想、感觉、知觉等主观表征作出词义选择,如此,则语言使用者的主观因素就加入词义的变化过程中。作为人类重要的认知方式,隐喻对人们认识事物、事物概念结构的形成、语言的发展都起了重要的作用。隐喻的象似性在词义的发展过程中发挥了重要作用。追根溯源词义的发展,隐喻都在发挥着作用，例如"脚"表示人身体部位→动物的下肢→日常用品的支撑物→自然界中物体的基础部分等，其词义的引申发展演变都跟隐喻有关。

下面以"本"一词为例①，说明隐喻在词义引申中的作用。

《说文·木部》："木下曰本。"段注："本末皆于形得义，其形一从木上，一从木下，而意即在是。"本，本义为树根。例如《国语·晋语一》："伐木不自其本，必复生。"《吕氏春秋·先己》："百仞之松，本伤于下而末槁于上。"柳宗元《种树郭橐驼传》："摇其本以观其疏密。"

树木的主干来源于树根，故隐喻为事物的根源、根本。例如《论语·学而》："君子务本，本立而道生。孝弟也者，其为仁之本与！"《国语·周语中》："为臣必臣，为君必君，宽肃宣惠，君也；敬恪恭俭，臣也。宽所以保本也，肃所以济时也，宣所以教施也，惠所以和民也。本有保则必固，时动而济则无败功，教施而宣则遍，惠以和民则阜。"《吕氏春秋·骄恣》："此得失之本也。"《礼记·乐记》："乐者音之所由生也，其本在人心之感于物也。"《汉书·赵充国传》："臣闻兵以计为本，故多算胜少算②。"王充《论衡·正说》："前儒不见本末，空生虚说。"《世说新语·识鉴》："因与诸尚书言孙、吴用兵本意。"萧统《文选序》："变其本而加厉③。"明马中锡《中山狼传》："然墨之道，兼爱为本。"

中国古代是农耕社会，农业特别重要，故喻以为本。本，特指农业。《商君书·去强》："金生而粟死，粟生而金死。本物贱，事者众，买者少，农困而奸劝；其兵弱，国必削至亡。"《商君书·一言》："能事本而禁末④者，富。"《荀子·天论》："强本而节用，则天不能贫。"贾谊《论积贮疏》："今背本而趋末，食者甚众，是天下之大残也。"

树木无根不活，有根出苗，继而枝繁叶茂，与商贾买卖以钱生钱有可比性，故由本义"根本"引申出"本钱""本金"。例如唐王梵志诗第266首："兴

---

① 参见曹翔《汉语常用100词源流演变研究》，中国社会科学出版社，2019年，第230页。
② 算，谋算。
③ 厉，厉害。
④ 末，指工商业。

生向前走,唯求多出利。折本即心狂,惶惶烦恼起。"《新唐书·柳宗元传》:"柳人以男女质钱,过期不赎,子本均,则没为①奴婢。"子本,即利息与本钱。又《醒世恒言·十五贯戏言成巧祸》:"把十五贯钱与女婿作本,开店养身。"

本,是树木生长的源头,故引申出"根据""依据",演变为动词。《商君书·战法》:"凡战法必本于政胜。"汉贾谊《新书·数宁》:"因经纪本于天地,政法倚于四时,后世无变故,无易常,袭迹而长久耳。"柳宗元《驳复仇议》:"本情以正褒贬。"

"本"的词义发展,既包含事理的隐喻引申,也包含事物相关的联想引申、类比引申。

下面我们再看隐喻在趋向动词"下"词义发展中的作用。

"下"的词义发展②与人对自然界由高到低的认识是有直接关联的。自然界中,受地球向心力的影响,水由高流到低,石块由山顶滚落到山脚。"下"表示由高到低,由顶到底的物质运动。自然界的雨雪从天而降就叫"下",例如:"天要下大雨了。""下雪啦,快来看!"与此相类似,人类由高处到低处的运动,也叫"下",例如:"小明,下楼梯要靠右边走""七剑下天山""小船顺流而下"。我国地势西高东低,故由西向东,叫作"下";历史上北部多为政治中心,故由北向南也叫下,例如:"长江自西向东奔流而下""乾隆一生六次下江南"。

生活当中,使某物由上到下的动作叫"下",例如"下面条""兄弟们,明天可以下网开捕啦"。动物产子,从母体出来,也叫"下",例如"下仔""下蛋"。与人进行棋类比赛,必然是在棋盘上落棋子,落棋子由高到低的动作也叫"下","下象棋""下围棋""下两盘",如果强调下棋双方的较量和结果,那就叫"杀两盘"。"连下数城"是动词"下"的使动用法。

通过隐喻引申,由上级机关到下级机关、由城市到乡村等的动作行为也叫"下"。例如:"书记经常下基层""周末大家一道下乡去农家乐吧"。社会组织结构中,由高一级到下级也叫"下",例如:"团级领导要下连队。"反之用"上"。在部队,比连队小的组织是排、班,由排、班到连队,就叫

---

① 男女,即子女;质,即抵押;均,即相等;没为,即沦为。
② 参见曹翔《汉语常用100词源流演变研究》,中国社会科学出版社,2019年,第77页。

"上连队",同样的还有"下车间""上车间"等。与此类似,工作、岗位、运动等,有"上"就有"下","下"即退出,例如:"效益不好,人浮于事,必须有人下岗。""五号球员上,三号球员下。"同理,命令、通知等的发布、投递,也叫"下",例如:"司令部下了命令,马上出发""队部下了通知,下午开会""小明,你去下战书"。由此再引申,作出判断等也叫"下",例如:"下结论""下批语""下定义"。

进一步虚化,附着在实意动词后面表示动作的趋向,例如"躺下""睡下""发下文件"等。再进一步虚化,表示动作的完结,例如"定下计谋""发下命令""打下基础""准备下材料"(准备好材料)。再进一步虚化,表示可能性,例如:"坐得下""这个剧场能容下上千人""这屋子太小,睡不下六个人"。

下,《说文·丄①部》:"底也。"段注:"底也,底当作氐。《广部》曰:'底者、山居也。一曰下也。'"下,甲骨文字形上部多作一弧形,下部一短横。上面的长弧形,似天穹;下面的短横,是指事符号,意谓世间万物皆在天穹之下。甲骨卜辞常见用语有"上下不若",郭沫若释为"上天下民均不顺应也"②。下,本义谓天之下,即地,例如《逸周书·皇门》:"先用有劝永有口于上下。"晋孔晁注:"上谓天,下谓地也。"《易经·系辞上》:"弥纶天下之道。"唐陆德明释文:"天下,一本作'天地'。"

引申为位置在低处,为方位词,与"上"相对。例如《尚书·太甲》:"若升高,必自下。"《诗经·召南·殷其雷》:"在南山之下。"郑玄笺:"下,谓山足。"《诗经·小雅·北山》:"溥天之下,莫非王土;率土之滨,莫非王臣。"《庄子·列御寇》:"在上为乌鸢食,在下为蝼蚁食。"《庄子·外篇》:"精神四达并流,无所不极,上际于天,下蟠③于地,化育万物,不可为象。"《吕氏春秋·功名》:"出鱼乎十仞之下。"高诱注:"下,犹底也。"《周礼·考工记·磬氏》:"已上则摩其旁,已下则摩其耑(端)"。《汉书·高帝纪》:"羽大破秦军巨鹿下,虏王离,走章邯。""巨鹿下",即巨鹿城下。

上下相较,在上的高,在下的低,例如《管子·乘法》:"高毋近旱而水用

---

① 丄,"上"的古字,音 shàng。
② 郭沫若《殷契粹编》,引自《古文字诂林》第一册,上海教育出版社,1999年,第64页。
③ 蟠,音 pán,与"际"相对,意谓交会,到达。

足，下毋近水而沟防省。"政令由高到低，即谓下达，颁布。《史记·孝文本纪》："天子下其事与丞相议。"《汉书·文帝纪》："吾诏书数下，岁劝民种树。"《后汉书·赵典列传》："朝廷仍下明诏，欲令和解。"

自然界中，天最高，地在下；人世间君最大，臣僚次之，百姓最低，所以，"下"又隐喻为臣下、百姓。《玉篇·上部》："下者，对上之称。"例如《尚书·皋陶谟》："达于上下，敬哉有土。""上下"，谓君主与臣民。《易经·泰·彖传》："上下交而其志同也。"孔颖达疏："下，谓臣也。"《孟子·滕文公上》："上有好者，下必有甚焉者矣。"《楚辞·离骚》："勉升降以上下兮。"王逸注："上谓君，下谓臣也。"

位高者自降身份与人交往，谦恭待人也叫"下"。《尚书·五子之歌》："民可近，不可下。"孔安国传："下，谓失分。"《吕氏春秋·慎人》："让贤而下之。"高诱注："下，避也。"《三国志·吴志·孙和传》："孙和字子孝，虑弟也。少以母王有宠见爱……好学下士，甚见称述。"《旧唐书·李勉传》："其在大官，礼贤下士，终始尽心。"

位置有等次，顺序也有等次，遂有"上、中、下"之分，例如《吕氏春秋·贵生》："全生为上，亏生次之，死次之，迫生为下。"《墨子·兼爱上》："此必上利于天，中利于鬼，下利于人。"

空间有上下，时间有先后，故由空间隐喻为时间在后。例如《墨子·公孟》："自桀纣以下，皆以鬼神为不神明，不能为祸福。"《诗经·大雅·下武》："下武①维周，世有哲王。"汉郑玄笺："下，犹后也……后人能继先祖者，惟有周家最大。"《吕氏春秋·君守》："夏热之下，化而为寒。"明臧懋循《元曲选后集序》："所论诗变而词，词变而曲，其源本出于一，而变益下，工益难，何也？"

思 考 题

1. 词义是如何产生，又是如何发展的？

---

① 西汉毛亨传："武，继也。"

2. 汉语历史中，有敬称和谦称之别，例如称谓自己妻子的词有"拙荆""执帚""内子""浑家""山妻""贱内"等，称谓别人的妻子有"夫人""太太""细君""小君"等，现代汉语中介绍自己的妻子也有称呼"夫人""太太"的，有人说，这是用错了称谓词，你怎么看？

3. 称谓词"浑家"是如何产生的？现代人为何不用了呢？

4. "他""她""它"是如何分化的？原因是什么？

5. "足"与"脚"，"甘"与"甜"是如何被替换的？

6. 试分析"涕""泗"、"偷""窃""盗"的替代过程。

7. 称谓词"妹"字的语源是什么？

8. 试论"登""凳""升""蒸""腾""乘"之间的联系与分别。

9. 试述"日""天""号"在表示时间上的异同。

10. 名物词研究的意义是什么？

11. 举例说明汉民族姓名文化的特点。

12. 试述称谓语"公主"词义的发展与社会文化的关系。

第三章 | 汉语常用词演变
研究的方法

常用词的历史演变研究，就是要勾勒出其演化的轨迹，这就需要方法论的指导。常用词演变研究的方法，常见的有抽样调查法、文献统计法、语义场研究法等。但是最重要的也是最基本的是训诂学方法和文献校勘法，它们是一切历史词考释研究的基本方法，这是因为常用词的历史演变研究首先需要借助于古代文献，如果文献语料甄别考释错误，其结论就是无根之本、无源之水，自然也就不能成立。

第一节　训诂学方法

训诂学是我国一门传统的学问，和文字学、音韵学一起统称"小学"。训，即训释义；诂，通"故"（故言，古代语言）。训诂就是用今天的通语疏通解释古代的语言。

训诂学是有关训释词义方面的学问，一如齐佩瑢先生所说：

> 研究前人的注疏，历代的训诂，分析归纳，明其源流，辨其指归，阐其枢要，述其方法，演为统系而条理之。更进而温故知新，评其优劣，根据我国语文的特质提出研究古语的新方法、新途径，这便是训诂学[1]。

训释古代词语常用的方法是形训、音训和义训。

一、形训

汉字是象形文字。远古圣人在造字之初，仰观天文之象，俯察鸟兽之迹，近取诸身远取诸物，通过勾勒文字的形体赋予词义。反过来，人们也可以根据汉字形体的结构，分析字形所蕴含的字义（词义），这便是所谓的形训。形训这种训释方法，早在春秋时期人们已经使用了，例如《左传·宣公十二年》："夫文，止戈为武。"这是楚国国君庄王解释"武"的含义：止息兵戈才是

---

[1] 齐佩瑢《训诂学概论》，商务印书馆，2015年，第11页。

"武"的本义①。又《左传·昭公元年》:"赵孟曰:'何谓蛊?'对曰:'淫溺惑乱之所生也。于文:皿虫为蛊。谷之飞亦为蛊。在《周易》:女惑男、风落山谓之蛊。皆同物也。'""皿虫为蛊"是秦国名医医和对"蛊"义的解释②。随文释字(词),后代文献例证很多,例如战国《韩非子·五蠹》:"古者,仓颉之作书也,自环者谓之厶,背厶谓之公。"两汉以降,训诂家经常使用形训,如《周礼·地官·大司徒》:"以乡三物教万民而宾兴之。一曰六德:知仁圣义忠和。"郑玄注:"知,明于事;仁,爱人以及物;圣,通而先识;义,能断时宜;忠,言以中心;和,不刚不柔。"郑注"忠,言以中心",即是形训之法。又如《易经·讼卦》唐陆德明释文:"讼,争也,言之于公也。"

东汉许慎《说文解字》是形训的集大成著作。许慎的形训以"六书"理论为指导来分析字形结构,以帮助人们理解字义(词义)。例如"许",《说文·言部》:"听也。从言午声。""慎",《说文·心部》:"谨也。从心真声。""从言午声""从心真声"是说"许""慎"二字皆为形声字。再如"休",《说文·木部》:"息止也。从人依木。""息",《说文·心部》:"喘也。从心从自,自亦声。""休"为会意字,"息"为会意字兼形声字。

"许",许慎分析字形为"从言午声",这是告诉我们,"许"义跟"言说"有关,读音同"午",清人段玉裁《说文解字注》云:"聽③,言也。聽,从之言也。耳与声相入曰聽。引伸之凡顺从曰聽。""休",许慎分析字形云"从人依木",即谓"休"字字义表示人靠在树木边休息。

《说文》通过分析汉字的字形,探究文字的基本意义,把字义与字形结合起来,使人见形知义,易懂好记。以形为训是其最基本的方法,是后人释读上古字义(词义)最得力的参考书。但是许慎《说文》中有些字形的分析并不正确,因为许慎是以小篆为根据的,小篆与甲骨文的差距是比较大的,许慎未能见到甲骨文,加之许慎的时代局限性,分析形体和释义难免出错。例如"成",

---

① 武,甲骨文已见,从止(趾)从戈会意,本义谓征伐。楚庄王的解释代表了自己或者说是当时的人对"武"义的理解,而非"武"字的本义。

② 蛊,甲骨文从虫(一虫或二虫)从皿会意,小篆增至三虫会意,本义谓饲养在器皿中的虫子。宋郑樵《通志·六书略第三》载:"造蛊之法,以百虫置皿中,俾相啖食,其存者为蛊,故从虫皿也。"

③ 听、聽,本是两个不同的字。《说文·口部》:"笑皃(貌)。从口斤声。"《说文·耳部》:"聽,聆也。"中古音二者读音相近,前者宜引切,后者他定切。汉字简化后,"聽"同音简化为"听"。

《说文·戊部》:"就也。从戊丁声。"成,许慎认为其本义是"完成",恐不确。

"成"的甲骨文、金文字形由左右构型会意,字形的左下角像一块条状物,右边是一把长柄板斧,以斧劈物,体现出古代杀牲盟誓①的意思。小篆发生了较大变化,成了外"戊"内"丁"的形声字。清徐灏注笺:"戊古读曰'茂',茂盛者,物之成也。丁壮亦成也。"《广韵》:"就,成也。"订盟约为"成",名词。例如《左传·成公二十一年》:"秦晋为成。"即秦晋签订盟约媾和。《左传·桓公六年》:"楚武王侵随,使薳章求成焉,军于瑕以待之。随人使少师董成。""求成",即签订盟约;"董成",即主持签约仪式。名词用作动词,引申为完成、成功,例如《诗经·周南·樛木》:"南有樛木,葛藟萦之。乐只君子,福履成之。"②汉毛亨传:"成,就也。"《老子》第四十一章:"夫唯道,善贷且成。"西汉河上公注:"成,就也。"《诗经·大雅·绵》:"虞芮质厥成,文王蹶厥生。"毛亨传:"成,平也。"孔颖达疏:"言由谐文王而得成其和平也。"《国语·晋语四》:"黄帝以姬水成,炎帝以姜水成。"《礼记·乐记》:"夫乐者,象成者也。"郑玄注:"成,谓已成之事也。"韦昭注:"成,谓所生长以成功也。"《孙子·谋攻》:"修橹轒辒③,具器械,三月而后成。""三月而后成",即三个月以后才能完成。《吕氏春秋·谨听》:"五帝三王之所以成也。"高诱注:"成,成其治。"

二、音训

音训,也叫声训,就是利用音同、音近、音转的字来解释字义(词义)。音训,自古有之,如《易经·说卦》:"乾,健也。坤,顺也。震,动也。坎,

---

① 《广韵·庚韵》:"盟,盟约,杀牲歃血也。"《左传·隐公元年》:"三月,公及邾仪父盟于蔑。"孔颖达疏:"凡盟礼,杀牲歃血,告誓神明,若有背违,欲令神加殃咎,使如此牲也。"《谷梁传·庄公二十七年》:"桓会不致,安之也。桓盟不日,信之也。信其信,仁其仁,衣裳之会十有一,未尝有歃血之盟也。"《礼记·曲礼下》:"约信曰誓,莅牲曰盟。"孔颖达疏:"盟之为法,先凿地为方坎,杀牲于坎上,割牲左耳,盛以珠盘。又取血,盛以玉敦,用血为盟书。书成,乃歃血读书,知坎血加书者。"《淮南子·齐俗训》:"故胡人弹骨,越人契臂,中国歃血也。所由各异,其于信一也。"歃血,盟约宣读后,盟誓者用口吸取所杀牲之血,以示诚意。一说盟会时,把牲畜的血涂在嘴唇上。

② 句子的大意是:南边有参天大树,野葡萄藤缠绕其上。祝愿君子快乐无边,上天降福成就你们。

③ 轒辒,fén wēn,古代用来攻城的四轮兵车。

陷也。离，丽也。兑，说也。"古音，"乾"与"健"、"兑"与"说"，前者皆为群母元韵，后者均为定母月韵，同音词；"坤"（溪母文韵）与"顺"（船母文韵）、"坎"与"陷"，叠韵；"震"与"动"、"离"与"丽"，皆为双声。又如《孟子·滕文公上》："痒者，养也；校者，教也；序者，射也。"痒、养，校、教，序、射，古音很近，音近而得义通。古代字书中，音训很常见。

音训有音同相训的，例如《释名·释天》："宿，宿也，星各止宿其处也。"《释名》用同音相释，被释词为名词，释义词为动词。又《释名·释天》："春，蠢也，动而生也。"蠢，从"春"得音，春、蠢，上古音同。春天，即是春虫蠕动而生的季节。《释名·释天》："暑，煮也，热如煮物也。"暑、煮二字皆从"者"字得音，刘熙以同音相训释。《释名·释水》："川，穿也，穿地而流也。"川、穿，上古音均为昌母文韵，二字同音，均含"穿过""穿流"义。

音训有音近相训的，例如《尔雅·释言》："樊，藩也。"上古音，樊、藩二字同属元韵，帮并旁纽，二字音近。《诗经·小雅·青蝇》："营营青蝇，止于樊。"诗中"樊"，即樊圃之樊。"樊篱"，后世多作"藩篱"。又《释名·释山》："山顶曰冢。冢，肿也，言肿起也。"冢、肿二字，上古音分别是端母东部、章母东部。《说文·一部》："天，颠也。"上古音，天是透母真部，颠是端母真部，天、颠二字声母旁纽双声，韵母相同，读音相近。《释名·释衣服》："领，颈也，以壅颈也。"上古音，领，是来母耕部；颈，是见母耕部，二字韵母相同，读音相近。

音训有音转相训的，例如《尔雅·释诂》："迓，迎也。"迓，中古音吾驾切，上古音疑母鱼部；迎，中古音语京切，上古音疑母阳部。鱼、阳韵部阴阳对转。《说文·上部》："旁，溥也。"旁，上古音并母阳部；溥，上古音滂母鱼部，阳、鱼韵部阴阳对转。《释名·释天》："木，冒也，华叶自覆冒也。"木，上古音明母屋部；冒，上古音明母幽部，木、冒二字双声，韵母旁对转，二字音近。

音训，宋元以后，被发展成"因声求义"，宋末元初的戴侗和明代的方以智已开其端，清人段玉裁、王念孙、郝懿行等乾嘉学者等进一步发挥，戴震说："疑于义者，以声求之；疑于声者，以义正之。"（戴震《转语二十章序》）这种突破字形的考释方法是考求词义的一次重大变革。戴震《方言疏证》、钱绎《方言笺疏》、王念孙《广雅疏证》、郝懿行《尔雅义疏》、段玉裁《说文解字注》等均是清人"因声求义"的典型代表作。

音训有两个作用：一是破假借；二是求语源。

《诗经·周南·汝坟》："未见君子，惄如调饥。"毛亨传："调，朝也。""调"是"朝"的假借字。《春秋·庄公元年》："夫人孙于齐。""孙"与"逊"通。《广雅·释诂》："逊，奋也。"疏证"孙"借为"逊"。《诗经·邶风·柏舟》："耿耿不寐，如有隐忧。"毛传："隐，痛也。"《说文·月部》："殷，痛也。"毛传以"隐"为"殷"的假借字，故用"殷"义来解释"隐"义。《礼记·玉藻》："一命缊绂幽衡，再命赤绂幽衡。"郑玄注："幽，读为黝。黑谓之黝。"是为破假借字例。

餧，《说文·食部》："饥也。从食委声。一曰鱼败曰餧（餒）。"《广雅·释诂》："餧，食也。"《说文·艸部》："萎，饲牛也。"《公羊传·昭公二十五年》："且夫牛马维娄，委己者也而柔焉。"何休注云："委食已者。"《楚辞·九辩》云："凤不贪餧而妄食。"餧、萎、委并通，均含有"给……食物"义。"餧""萎""委"为同族词。是为求语源例。

三、义训

所谓义训，就是直陈字（词）义，而不需要借助字音和字形。例如《资治通鉴·魏纪八》："师怒，以刀环筑杀之。"元人胡三省注："刀把上有环，筑，捣也。"胡三省释"筑，捣也"，即是义训，胡三省直接给出解释，而不是通过字形或语音分析得出词义。

下面以唐宋常用词"可可"的释义为例，说明义训在训诂研究中的作用。

唐人王梵志诗第 233 首云："经纪须平直，心中莫侧斜。些些微取利，可可苦他家。""可可"，项楚先生注："极甚之辞。《游仙窟》：'双燕子，可可事风流，即今（令）人得伴，更亦不相求。'寒山诗：'昔时可可贫，今朝最贫冻。'"[①]

[①] 项楚《王梵志诗校注》，上海古籍出版社，1991 年，第 553 页。项楚先生后来已经更正："可可：稍稍。"（《王梵志诗校注》增订本，上海古籍出版社，2010 年，第 473 页）

我们认为项注未确①。"可可",意谓"少许""些许"。宋无名氏《渔家傲》词:"雪点江梅才可可,梅心暗弄纤纤朵。"宋刘辰翁《摸鱼儿·甲午送春》词:"春去也,尚欲留春可可。问公一醉能颇?"上面两例"可可"均表"少许"义,而非表"极甚"之词。

"些些"含"少许""一点儿"义,如王梵志诗第 164 首:"纵有些些理,无烦说短长。"唐李昌符《婢仆》诗:"无事莫教频入库,一名闲物要些些。""些些"还可跟后缀"子",作"些些子",如敦煌词《十二时》:"起坐力弱须人扶,饮食吃得些些子。"王梵志诗"可可"与"些些",文相俪偶,词义相类,当也表"少许"义。

王梵志诗"些些微取利,可可苦他家",是说商贾买卖要公道,你取了穷人些许利,就是让穷人多受些许苦。如从项说,则所谓"商贾取了穷人少许利,就让穷人多受很多苦",实在有悖事理,殊觉不类。再看项注所引两则例证。《游仙窟》"可可事风流……更亦不相求",寒山诗"昔时可可贫,今朝最贫冻",两例后文一含"更"、一含"最"这类表示"极甚"的程度副词,由此可见,"可可"并非"极甚"之辞,否则"更""最"的词义便无着落。如果把"可可"解作"少许""些许",则怡然理顺。

义训常见的方法有同义相训、反义相训。我国第一部同义词词典《尔雅》,即是义训的典型代表。例如《尔雅·释诂》:

初、哉、首、基、肇、祖、元、胎、俶、落、权舆,始也。

林、烝、天、帝、皇、王、后、辟、公、侯,君也。

弘、廓、宏、溥、介、纯、夏、幠、厖、坟、嘏、丕、奕、洪、诞、戎、骏、假、京、硕、濯、讦、宇、穹、壬、路、淫、甫、景、废、壮、冢、简、箌、昄、旺、将、业、席,大也。

卬、吾、台、予、朕、身、甫、余、言,我也。

其他字书也有用这种方法释义的,例如汉扬雄《方言》卷一:"嫁、逝、徂、适,往也。自家而出谓之嫁,由女而出为嫁也。逝,秦晋语也。徂,齐语

---

① 曹翔《王梵志诗注释商兑二则》,《中国语文》2011 年第 5 期,第 468 页。

也。适，宋鲁语也。往，凡语也。"汉许慎《说文·木部》："林，平土有丛木曰林。"三国魏张揖《广雅·释言》："贱，卑也。"

反义相训，即用反义词来释义，例如《尔雅·释诂》"徂，存也""乱，治也""故，今也""曩，向也"，郭璞注："以徂为存，犹以乱为治，以曩为向，以故为今，此皆训诂义有反复旁通，美恶不嫌同名。"

义训常用共名释别名的方式，即指出某一类事物所属的种类。例如《说文·艹部》："荑，艹也。""葵，菜也。"《说文·木部》："李，果也。""橙，橘属。"被释词是下位概念，释义词是上位概念。

义训还可以采用指称对象的办法。例如《尔雅·释亲》："父为考，母为妣。父之考为王父，父之妣为王母。王父之考为曾祖王父，王父之妣为曾祖王母。曾祖王父之考为高祖王父，曾祖王父之妣为高祖王母。"

义训可以用来分别方言。例如《方言》卷一："党，晓，哲，知也。楚谓之党，（党朗也，解寤貌。）或曰晓，齐宋之间谓之哲。"

义训可以用来说明语源。例如《周礼·天官·外府》："外府掌邦布之入出。"郑玄注："布，泉也……其藏曰泉，其行曰布，取名于水泉，其流行无不遍。"

第二节　文献学方法

汉语词汇演变研究，是一门实证学科。前人有"例不十，法不立"的规矩，一分材料说一分话。所以语料的选择非常重要，如果语料选择错误，其结论自然也就不能成立，皮之不存，毛将焉附。汉语词汇历史演变研究是建立在可靠的历史文献基础之上的研究，没有历史文献一切都无从谈起，但并不是任何一种文献都适合作为汉语词汇的研究材料。大致说来，能够作为汉语史研究的语料必须具备三个条件：必须有好的版本（语言的真实性）；必须能确定大致的年代；必须能确定大致的语言系统。袁宾先生曾强调："比较起古代汉语来，近代汉语的文献在口语性、时代性和地域性三个方面表现得更为显著。"[①]

[①] 转引自魏达纯《近代汉语简论》，广东高等教育出版社，2004年，第43页。

袁宾所言虽是针对唐宋以后的近代汉语，实际上整个汉语历史词汇的证明都适用。语料的真实性、年代的明确性、语言的代表性等方面是词汇演变研究讨论的基础。在语料的选择上要达到这三个方面的要求，必须学会辨伪、了解版本流传、校勘等方法。

一、辨伪

考辨古籍的真伪，是文献学研究的一个重要方面，也是古籍整理、语料甄别的一项基础工作。辨伪，包括古籍的名称、作者、年代真伪的考订，也包括对古籍内容、史实、学说真伪的考辨。前者主要辨别伪书，后者主要辨别伪说。汉语词汇演变研究主要辨别伪书。

历史上，经史子集各类古籍均有伪书，不可不慎重对待。明人胡应麟曾说："凡四部书之伪者，子为盛，经次之，史又次之，集差寡。凡经之伪，《易》为盛，纬候次之；凡史之伪，杂传记为盛，琐说次之；凡子之伪，道为盛，兵及诸家次之；凡集，全伪者寡，而单篇列什，借名窜匿甚众。"（胡应麟《四部正讹·下》）

明胡应麟《四部正讹》是我国古代第一部辨伪专著。在这部著作中，作者系统阐述了辨伪的重要性、伪书的种类及其由来、辨伪的工具及方法。胡氏归纳的辨伪方法有八条：

（1）核之《七略》，以观其源；（2）核之群志，以观其绪；（3）核之并世之言，以观其称；（4）核之异世之言，以观其述；（5）核之文，以观其体；（6）核之事，以观其时；（7）核之撰者，以观其托；（8）核之传者，以观其人。八条方法，条分缕析，周全俱至，为辨伪经验之总结。

晚清梁启超总结辨伪十二法[①]：

（1）其书前代从未著录或绝无人征引而忽然出现者，十有九皆伪。如明人所刻古逸书忽有《三坟记》、晋史《乘》、楚史《梼杌》等书，此类书既不见诸史志著录，亦未闻汉以后人征引，十之八九为伪造。

（2）其书虽前代有著录，然久经散佚，今忽有一异本突出，篇数及内容等

---

① 梁启超《中国历史研究法》，上海古籍出版社，1998年，第91-94页。

与旧本完全不同者，十有九皆伪。如缪荃孙藏明钞本《慎子》，篇数、内容与旧读本全异，盖为伪作。

（3）其书不问有无旧本，但今本来历不明者，即不可轻信。如晋人梅颐所献《伪古文尚书孔安国传》，魏晋间人张湛自编自注之《列子》等书，皆为伪造之作。

（4）其书流传之绪，从他方面可以考见，而因以证明今本题某人旧撰为不确者。如今所称《神农本草》，《汉书·艺文志》无其目，知刘向时决未有此书，殆可断言其伪造。

（5）真书原本经前人称引，确有佐证，而今本与之歧异者，则今本必伪。例如《古本竹书纪年》有夏启杀伯益，商太甲杀伊尹等事，又其书不及夏以前事。而今本记伯益、伊尹等文，全与彼相反，其年代又托始于黄帝，故知非汲冢之旧也。

（6）其书题某人撰，而书中所载事迹在本人后者，则其书或全伪或部分伪。如《管子》《商君子》，《汉志》皆著录，题管仲、商鞅撰。然两书又各记有管、商死后之人名与事迹。故知两书决非管、商自撰，有为后人窜乱者。

（7）其书虽真，然一部分经后人窜乱之迹既确凿有据，则对于其书之全体须慎加鉴别。例如司马迁在《史记》自序中明言"迄麟止"，而今本不惟有太初天汉以后事，且有宣成以后事，此中必有为后人窜乱者。

（8）书中所言确与事实相反者，则其书必伪。例如今《道藏》中有刘向撰《列仙传》，书中尽言诸仙荒诞之事，决非刘向本人所撰。

（9）两书同载一事绝对矛盾者，则必有一伪或两俱伪。例如1973年长沙马王堆三号汉墓出土的《战国纵横家书》关于苏秦事迹的记载，与《史记·苏秦列传》的记述在时间和事迹上都有矛盾。可见《苏秦列传》史料，必须重加鉴别审理。

（10）各时代之文体，盖有天然界划，多读书者自能知之。故后人作伪之书，有不必从字句求枝叶之反证，但一望文体即能断其伪者。例如东晋后出《古文尚书》，比诸今文之《周诰》《殷盘》，截然殊体，故知决非三代以上之文。

（11）各时代之社会状态，吾侪据各方面之资料总可以推见崖略。若某书中所言其时代之状态与情理相去悬绝者，即可断为伪。如《神农》二十篇。

(12) 各时代之思想，其进化阶段，自有一定。若某书中所表现之思想与其时代不相衔接者，即可断为伪。

必须承认，伪书也是历史文献，也有其价值。

要正确对待前人的研究成果，首先，前人已经辨明，则不能再犯错误。其次，经前人辨明的伪书，还应针对不同情况，采取不同态度。历史上那些仅是书名伪或作者伪，在时代确定的前提下，一般来说并不影响词汇研究。即使全伪之书，只要时代已经考订清楚，不能当作伪托时代的史料，仍可以作为产生其出现时代的资料。伪书是某一特定历史时期的产物，完全可以把它作为某个时期的著作来阅读、研究。汉语词汇研究，包括汉语语音、语法演变研究都可以充分利用这些语料。

对于部分伪书，需对伪的部分区别看待，既不能全盘否定，也不能不加区分囫囵吞枣，不问青红皂白拿来便用。总之，对前人的辨伪成果，使用时态度一定要慎重，如无把握，对前人提出疑问的书宁可不用，除非个人有深入研究，能够否定前人的看法。

二、版本

书，早先又称"本"，汉人刘向《别录》云："雠校，一人读书，校其上下，得谬误，为校；一人持本，一人读书，若怨家相对，为雠。"（见《太平御览》卷六百一十八引《风俗通》）

书既称本，书籍由抄写发展为雕刻印刷后便有了"版本"之称。正如叶德辉所言："自雕版盛行，于是版本二字合为一名。"（叶德辉《书林清话·版本之名称》）宋人沈括云："版印书籍，唐人尚未盛为之。自冯瀛王始印《五经》，已后典籍，皆为版本。"（沈括《梦溪笔谈》卷十八）

版本一词，后世也常常指一书经过多次传抄、翻刻而形成的不同的本子。我们这里所谓的"版本"，用的就是这个意思。

在雕版印刷之前，人们靠手工抄写，或者口说手记，口耳相传，难免讹误；雕版印刷第一步是摹写刻木，如同抄书，同样会出错；雕版屡经印刷，字迹难免模糊，更会成批地出现差错。宋人朱彧《萍州可谈》载："姚祐元符初，为杭州学教授，堂试诸生，《易》题出'乾为金，坤亦为金，何也？'先是，福建书籍刊板舛错，'坤为釜'遗二点，故姚误读作金。诸生疑之，因上请。姚复为臆说，而诸生或以诚告。姚取官本视之，果'釜'也，大惭曰：'祐买著福建本。'"宋代福建书坊印书不精，故将"釜"字印成了"金"字，官学老师姚祐据此出题而在学生面前出了洋相。

古书典籍出错在所难免，所以利用古籍就有必要选择最好的本子——"善本"。"善本"一词是在雕版印刷盛行后才出现的。隋唐以前，书籍没有印本，只有抄本或写本，那时把好的写本称为"善书"。《汉书·河间献王传》："从民间得善书，必为好写与之，留其真。"颜师古注："真，正也，留其正本。"宋以降，雕版盛行，宋元学者提出"善本"一说，叶梦得《石林燕语》卷八："唐以前，凡书籍皆写本，未有模印之法，人以藏书为贵。不多有，而藏者精于雠对，故往往皆有善本。"宋朱弁《曲洧旧闻》卷四："宋次道家藏书，皆校雠三五遍，世之藏书，以次道家为善本。"可见，所谓"善本"即以精校为要义的本子。

到了清代，版本学成为专门的学问，对于善本的概念，也有所发展。清儒张之洞说：

> 读书宜求善本。善本非纸白板新之谓，谓其为前辈通人用古刻数本精校细勘付刊，不讹不阙之本也。此有一简易之法……善本之义有三：一足本（无阙卷，未删削）；二精本（一精校，二精注）；三旧本（一旧刻，二旧抄）①。

丁丙列举了善本的四个标准：一曰旧刻，二曰精本，三曰旧抄，四曰旧校②。

选择善本古籍作为语言材料是汉语词汇演变研究的基本要求。

三、校勘

校勘，即搜集某书的不同版本，并综合有关资料，互相比较、核对，别其

---

① 张之洞《輶轩语》，清光绪间刻，民国三十一年（1942）四川大学印本。
② 丁丙《善本书室藏书志·藏书志记》，《续修四库全书》影印光绪辛丑钱塘雕本，上海古籍出版社，2002年，第688页。

同异，定其正误。校勘，一名校雠，汉刘向《别录·雠校》云："一人读书，校其上下，得谬误，为校；一人持本，一人读书，若怨家相对，为雠。"校勘，以正文字为主。

古人早就注意到古书中可能有文字错误，《吕氏春秋·慎行·察传》载子夏纠正"晋师三豕涉河"为"晋师己亥涉河"之误。其言曰：

> 夫得言不可以不察……子夏之晋，过卫，有读史记者曰："晋师三豕涉河。"子夏曰："非也，是己亥也。夫'己'与'三'相近，'豕'与'亥'相似。"至于晋而问之，则曰"晋师己亥涉河"也。辞多类非而是，多类是而非。是非之经，不可不分。此圣人之所慎也。

《汉书·艺文志》说："刘向以中古文校欧阳、大小夏侯三家经文。《酒诰》脱简一，《召诰》脱简二，率简二十五字者，脱亦二十五字，简二十二字者，脱亦二十二字，文字异者七百有余，脱字数十。"古人抄书有误（抄错）、脱（脱漏）、衍（误加）、错位（次序颠倒），还有脱行、缺页、错简、倒文、误删、正文与小注混同等诸多舛误问题，必须加以校勘订正。

当版本确定好后，还要做校勘的功夫。胡适曾说："治古书之法，无论治经治子，要皆当以校勘训诂之法为初步。校勘已审，然后本子可读；本子可读，然后训诂可明；训诂已明，然后义理可定。"（胡适《胡适文存》二集卷一《论墨学》）

校勘常用的方法有对校、本校、他校、理校四种（参看章学诚《校雠通义》，程千帆、徐有富《校雠广义·校勘编》）。

(一) 对校法

对校法，即版本校，就是将一部书的不同版本（祖本和别本、底本、通校本、参校本）进行对读，发现差异就标示出来，而不审定是非。对校是校勘最基本的方法。

对校的长处：不参己见；最简便，最稳当；得此校本，可知祖本或别本之本来面目。对校的不足之处：虽祖本或别本有讹，亦照录不改，往往令读者无所适从。

对校要求：（1）广搜异本。了解各版本源流关系，即梳理版本系统。

(2)选择底本。底本即工作用本,指校勘时从各种本子中选用的以某个为主的本子,并运用各方法对这一本子进行校勘。底本选择善本、足本、祖本、时间最早或较早本、精校本、精刻本,总之,应该是众本中最优秀的本子。(3)选择通校本、参校本。用来与底本相对校的本子称为对校本,包括通校本、参校本。通校本,即用来与底本作全面对校的本子,往往选择与底本不同渊源关系的本子。参校本,即在对校中起参考作用的本子,往往选择与底本、通校本同一渊源的本子。

(二)本校法

本校,就是以本书前后异同互校,在本书内部寻找校勘依据。刘向所谓"一人读书,校其上下,得谬误",讲的就是这个意思。在没有获得异本可供校勘,或异本中无校勘根据的情况下,往往采用本校法。本校法必须对本书深入了解和深入研究,掌握本书的文法文例、韵例;了解本书思想旨趣、章节文法结构。

本校法,通常利用目录与正文互校,利用标题与正文互校,利用正文与注文互校,利用图表与正文、注文互校,前后文互校等。

本校法具有很强的考证性,须从宏观、微观两个方面全面把握本书内容、主旨,不能主观臆断是非。

在使用本校法时要注意:(1)运用本校法首先要判断所校之书是否成于一时一人之手。(2)运用本校法应辨析清楚书中史料的渊源关系,避免有不同史源之文的校勘。(3)本校中,对内容相同、史料同源,仅文辞不同的异文,可以作为校勘的依据;除此以外,在本书中所取得的校勘依据只能作为参考,不宜作为校改的依据。

(三)他校法

他校法,即指运用本书及其注疏以外的各种与本书相关的文献对本书加以校勘的方法。他校需要前人之书,即采自他书者;或后人之书,即为他书所引者;或同时代之书,即其史料为他书所并载者。

他校涉及范围广,用力劳,多是在对校法和本校法不能取得校勘证据的情况下采用的方法,能够解决对校法、本校法所不能证明的疑误。他校要求资料广泛,甚至包括档案文书、文物考古材料、类书、古注疏。校者必须具备运用目录学、工具书的能力。

运用他校时要注意：(1) 古人引用前人之书并不是很严格，往往时有增删改动。(2) 所校用他书，其版本必须是善本。

(四) 理校法

理校法，即通过推理以校正讹误，是校勘的补充方法。理校法一般是在无古本可据时，或数本互异而无所适从时，或是发现文献中的确存在错误，但没有足够的旁证资料可供比勘时使用，很少单独使用，实际上，理校贯穿于整个校勘活动之中。

理校之"理"重在：(1) 文理，即文字、音韵、训诂、文法、文例、文体、史学、文学等；(2) 事理，即事物本身具体的客观规律，或人情、物理；(3) 义理，即思想逻辑等方面的道理。

理校要求较高，需要广见博学。运用理校时要注意：(1) 理校是在对校、本校、他校不能有效校勘古籍时，依据相关知识考证古籍文辞正误；(2) 没有获得其他校勘根据时，只能在校勘记中说"当作某某"，不能臆断改字；(3) 理校针对"最显然易见的错误"，不能澄清一切问题，且要有可供校勘的理由；(4) 对于不是显而易见，又无较充分理由能够说明书中疑误，要避免运用理校法，宁可存疑，切忌臆断是非。

四、校勘示例

古代文献校勘，前贤时俊有很多典型案例，例如裘锡圭先生曾以长沙马王堆帛书《五十二病方》等出土的古医书，发现传世本《黄帝内经素问·缪刺论》"剃其左角之发方一寸，燔治，饮以美酒一杯"，其中的"燔治"当为"燔冶"[①] 之误。

马王堆帛书《五十二病方》屡见"燔冶"之语：

> 取野兽肉食者五物之毛等，燔冶，合挠□，侮（每）旦〔先〕食，取三〔指大撮〕三，以温酒一杯和，饮之。

---

① 裘锡圭《考古发现的秦汉文字资料对于校读古籍的重要性》，《中国社会科学》1980 年第 5 期，第 22 页。

……皆燔冶，取灰，以猪膏和〔敷〕。

取陈葵茎，燔冶之，以彘职（膱）膏渍弁以〔敷〕痏。

瘙居右，□马右颊〔骨〕；左，□〔马〕左颊骨，燔冶之。

"冶"是一种处理药物的方法。冶，马王堆帛书整理小组注："《医心方》卷二十二引《集验方》'已冶艾叶一合'，冶字日文训释为碎。帛书医方中冶字都是碎的意思。同样意义的冶字，也见于《流沙坠简》和《武威汉代医简》。"裘锡圭先生总结云："各种出土的医书、医方在讲到药物的处理方法的时候，从不用'治'字，可见《素问》的'燔治'一定是'燔冶'的讹文。"

下面我们以敦煌写卷王梵志诗的校勘为例。

敦煌写卷王梵志诗第266首："兴生向前走，唯求多出利。折本即心狂，惶惶烦恼起。钱饶即独富，吾贫常省事。"诗中"钱饶即独富"，刘瑞明先生认为："话意未尽，无表达意义，当有误。据后句则应言钱饶即'多恼'或'独恼'，'恼'不易误成'富'。如言'多事'，句稍拙，'事'与'富'形近易成误。"①

我们认为，刘先生校"富"作"事"，诗文作"钱饶即独事"与下文"吾贫常省事"两句末字重复，语音不协。且刘说只是猜测，并无证据，故不足为凭。

我们的看法是，"富"乃是"當（当）"字之形讹②，"富"与"當"形近易误。"钱饶即独當"与下文"吾贫常省事"形成语义对照，一正一反，说理清楚，表达顺畅。王梵志诗第6首"你富户役高，差科并用却。吾无呼唤处，饱吃常展脚"，立意与此诗同，皆言富者独当差科的社会现实。可见，"富"校作"當"字，文理两通。

"當"字形讹作"富"，敦煌变文有其例，如《金刚般若波罗蜜经讲经文》："言'汝勿为如来作是念，我當有所说法'者，意言莫道如来，即法身能说法也。"③"當"原录作"富"，黄征、张涌泉按："原卷作'富'字而略带草体。"

---

① 刘瑞明《项楚〈王梵志诗校注〉商兑及补遗（续）》，《敦煌学辑刊》1993年第2期，第36-44页。
② 参见曹翔《敦煌写卷王梵志诗校释札记》，《图书馆理论与实践》2013年第3期，第96-97页。
③ 黄征、张涌泉《敦煌变文校注》卷五，中华书局，1997年，第637页。

我们复核王梵志此诗，戊一（伯 3418）写卷字作"當"①，戊二（伯 3724）字作"富"②，两字均与敦煌变文《金刚般若波罗蜜经讲经文》的"富"（當）字形近，可证其实。

再如王梵志诗第 7 首："大有愚痴君，独身无儿子。广贪多觅财，养奴多养婢……钱财奴婢用，任将别经纪。有钱不解用，空手入都市。""养奴多养婢"，刘瑞明先生释云："言养奴婢只为了对比死后'钱财奴婢用'，并无多养婢少养奴的深意。'多'为'又'之误。"③

我们认为刘先生说法有误，"多"不烦校改④。王梵志诗"养奴多养婢"确实不含"多养婢少养奴"的深意，"养奴多养婢"实则是运用了"共用"的修辞手法，意即"多养奴多养婢"，"多"是共用成分，故不烦改作"又"，后文"钱财奴婢用"中"奴婢"连称，也足以证明"多"是共用成分。"多养奴养婢"正与上文"广贪多觅财"语义相耦。此诗讽刺悭吝无后的"愚痴君"只顾贪财觅富，养奴蓄婢（奴婢也属于私人财产），却不知道死后钱财终将被奴婢所得，自己徒劳一场。再者，刘先生所说"'多'为'又'之误"也属牵强。"多"与"又"无论是形体还是声韵都相去甚远，且又是常用字，手民误写的可能性不大。退一步说，即使是手误，也可能留下勾乙的痕迹。因为敦煌写卷普遍存在的现象是，当手民误写后常有勾乙涂改的痕迹，而此处却没有涂改，这也是一个证明。

所谓"共用"，是指几个相邻的词或词组共用一个或几个词语，也就是说，同一个或几个词语在组合搭配的关系上是兼管几个相邻的词或词组，如：

（1）仆诚以著此书，藏之名山，传之其人、通邑大都，则仆偿前辱之责，虽万被戮，岂有悔哉？（司马迁《报任安书》）

（2）旦日，卒中往往语，皆指目陈胜。（《史记·陈涉世家》）

（3）今君有区区之薛，不拊爱子其民，因而贾利之。（《战国策·冯谖

---

① 《法藏敦煌西域文献》第 24 册，上海古籍出版社，2002 年，第 147 页。
② 《法藏敦煌西域文献》第 27 册，上海古籍出版社，2002 年，第 138 页。
③ 刘瑞明《项楚〈王梵志诗校注〉商兑和补遗》，《敦煌学辑刊》1991 年 1 期，第 3 页。
④ 参见曹翔《敦煌写卷王梵志诗中的"共用"修辞现象》，《天水师范学院学报》2020 年第 40 卷第 3 期，第 89 页。

客孟尝君》)

例（1）"传之其人、通邑大都"，即"传之其人、传之通邑大都"，"传之"成为共用成分。例（2）"指目陈胜"，即"指陈胜、目陈胜"，"陈胜"为共用成分。例（3）"不拊爱子其民"，即"不拊爱其民，不子其民"，"不"与"其民"均是共用成分。

共用成分的位置一般居共用结构的前端或后端，例（1）共用成分"传之"居前，例（2）共用成分"陈胜"居后。也有比较复杂的，如例（3）的共用成分"不"居前，另一共用成分"其民"居后。

王梵志诗"养奴多养婢"常见语序作"多养奴养婢"，但是由于受五言诗句的节奏韵律的限制，"多养奴养婢"拗口不畅，故变序为"养奴多养婢"。由此可见，"共用"修辞在这里是为了节奏韵律的和谐而特意为之的一种言语表达艺术。

又如王梵志诗第23首："道士头侧方，浑身总著黄。无心礼拜佛，恒贵天尊堂。三教同一体，徒自浪褒扬……同尊佛道教，凡俗送衣裳。粮食逢医药，垂死续命汤。敕取一生活，应报上天堂。""粮食逢医药"，刘瑞明先生认为："'逢'字不适句意，当有误。疑原作'并'，曾形误为'丰'，传抄至此卷又音误为'逢'。句言凡俗所送者有衣，有粮，并有药。"①

我们认为，刘先生说"逢"字有误，甚是；但说"逢"形误为"丰"，本字是"并"，恐怕不确②。因为"并"与"丰"手写的形体差别较大，形误的可能性较小（王梵志诗中确有"形近"而误的现象，详见下文）。"并"敦煌写卷有"并""並""併"诸体，而"丰"常作"豊""豐"等。

"逢"，法国学者戴密微《诗集》校作"奉"③，可信。惜《诗集》未作申说，这里略作延伸考证。《广韵》，逢，符容切，平声；奉，扶陇切，上声，两字均为奉母肿韵通摄，唯声调不同而已，故音近而易误。又，"奉"与"夆"形近，误增"辶"旁，属于抄写之习见。

---

① 刘瑞明《项楚〈王梵志诗校注〉商兑和补遗》，《敦煌学辑刊》1991年1期，第6页。
② 参见曹翔《敦煌写卷王梵志诗中的"共用"修辞现象》，《天水师范学院学报》2020年第40卷第3期，第90页。
③ 项楚《王梵志诗校注》，上海古籍出版社，1991年，第92页。

敦煌写卷王梵志诗音近、形近以及误增偏旁而致误者甚多。如第 23 首"道士头侧方，浑身总著黄"之"身"字，敦煌写卷皆作"甚"字；第 50 首"终归不免死"之"免"字，别本作"面"字，此皆为音近而误例。第 4 首"命报恰相当"之"恰"，别本作"怜"；第 171 首"诸人未下箣"之"箣"，原作"筋"；第 289 首"阎老忽嗔迟，即棒伺命使"之"棒"，原作"捧"，皆为形近而误例。第 4 首"人着好衣裳"之"衣"，别本作"依"；第 28 首"佐史非台补"之"史"，别本作"使"；第 39 首"替人既到来"之"到"，别本作"倒"，皆为误增偏旁例。

王梵志诗"粮食逢医药"，即"逢（奉）粮食、逢（奉）医药"，这也是运用"共用"的修辞手法，"逢（奉）"为共用成分。此处表达方式与上例"养奴多养婢"完全相同，可见这当是诗人的惯用表达手法。从诗文表义上说，"粮食逢（奉）医药，垂死续命汤"，是作者嘲笑僧道的说法，信众虔诚地供奉粮食医药，也只能使僧道苟延残喘，勉强续命罢了。"奉"，即今之"捧"字。

又王梵志诗第 21 首："吾家多有田，不善广平王。有钱惜不用，身死留何益。承闻七七斋，暂施鬼来吃。永别生时盘，酒食无踪迹。配罪别受苦，隔命绝相觅。"

此诗见于英藏斯 5441 号敦煌写卷。法藏伯 3211 号敦煌写卷只留下"生时盘，酒食无踪迹。配罪别受苦，隔命绝相觅"等几个字，法藏伯 3826 号敦煌写卷只有"吾家多有田，不善广平王。有钱怕不用，身死留何益，承"等几个字。

"不善广平王"之"善"，赵和平、邓文宽《敦煌写本王梵志诗校注》(《北京大学学报（哲学社会科学版）》1980 年第 5 期，第 74 页）及张锡厚《王梵志诗校辑》(中华书局，1983 年，第 17 页)、项楚《王梵志诗校注》(上海古籍出版社，1991 年，第 85 页) 等均校作"若"。项楚校曰："'善'，《诗集》作'若'。"[1] 项楚先生所谓《诗集》，即法国学者戴密微《王梵志诗集》（一名《王梵志诗附太公家教》，高等中国研究所丛书第 26 卷，1982 年）校作"若"。

---

[1] 项楚《王梵志诗校注》，上海古籍出版社，1991 年，第 85 页。

"不善广平王"之"广平王",张锡厚注云:"王,出韵,俟校。"①项楚注云:"'王'字失韵,俟再考。按《佛祖统纪》卷三三《十王供》:'世传唐道明和上神游地府,见十王分治亡人,因传名世间,人终多设此供。十王名字,藏典传记可考者六:阎罗、五官、平等、泰山、初江、秦广。'据敦煌遗书斯三九六一《佛说十王经》,则余四王为宋帝王、变成王、都市王、转轮王。此云'广平王',似亦十王之类,或即就'秦广王''平等王'名目牵合而成,以言冥思主宰。故存此说,以俟通人教我。"②

前贤的校注,或存疑,或相左,让人莫衷一是,还有继续讨论的必要。

我们认为"善"当校作"若",戴密微校"是";"广平王"不误③。理由如下:

首先,"善"与王梵志诗训诂不合,于义无取。"不善广平王"之"善",前受否定副词"不"限制,后带宾语"广平王",故是及物动词。而《王力古汉语字典》(中华书局,2000)、《古代汉语词典》(商务印书馆,1998)、《缩本中华大字典》(中华书局,1916)、《汉语大字典(缩印本)》(湖北辞书出版社、四川辞书出版社,1992)、《辞源(合订本)》(商务印书馆,1988)、《汉语大词典(第三卷)》(汉语大词典出版社,1989)、《故训汇纂》(商务印书馆,2003)等大型语文工具书,"善"字义项多达35个,训诂义更多达99条,其中能带宾语充当及物动词的只有"亲善、改善、赞同、褒扬、喜好、擅长、熟悉、治理、容易、爱惜、揩拭"等几个义项(释义),显然这些义项(释义)与王梵志诗不协。另有一个义项(释义)"多"似乎与王梵志诗语义相关,但是此用法的"善"均充当状语,与及物动词无关,如《汉语大词典(第三卷)》例引《诗经·鄘风·载驰》:"女子善怀,亦各有行。"郑玄笺:"善,犹多也。怀,思也。"朱熹集传:"善怀,多忧思也。"(第449页)此例"怀"为谓语动词,"善"充当状语。《辞源(合订本)》例引《素问·金匮真言论》:"秋,善病风疟。"(第286页)此例"风疟"是及物动词"病"的宾语,"善"充当状语。

---

① 张锡厚《王梵志诗校辑》,中华书局,1983年,第17页。
② 项楚《王梵志诗校注》,上海古籍出版社,1991年,第86页。
③ 参见曹翔《王梵志诗"不善广平王"校注商兑》,《湖北大学成人教育学院学报》2011年第2期,第47-50页。

两家大型辞书所引例证中的"善"均充当状语而非及物动词。《汉语大字典（缩印本）》引明杨慎《丹铅杂录·善字训多》云："古书善字训多：《毛诗》'女子善怀'，《前汉志》'岸善崩'，《后汉记》'蚕善收'，《晋春秋》'陆云善笑'，皆训多也。"（第278页）杨慎所引各例中的"善"也均充当状语而非及物动词。可见，"善"与王梵志诗"吾家多有田，不善广平王"语义不合，"善"字误校。

其次，从敦煌写卷别本字形可推定"善"当为"若"字形误。

郭在贻先生告诉我们说："善字，戴（密微）校作若，是。"① 郭先生继而解释说："盖善字草书，与若字草书相似，因以致讹。"郭先生的解释给我们以启发，我们在敦煌写卷中发现有些"善"字与"若"字的形体确实比较接近。如：

（1）敦煌写卷《无常经讲经文》："劝门徒，修福善，休受（爱）春光堪赏玩。"（王重民等《敦煌变文集·无常经讲经文》，人民文学出版社，1984年，第660页）

（2）敦煌写卷《大般涅槃经》卷九："若佛出世，为众生说来涅槃。"（黄征《敦煌俗字典》，上海教育出版社，2005年，第343页）

（3）敦煌写卷《妙法莲华经》卷第七《普贤菩萨劝发品》："亦复不喜亲近其人及诸恶者，若屠儿，若畜猪羊鸡狗，若猎师，若衒卖女色。"（同上）

例（1）的"善"字与例（2）、（3）的"若"字，在我们看来其形体是相当接近的。而英藏斯5441号写卷的字迹笨拙滞涩，当为初学书者所为，从多处涂改的情况来看，书者抄录时似乎漫不经心（见张锡厚《王梵志诗研究汇录·郭煌写本王梵志诗原卷真迹之七》），故很容易因"若、善"形近而致笔误。值得我们重视的是法藏伯3826号写卷的字迹，其"善"（见张锡厚《王梵志诗研究汇录·敦煌写本王梵志诗原卷真迹之六》）字更接近例（2）、（3）的"若"字。

---

① 郭在贻《敦煌写本王梵志诗汇校》，《郭在贻文集》第三卷，中华书局，2002年，第133页。

据赵和平、邓文宽《敦煌写本王梵志诗校注》及张锡厚《王梵志诗校辑》、项楚《王梵志诗校注》等校记可知,诸家在校注此诗时均未参阅法藏伯3826号写卷,故而失校。

下面再讨论"广平王"。

由于"王"字出韵,不合作诗押韵的常规要求,故张锡厚注曰"俟校"。项楚注引佛教十王说,然而佛教十王中并没有"广平王"之名,又加以"王"字出韵,故项先生自己也心存疑虑,不能断定。我们觉得更重要的是,佛教十王跟"分治亡人"有关,与王梵志诗"吾家多有田"在语义上却没有任何联系,故认为项注不可从。戴密微校"王"作"玉",然"玉"字属烛韵通摄,与韵脚"益、吃、迹、觅"等昔、锡韵梗摄字不协,故郭在贻先生指出"玉字亦出韵"①。我们觉得更重要的是,"王"校作"玉",诗文作"吾家多有田,不若广平玉",语义不明,不知所云,故可以断定戴密微校误。

其实,"吾家多有田,不若广平王"之"广平王"不误,因为诗句正是对历史史实与生活经验的概括反映,更是文学艺术表达的需要。

首先,历史上确实存在"广平王"。《广平县志》引《方舆纪要》云:"武帝征和二年封赵敬肃王小子偃为王,国改曰平于("平于",《汉书·地理志第八》及《读史方舆纪要》卷十五均作"平干"),寻复为广平。哀帝建平三年,又以广德夷王弟广汉绍封。后汉建武二年更封吴汉为广平侯,魏晋复置广平郡治焉。后徙废。"②《汉书·地理志第八》云:"广平国,武帝征和二年置为平干国,宣帝五凤二年复故。莽曰富昌。属冀州。户二万七千九百八十四,口十九万八千五百五十八,县十六。"③《读史方舆纪要》卷十五云:"广平城……高帝封功臣薛欧为侯邑。征和二年为平干国治,寻为广平国治。后汉国废,属巨鹿郡,建武二年封吴汉为广平侯是也。曹魏复置广平郡治焉。晋因之。后废。"④据此可知,西汉时已有"广平王",其封国就是"广平国",治所为"广平城"。

历史上的这个广平国"故治在今鸡泽县东"⑤,鸡泽县在今河北省的南部,

---

① 郭在贻《敦煌写本王梵志诗汇校》,《郭在贻文集》第三卷,中华书局,2002年,第133页。
② 韩书舟《广平县志》,(台北)成文出版社,中华民国五十七年(1968),第20页。
③ 班固《汉书》,中华书局,1962年,第163页。
④ 顾祖禹撰,贺次君、施和金点校《读史方舆纪要》,中华书局,2005年,第675页。
⑤ 顾祖禹撰,贺次君、施和金点校《读史方舆纪要》,中华书局,2005年,第675页。

与王梵志的老家今河南浚县邻近。据晚唐冯翊子《桂苑丛谈·史遗》载："王梵志，卫州黎阳人也。"① 王梵志的籍贯已成学界共识。唐时卫州黎阳，即今河南浚县，它位于今河南省的北部，与今鸡泽县即广平国故治相望。原来，历史上的"广平国"与作者出生地相隔不远。不难想象，"广平王"是广平国田地最多的人，普通百姓谁家的田地有他的多啊！"吾家多有田，不若广平王"正是历史事实的真情告白，更是社会现实集中而概括的反映。"广平王"的故事应该是当地百姓久传不息的话题，诗人从小就生活在这片土地上，"广平王"的故事焉能不知？因此，"广平王"被提炼加工成为文学艺术形象也就是合乎情理的事情。

或许有人认为王梵志诗恐非一人一时之作，换句话说，此诗不一定就产生于今鸡泽县这个古"广平国"中。我们认为，即便如此也不能否定"广平王"这个艺术人物产生的合理性。因为从西汉至唐代开元末（此诗属于三卷本敦煌王梵志诗，其产生时代"最晚不会在开元以后"），历史上曾有十多位"广平王"，他们多活动在北方中原地区，这正与王梵志诗所呈现的地域语言特点——河南方音相合（蒋冀骋先生考证："（王梵志诗）代表隋末唐初河南北部的实际语音"），由此可知，这十多位"广平王"中必有王梵志诗艺术形象创作的原型素材。除《广平县志》引《方舆纪要》所载西汉封立的两位广平王外，其他如：

（1）东汉永平三年夏封皇子刘羡为广平王（《后汉书·明帝纪》，中华书局，1965年，第106页）。

（2）三国魏时黄初三年封曹俨为广平哀王（《三国志·魏书·武文世王公》，中华书局，1964年，第591页）。

（3）西晋赵王司马伦废惠帝司马衷，僭帝位，改元建始，封其子司马虔为广平王（《晋书·赵王伦列传》，中华书局，1974年，第1602页）。

（4）北魏天赐四年春二月，封皇子拓跋连为广平王（《北史·太祖道武帝》，中华书局，1974年，第24页）。

（5）北魏兴安元年十二月进广平公杜遗爵为广平王（同上，第65-66页）。

---

① 项楚《王梵志诗校注·前言》，上海古籍出版社，1991年，第1页。

(6) 北魏和平二年秋七月封皇弟洛侯为广平王（同上，第 71 页）。

(7) 北魏太和二十一年八月，立皇子拓跋怀为广平王（同上，第 118 页）。

(8) 西魏大统前后，元赞为广平王（同上，第 175 页）。

(9) 隋朝开皇元年五月，封邘国公杨雄为广平王（同上，第 405 页）。

(10) 唐代宗李豫，年十五封广平王（《旧唐书·代宗》，中华书局，1975 年，第 267 页）。

(11) 唐朝淮安王神通，高祖从父弟也。有子十一人，四子孝慈封广平王（同上，第 2340-2341 页）。

王，本指天子，起于夏商，"溥天之下，莫非王土；率土之滨，莫非王臣"，天下财富集于王家。战国以后，"擅国之谓王，能利害之谓王，制杀生之威谓王"（《史记·范睢列传》），"王"的含义发生了转移。汉代"设爵二等，曰王，曰侯"（《通典·历代王侯封爵》），王便成了"去天子一阶"的最高封爵，汉初王爵大小不等，"大者不过万家，小者五六百户，以为差降。古土而无分民，自汉始分民，而诸王国皆连城数十，逾于古制"（《通典·历代王侯封爵》）。

但不管大王、小王，均拥有土地和臣民租税，其财富可想而知。以后历代多有封王制度。唐初封王更多，"高祖初受禅，以天下未定，广封宗室从弟及侄年始孩童者数十人，皆封为郡王"（《通典·历代王侯封爵》）。

毋庸置疑，历史上这些"广平王"的财富是普通百姓难以企及的，可见，王梵志诗"吾家多有田，不若广平王"正是历史事实的高度概括和现实生活的真实反映，具有文学表现上的典型意义。

其次，王梵志诗"吾家多有田，不若广平王"的文学表述还与平民百姓自身的农耕经验有关。"广平王"之"广"言其土地面积大，拥有田地多，"广平王"之"平"言其土地平整，宜耕作。生活经验告诉人们：田多地广又宜耕作自然与财富有关。而"广平"的地名正是来源于它的自然地貌。明嘉靖《广平府志》卷一《封域志》云："广平，古汉郡也。说者曰：广，阔也；平，舒也，正也。《尔雅》曰：大野曰平。郡之名义无乃是与？"[1] 可见，喻人"广平王"

---

[1] 史为乐《中国地名语源辞典》，上海辞书出版社，1995 年，第 46 页。

者,言下之意是说他地广财多,此义与下文"有钱惜不用,身死留何益",语义贯通,一气呵成,顺理成章。

综合上述两方面理由可知,"广平王"是个实与虚相结合的文学艺术人物。虚实结合的艺术表现手法在王梵志诗中并不鲜见,如第 84 首"雷发南山上,雨落北溪中。雷惊霹雳火,雨激咆哮风",其中的"南山、北溪"恐非实指,但它们一定是源于现实生活经验的概括表达。要之,"广平王"是一个有着历史背景又糅合生活经验而成的艺术形象,是一个源于生活而又高于生活的艺术典型,因此我们有理由相信"广平王"不误。

最后,谈谈"王"字出韵的问题。"王"字属阳韵,与此诗韵脚"益、吃、迹、觅"等昔、锡韵部的入声字不相押韵,这是不能否认的事实。但是我们认为,王梵志诗押韵并不十分严格,这在王梵志诗中很容易得到证明,如首句不押韵的:

(12) 见贵当须避,知强远离他。高飞能去网,岂得值低罗?(第 198 首)

(13) 结交须择善,非识莫交心。若知管鲍志,还共不分金。(第 199 首)

例(12)"避"属真韵止摄,"他"属歌韵果摄;例(13)"善"属开韵山摄,"心"属侵韵深摄。这两首诗开头的两句均不押韵。又如:

(14) 愚人痴狌狌,锥刺不转动。身著好衣裳,有钱不解用。贮积留妻儿,死得纸钱送。好去更莫来,门前有桃棒。(第 34 首)

(15) 兴生市郭儿,从头市内坐。例有百余千,火下三五个。行行皆有铺,铺里有杂货。山郸贵物来,巧语能相和。眼勾稳物著,不肯遣放过。意尽端坐取,得利过一倍。(第 51 首)

(16) 父母怜男女,保爱掌中珠。一死手遮面,将衣即覆头。鬼朴哭真鬼,连夜不知休。天明奈何送,埋著棘蒿丘。耶娘肠寸断,曾祖共悲愁。独守丘荒界,不知春夏秋。但知坟下睡,万事不能忧。寒食墓边哭,却被鬼邪由。(第 271 首)

(17) 五体一身内,蛆虫塞破袋。中间八万户,常无啾唧声。脓流遍身

绕，六贼腹中停。两两相啖食，强弱自相征。平生事人我，何处有公名？（第 292 首）

例（14）韵脚字"动（董韵）、用（用韵）、送（送韵）"为通摄字，而韵脚字"棒（讲韵）"属江摄，"棒"字失韵。例（15）韵脚字"坐（果韵）、个（箇韵）、货（过韵）、和（戈韵）、过（过韵）"为果摄，而韵脚字"倍（海韵）"属蟹摄，"倍"字失韵。例（16）韵脚字"珠"属虞韵遇摄，与"头"（侯韵）及"休、丘、愁、秋、忧、由"（尤韵）等流摄韵脚字不押韵。例（17）韵脚字"袋"属代韵蟹摄，与"声"清韵、"停"青韵及"征""名"清韵等梗摄韵脚字不押韵。例（16）、（17）的第一个韵脚字均失韵，与《吾家多有田》失韵的位置完全相同。

敦煌俗文学中诗歌失韵的也较多，如《佛说阿弥陀经讲经文（一）》："不论崔卢柳郑，莫说姓薛姓裴，僧家和合为门，到处悉皆一种。尊化存其夏腊，任运已遭荣枯。同向解脱门中，合受如斯覆荫。一缕袈裟身上挂，堪与门徒长福田。"① 韵脚字"裴（灰韵、蟹摄）、种（肿韵、通摄）、枯（模韵、遇摄）、荫（沁韵、深摄）、田（先韵、山摄）"，既不同韵也不同摄。又如："摩陁既食国俸，合与新来论谭。离家拟去论堂，路见二牛相觝：南边其形稍黑，北畔来者体黄，四脚距地而起，喷潠嚁吼而云非，南畔觝退北边牛，心里此时便惊怖。"② 韵脚字"谭（覃韵、咸摄）、觝（荠韵、蟹摄）、黄（唐韵、宕摄）、非（微韵、止摄）、怖（暮韵、遇摄）"，既不同韵也不同摄。例多不赘。王梵志诗善用白话口语词入诗，属于典型的敦煌俗文学，其出韵当不足为怪。

王梵志诗写作的目的是"撰修劝善，诫勖非违"，为达到此目的，其诗在表达上呈现出"不守经典，皆陈俗语"③ 的鲜明特点。可以说，明理、通俗是王梵志诗表现的首要条件，故是否出韵在王梵志诗中并不起决定性的作用。宋人魏鹤山有言："除科举之外，闲赋之诗，不必一一以韵为较。"④ 张相先生曾

---

① 黄征、张涌泉《敦煌变文校注》，中华书局，1997 年，第 668 页。
② 黄征、张涌泉《敦煌变文校注》，中华书局，1997 年，第 669-670 页。
③ 《王梵志诗校注·王梵志诗集序》，上海古籍出版社，1991 年，第 1 页。
④ 罗大经撰，王瑞来点校《鹤林玉露》，中华书局，1983 年，第 339 页。

在论及诗词曲的押韵时告诉我们:"有韵之文,押韵为难,古人容有迁就。"①王梵志诗正是属于"闲赋"诗一类,故是否出韵当在"容有迁就"之列,从这一点来看,我们更有理由相信,"吾家多有田,不若广平王"之"广平王"不误。

第三节　现代语言学方法

现代语言学是与传统语文学相对而言,也就是指二十世纪以后的语言学。1916年瑞士语言学家索绪尔《普通语言学教程》的出版,标志着现代语言学的诞生。索绪尔强调:(1)语言是符号系统。符号是能指和所指的统一体,符号的形式是语音,所指是语义。(2)区分语言与言语。语言是系统的、抽象的、规则的,而言语则是实际的、个体的、凌乱的。(3)区分共时与历时。注重语言共时研究,认为语言学的研究重心是语言现状。(4)注重口语的研究,改变传统语文学轻视口语重视书面语的现象。汉语词汇演变研究常用到的现代语言学方法有共时历时分析法、数理统计分析法、语义场分析法、概念场分析法。

一、共时历时分析法

所谓共时研究,即断代语言研究;所谓历时研究,即纵向经历几个朝代或时期的较长时期内的语言历史研究。共时语言面貌都是历时积累的结果。共时重分布描写,历时重演化阐释。

例如汉语常用词"把"(在56 008个现代汉语常用词中,位列第22位),在现代汉语中的用法就属于共时研究。"把"主要有以下几种用法:

1. 介词。①表示处置的对象。例如:"把头一扭跑了""把手洗洗再吃饭"。②表示致使义。例如:"把他乐疯了""把他累得够呛"。

2. 动词。①用手抓住、握住。例如:"把稳方向盘""两手把着枪杆"。②看

---

① 张相《诗词曲语辞汇释》,中华书局,1979年,第4页。

着、把守。例如："把住巷子的两头，别让小偷跑了""你去玩吧，我来把门"。

3. 量词。用于有把手的器具，例如："一把刀""一把伞""一把扇子"。一手抓的数量，例如："一把米""一把韭菜"。引申用于抽象事物的描述，例如："一把好手""一把年纪""一把力气""帮他一把"。用手的动作，例如："拉他一把""一把拽住"。

4. 助词。加在"百、千、万"和"里、丈、斤、个"等量词后面，表示数字接近这个单位整数。例如："百把个客人，招待不成问题""里把路，开车几分就到了"。

"把"的这些用法是怎么演化而成的①？这就需要历时演化的研究来说明问题。

把，《说文·手部》："握也。从手，巴声。"段注："握者，搤持也。"把，本义是一手握住。例如《战国策·燕策三》："臣左手把其袖，右手揕②其胸。"《史记·殷本纪》："汤自把钺以伐昆吾，遂伐桀。"白居易《卖炭翁》："手把文书口称敕。""手把文书"，即手里握着公文。白居易《忆晦叔》诗："游山弄水携诗卷，看月寻花把酒杯。"

由动词的把握义引申出管理、把守、看守等义，例如《晏子春秋·谏下》："然则后世谁将把齐国？"宋杨万里《松关》诗："竹林行尽到松关，分付（吩咐）双松为把门。"宋孙光宪《北梦琐言》卷三："洎荆州失守，复把潼关。"明《三国演义》第四十九回："周围尽是东吴军马，把得水泄不通。"

数词直接修饰限制动词，物一握为一把。例如《孟子·告子上》："拱把之桐梓，人苟欲生之，皆知所以养之者。"汉赵岐注："拱，合两手也；把，以一手把之也。"《文子·道德》："十围之木始于把，百仞之台始于下。"当"数词 + 把"后跟名词时，量词"把"便产生了，例如汉刘向《新序·杂事一》："夫腹下之毳，背上之毛，增去一把，飞不为高下。""一把"后承前省略了意念中心词"毳""毛"。《三国志·吴志·陆逊传》："乃敕各持一把茅，以火攻拔之。"南朝齐求那毗地译《百喻经·猕猴把豆喻》："昔有一猕猴，持一把豆，

---

① 参见曹翔《汉语常用100词源流演变研究》，中国社会科学出版社，2019年，第141页。
② 揕，zhèn，用刀剑等刺。

误落一豆在地,便舍手中豆,欲觅其一。未得一豆,先所舍者,鸡鸭尽食。"由表示手的"量"进一步虚化,犹言"一次""一下"。例如清《七侠五义》第七十六回:"这个叫:'贤弟,我一个儿不是他的对手,你帮帮哥哥一把儿。'"由表示手的"量"进一步引申,用于有把手的器物量,例如《西游记》第十六回:"又一童,提一把白铜壶儿,斟了三杯香茶。"《儒林外史》第四十七回:"两把黄伞,八把旗,四队踹街马。"

词义进一步虚化,表示约数,重新分析后由量词转化为助词,但是产生的时代较晚,例如《水浒传》第四十七回:"只听得祝家庄里一个号炮,直飞起半天里去。那独龙冈上,千百把火把一齐点着,那门楼上弩箭如雨点般射将来。""千百把火把"中,前一"把"为量词,用作约数。又如《西游记》第九十三回:"我们也去摸他块把砖儿送人。"明《初刻拍案惊奇》卷十五:"乘他此时窘迫之际,胡乱找他百把银子,准了他的庄,极是便宜。"《儒林外史》第二回:"李老爹这几年在新任老爷手里着实跑起来了,怕不一年要寻千把银子。"这三例"把"均是表示约数的助词。

由动词"把握"义转指"把握的地方",即器物把握的部分,柄,由动词转化为名词。例如《文选·潘岳〈射雉赋〉》:"戾翳旋把,萦随所历。"吕向注:"把,柄也。戾翳之柄,萦曲随雉之行,使不见也。"《隋书·五行志上》:"邺中又有童谣曰:'金作扫帚玉作把,净扫殿屋迎西家。'"元《朴通事》:"紫檀把儿,象牙顶儿,也是走线。"明陈继儒《太平清话》卷二:"王敬美家藏一玉觯,有把,长三寸。"引申指花、叶、果实的柄。例如《雍正剑侠图》:"北侠把花蒂翻过来,原来是两个根部,两朵花连在一起,这根部花把儿很短,当人们把缠头绢帕缠好之后,就把这朵花插在鬓边。"

"把"后跟宾语修饰动词性词语,为整个结构的重新分析准备了条件,即由连动结构演变为状中结构;"把+宾语"重新分析后变成了介宾结构,介词"把"便产生了。介词"把"最常用的是引介工具,例如《战国策·秦策四》:"(商人)无把铫推耨之劳,而有积粟之实。"或引进处置对象,唐李白《清平乐》词:"应是天仙狂醉,乱把白云揉碎。"金董解元《西厢记诸宫调》卷三:"把窗儿纸微润破,见君瑞披衣坐。"元孟汉卿《魔合罗》第二折:"走杀我也!把那贼弟子孩儿!"元王子一《误入桃源》第二折:"〔滚绣球〕香渗渗落松花把山路迷，密匝匝长苔痕将野径封。"《西游记》第十六回："须臾间，风狂火盛，把一座观音院处处通红。"处置义虚化，用作引介对象，宋苏轼《饮湖上初晴后雨》诗："欲把西湖比西子，淡妆浓抹总相宜。"《二刻拍案惊奇》卷十三："直生初时胆大，与刘鬼相问答之时，竟把生人待他一般，毫不为异。"或表示致使义，《儒林外史》第十九回："他每日在店里，手里拿着一个刷子刷头巾，口里还哼的是'清明时节雨纷纷'，把那买头巾的和店邻看了都笑。"可表示被动，例如宋辛弃疾《好事近》词："彩胜斗华灯，平把东风吹却。"元无名氏《杀狗劝夫》第二折："这明明是天赐我两个横财，不取了他的，倒把别人取了去。"

二、数理统计分析法

词汇研究中所谓的数理统计法，就是运用数学的概率统计法来计算词汇使用的频率，根据出现的频率推断词汇使用的情况。例如吴宝安分别统计先秦、两汉、魏晋时期的"头""首"在各个时期的出现频次①，得出的结论依次是：

（1）先秦以前，"首"占绝对优势。有关统计数据见下表（"头""首"在先秦文献中的使用频率）：

表 3-1　先秦代表著作"头""首"使用频次统计表

单位：次

著作 例字	尚书	诗经	左传	论语	墨子	孟子	庄子	韩非子	战国策	吕氏春秋	总计
头	0	0	1	0	4	0	5	8	15	14	47
首	16	15	49	1	5	6	10	18	16	10	146

据上表可知，先秦"头"用例较少，仅 47 例，除了《吕氏春秋》中有 2 例"共头"表示地名外，其余均表"头部"。主要表示人头（43 例），早见于《左传》，例如《左传·襄公十九年》："荀偃瘅疽，生疡于头。"也可表示动物头（1 例），例如《庄子·盗跖》："丘所谓无病而自灸也，疾走料虎头，编虎须，几不免虎口哉。"还可表器物头（1 例），例如《墨子·备城门》："十步一斗，长椎，柄长六尺，头长尺，斧其两端。"

---

① 吴宝安《小议"头"与"首"的词义演变》，《语言研究》2011 年第 4 期，第 124-127 页。

先秦"头"以单用为主，也有一些以"头"为语素构成的复合词，主要有偏正式：白头（《战国策·韩策》）、头颅（《战国策·秦策》）、苍头（《战国策·赵策》）、虎头（《庄子·盗跖》）、蓬头（《庄子·说剑》）；动宾式：殁头（《吕氏春秋·离俗览·高义》）、低头（《庄子·盗跖》）、断头（《韩非子·诡使》）。

"头"在先秦文献中使用较晚，《诗经》《尚书》《论语》等上古早期的文献没有用例。《战国策》《吕氏春秋》中"头"就比较活跃了，《吕氏春秋》中"头"的用例还较"首"多。不过总的而言，"头"的用法还较简单，主要义项为"头、头部"，还没有产生出较抽象的引申义。

先秦"首"字则不同。它不仅用例丰富（"首"在这些文献中共出现了891次。"头部"这一义项也有146次，为"头"的"头部"义项的3.3倍），而且用法复杂。"首"在先秦早期的文献中就有多个义项，不但可以指"头、头部"，如《诗经·卫风·伯兮》："首如飞蓬。"《左传·襄公十四年》："马首是瞻。"还可指多种由"头"引申出来的较抽象的意义，如可指"领袖"，《尚书·益稷》："元首明哉。"可指"主要、重要的"，例如《尚书·秦誓》："予誓告汝群言之首。"可指"第一、开始"，例如《左传·昭公元年》："赋《大明》之首章。"

可见，"首"在先秦远比"头"活跃，且较"头"有更重的语义负荷，这也是"首"后来让位于"头"的原因之一。

（2）两汉时期，"头""首"激烈竞争，"头"渐占优势。具体统计数据见下表（"头""首"在西汉文献中的使用频率）：

表3-2 西汉代表著作"头""首"使用频次统计表

单位：次

著作 例字	新语	新书	韩诗外传	春秋繁露	淮南子	史记	盐铁论	列女传	新序	说苑	方言①	总计
头②	0	7	4	1	21	63	7	11	12	13	7	145
首	1	6	7	6	17	191	8	6	13	19	4	278

① 本表中的著作基本按时间先后排列。本表的统计数据"头、首"均只考虑"头部"这一义项。
② "头""首"的频次，据笔者统计，与吴宝安先生的统计数字略有出入，但是不影响其结论。

单从使用的次数来看，"首"似乎还占优势，但如果我们详细考察两词在文献中的具体情况，会得出不一样的结论。

首先，从"头、首"两字表示"头部"这一义项的比重看，"头"在西汉文献中共出现145次，占其全部用法207次的70.1%；"首"在西汉文献中278次，仅占其全部用法650次的42.8%。

其次，从"首、头"的组合关系看，"首"的单用次数并不多，以《史记》为例，《史记》中"头"单用61例，而"首"只有22例。"首"的用例多作为语素构成复合词，复合词中又有大量是从先秦承继过来的，如"顿首""稽首""斩首"。

再次，从两词所产生的新义项来看，"首"在西汉没有出现新的义项，而"头"则产生了很多新的义项，如用作量词，例如《史记·货殖列传》："羊万头。"用作方位词，例如《汉书·沟洫志》："至西山南头。"

再次，先秦常见的复合词"顿首"，在西汉出现了同义词"叩头"，例如《史记·张丞相列传》："通顿首，首尽出血，不解。"《史记·滑稽列传》："皆叩头，叩头且破，额血流地，色如死灰。"

"叩头"不见于先秦，在西汉却有41见次。这些数据表明，西汉文献"首"看似比"头"用例多，实际上它已没有"头"活跃。

(3) 魏晋时期，"首"成为文言词，完全被"头"取代。具体统计数据如下（魏晋部分文献中"头""首"的使用情况，引自龙丹《魏晋核心词研究》①）：

表 3-3　魏晋代表著作"头""首"使用频次统计表

单位：次

例字＼著作	搜神记	肘后备急方	佛经文献	总计
头	105	72	487	664
首	15	0	543	558

根据这些数据，龙丹认为"作为一个独立使用的词，魏晋时期口语中'头'的优势是非常显著的，但'头'对'首'的替换并未完成"。

仔细分析，结论可能并不是龙丹所认为的那样。《搜神记》《肘后备急方》都是典型的口语化语料，《搜神记》中"头"有105例，"首"仅15例；《肘后

---

① 龙丹《魏晋核心词研究》，华中科技大学博士学位论文，2008年，第44-45页。

备急方》中"头"72例,"首"则完全没有用例。这足以说明"头"对"首"的替换已经完成,至于佛经文献中"头"仅487例,"首"却有543例的情况,我们应该仔细分析其原因。"首"这543例中,先秦就已产生的"稽首"就有448例,另"顿首"7例,"拜首"5例,这些承继先秦的复合词占"首"使用比例的85%,足见"首"在佛经文献中主要是以文言词的身份出现的。

常用词和其他词的一个很大的区别在于,它们被新词替换以后,还作为构词语素经常出现,这在语言中是非常普遍的现象,如"嘴"取代"口"后,"口"在书面语中仍有一席之地,"足、目、乳、腹"等也无不如此。作为语言中的基本词,它们退出历史舞台后仍以特殊的方式存在,这也是语言稳定性的一个体现。

要之,先秦时期,"首"占绝对优势,两汉时期,"头、首"竞争激烈,西汉时"头"稍占上风,东汉时"头"占绝对优势,但"首"还未完全隐退,到了魏晋时期,替换就基本完成了。至于"头"为何取代"首"成为代表词,吴宝安认为有两个主要原因①,一是"首"的语义负荷过重;二是"首"和"手"同音,"斩首"音同"斩手","首足"音同"手足",非常不利于交际,于是就出现了同音替换。

"头"战国时始出现,魏晋时就完全取代了"首",但"头"后来自身也和"首"一样,拥有众多的义项,语义负荷也很重,却在语言中沿用一两千年。虽然现代汉语口语中,"头"也多用"脑袋"表示,但"头"仍未见成为文言词的迹象,可见"头"是一个相对稳定的词。

数理统计可以穷尽一切例证,所以也叫穷尽式分析,穷尽式分析得出的结论较抽样调查更为科学可靠。鲁国尧十分赞赏穷尽式分析,他说:"穷尽式自然比例举式高明,这是任何学人周知的事实,无庸论证。"②

三、语义场分析法

"场"本是物理学概念,用于"电场""磁场""引力场"等,借以表示语义

---

① 吴宝安《小议"头"与"首"的词义演变》,《语言研究》2011年第4期,第127页。
② 见华学诚《周秦汉晋方言研究史·鲁序》,复旦大学出版社,2003年,第6页。

的类聚。德国结构主义语言学家特里尔（J. Trier）最早提出"语义场"概念，但是直到二十世纪五十年代，随着美国结构语言学的发展，特别是义素分析法的提出，语义场理论才逐步引起学界的普遍关注。语义场分析法是以词的义位为研究的出发点，通过对场内词汇义位的语义特征、组合情况、替换情况、使用频率等方面的描写来展示词与词之间的关系以及某一语义场的共时面貌与历时演变。

以共性义位（同义词）、义素（语义构成要素）为核心形成的相互联系、相互制约的具有相对封闭的词语或义位、义丛的集合就是语义场。语义场体现的是聚合关系，如人类义场、人体义场、面部义场、多义义场、构词义场①。语义场理论认为"语言的词汇不是简单的独立词项的列表（如词典的词目所示），而是组织成一些区域，即场。场内的词以各种方式互相联系互相定义"①。同一语义场的各个义位，包含着相同的和不同的相互联系的义素，包含着系统意义，共同反映外部世界的一个体系，带有鲜明的民族特点和时代特点②。例如现代汉语中，"连衣裙""长裙""拖地裙""短裙""超短裙""灯笼裙"构成"裙子"语义场，它们之间的联系与区别表示如下：

表 3-4 "裙子"场义素分析表

义位 \ 义素	裙子	半身裙	裙摆在膝盖以下	裙摆在膝盖以上	裙摆恰好遮住臀线	裙尾内收
连衣裙	+	−	+/−	+/−	−	−
长裙	+	+	+	−	−	−
拖地裙	+	+	+	−	−	−
短裙	+	+	−	+	+/−	−
超短裙	+	+	−	+/−	+	−
灯笼裙	+	+	+/−	+/−	−	+

"连衣裙""长裙""拖地裙""短裙""超短裙""灯笼裙"的区别主要在长度、裙摆、裙尾等典型特征上。

汉语中，"沐、浴、盥、洗"构成了"盥洗"语义场。《说文·水部》：

---

① 张志毅、张庆云《词汇语义学》（第三版），商务印书馆，2012 年，第 66 页。
② 贾彦德《汉语语义学》，北京大学出版社，1999 年，第 150-151 页。

"沐，灌发也。"《说文·水部》："浴，洒身也。"《说文·皿部》："盥，澡手也。"《说文·水部》："洗，洒脚也。"上古汉语时期，表示洗涤身体的动词，具有"清洗+对象"的功能，也就是说这些词有专门的对象，不需要加宾语。例如《左传·昭公四年》："大夫命妇丧浴用冰。"《史记·屈原贾生列传》："吾闻之，新沐者必弹冠，新浴者必振衣。"有时为了强调或对比，也可以带宾语，例如《史记·扁鹊仓公列传》："病得之沐，发未干而卧。"《论衡·讥日》："且沐者去首垢也，洗去足垢，盥去手垢，浴去身垢，皆去一形之垢，其实等也。"

表 3-5 "盥洗"场义素分析表

义位＼义素	词性	洗涤	头发	身体	手	脚
沐	动词	+	+	−	−	−
浴	动词	+	−	+	−	−
盥	动词	+	−	−	+	−
洗	动词	+	−	−	−	+

从上表可以直接看出"沐、浴、盥、洗"这组词的语义联系与差别，语义场分析法非常直观，一般运用于词典释义、母语教育、对外汉语教学等方面。

四、概念场分析法

"概念场"理论作为一种新的汉语词义分析方法，可以弥补语义场理论无法进行词义/词汇微观描写与解释，及研究对象受到时间、地域、"场"限制等的缺陷。所谓概念场，是一个由各级概念域构成的层级结构[①]。系统性的概念域是概念场的框架，也是不同概念域中的词得以联系的介质。概念域是一个多种有节点维度（维度视概念域性质而定，如运动概念域，其维度就包含运动主体、速度、方向、目的等，运动主体又可分为人、动物、物体，而这就是该维度的节点）相互交叉的多维网络结构，其中各维度节点的相会处就是概念，被词汇标记了的概念也就成为某一词义的概念要素。相应地，所谓概念要素分析法就是找到概念域中各维度节点的交汇之处，进而观察不同民族或不同时间段

[①] 蒋绍愚《汉语词义和词汇系统的历史演变初探——以"投"为例》，《北京大学学报（哲学社会科学版）》2006 年第 4 期，第 93 页。

人们语言中词义/词汇的分布特征与系统性。通过这种方法既可以从概念的微观角度去描写词义/词汇的微观分布，也可以看到词义/词汇的概念要素从起点到终点发生变化的全部过程，进而总结出词义/词汇的演变途径与机制。

2006年，蒋绍愚先生在《汉语词义和词汇系统的历史演变初探——以"投"为例》一文中首次提出概念场，并尝试利用概念场分析汉语"投掷"概念场相关词义的历史演变。在词义层面，文章运用概念要素分析法分析了"投"的词义系统性，展示了"投"的各项意义在概念场中的微观分布情况，由此也明晰了一些词义之间存在关系的原因以及一些词义在历时中发生变化的概念要素位置、原因、过程和途径。在词汇层面，该文从概念角度分析了与"投"有关系的8个概念域的最低一级概念域成员，通过这种分析可以弄清此8个概念域中最低一级成员之间的关系、其在整个大概念域中的微观分布位置以及其发生的变化与发生变化的原因和方式。

概念要素分析法是与概念场理论相对应的分析方法。如果一项研究以概念场为背景即意味着其思维起点为概念，这也就要求其不能放弃对概念要素分析法的使用，除非其能找到更优于概念要素分析法的方式来从概念角度对词义/词汇系统进行微观研究。

颜洽茂、王浩垒曾运用概念场分析法研究"拦截"概念场词汇的历史更替①。表示"迫使移动物停止行进，不让通过"这一概念，形成了"阻挡、拦截"概念场，其概念要素可分析为：［动作：置于受事对象位移路径的中途］+［主体：人/物］+［对象：移动物］+［目的：使对象位移停止］。

先秦汉语有"遏、邀、遮、趄（列/遒）、阻"等词覆盖此概念场，魏晋南北朝新增了"拦、截、断"等，宋代又增加了"挡、把、闸"，现代汉语则主要有"拦、挡、截"等。综合义域、使用频率及句法组合等因素，据文献用例可认定，概念场的主导词在历史上先后经历了"遏、邀"与"遮"，"遮"与"拦、截"，"拦、截"与"挡"之间的竞争发展。

目前，概念场分析法还处于不断完善之中。从研究实践来看，概念场自身

---

① 颜洽茂、王浩垒《"拦截"概念场主导词的历时更替》，《浙江大学学报（人文社科版）》2012年第42卷第5期。

也有无法克服的不足，例如概念场理论虽然能够较好地解释概念、词义等语义方面的内容，却不能指导探求语言词汇受语法所约束的内容；在概念域结构的建立过程中，其内部应有多少个概念域、各概念域之间的关系如何搭配，以及概念域中有多少个概念维度、概念维度之间的关系及概念维度上的概念节点如何设置等问题，均具有较强的主观性。概念场分析往往工作量过大，给教学、研究带来不便。由于概念场理论在实践的过程中首先需要建立规模较大的概念域结构，同时又追求对词义/词汇系统进行微观描写与解释，因此需要很大的工作量，可能仅对某一词义/词汇系统进行描绘与解释即可成一部专著，以这样的工作量要将所有的词义/词汇系统均用概念场理论进行研究并将其连成一个整体，几乎是不可能的，这也是概念场理论在实践中难以推进的困难之一。

任何一种方法只能解决词汇研究特定目标中的特定问题，而不能解决所有问题。有时候，为了深入细致地研究问题，需要我们综合运用多种方法才能达到研究的目的。

第四节　综合研究方法

所谓综合研究方法，即采取多种能够解决问题的方法，而不是单一的某种方法。例如拙著《汉语常用100词源流演变研究》，主要采取现代语言学和训诂学、文献学研究等方法。具体的做法是：

（1）将共时描写与历时分析相结合。首先对常用词今义作全面的描写，归纳其用法，然后运用历时分析，剖析今义产生的时代、来源与发展轨迹。只有将共时与历时研究相结合，才能看清词义演变的脉络。

（2）将描写与解释相结合。汪维辉曾说："扎扎实实地把一批常用词的演变史实描写清楚是首要之务。描写是第一位的，解释是第二位的……解释必须以精确细致的描写为前提。"本课题主要任务是描述词汇发展的历史轨迹，揭示词汇发展的客观规律。因此，力求做到描写与解释相结合，不仅要忠实地描写事实，还要在描写的基础上探求规律，对变化的事实作出解释。

（3）将实证与现代语言学理论、训诂学研究相结合。实证是本课题研究的立足点，在此基础上，充分运用现代语言学理论、训诂学理论，将方言、出土文献、民俗宗教等研究成果与词汇研究结合起来，运用比较、归纳、汇证、因声求义、相因生义等行之有效的方法来总结、解释词义产生、发展演变的规律与形成的机制。

（4）尝试学科交叉研究。以往的常用词研究就语言而研究语言，很少涉猎语言使用的社会文化背景，本课题研究将词义演化放在历史大背景下，寻找词义演变的社会历史文化动因，形成学科交叉研究。例如拙文《"鬼子"释义考辨》，不仅考证了汉语常用词"鬼子"一词的产生来源与词义演化轨迹，而且还将语言研究与文史考证相结合，考证"鬼子"在用作蔑称、畏称、贬称的时代背景与文化含义，信而有征。

常用词的研究还可以充分利用前人的研究成果及电子语料库。充分利用《说文解字》及段注等传统字书，结合甲骨文字典、商周古文字数字化处理系统等资料加以探源索流，揭示其词义流变的脉络，并充分利用北京大学语料库、国家语委语料库及四库全书、中国历代石刻史料汇编、国学宝典等电子资源，比较、分析例证，核对传世文献，对具体语境中词语的意义、用法逐词逐条甄别，比类例证，归纳用法。

下面以"自己"一词的历史演变研究为例①。

"自己"一词，是"反身代词'自'+反身代词'己'"受句法位置的影响而凝固发展而来②。

先说反身代词"自"。甲骨文、金文和篆文字形均像"鼻"形，楷书作自。《说文·自部》："自，鼻也。象鼻形。"本义是鼻子。人说到自己时常指自己的鼻子，故又引申表示"自己"，可以充当宾语，例如《左传·隐公元年》："公

---

① 参见曹翔《汉语常用100词源流演变研究》，中国社会科学出版社，2019年，第237-241页。
② 陈翠珠认为反身代词"自己"是介词"自"与反身代词"己"结合而来，她说："自""己"连用在汉代就已有之，后代沿用，但最初是作为两个词，"自"即"从"，"己"即"自身""自己"。例如东汉应劭《风俗通义·过誉·司空颍川韩稜》："扶辅尫乱，政自己出，虽幸无阙，罪已不容于诛矣。"唐《北齐书·杜弼传》："从中被外，周应可以裁成；自己及物，运行可以资用。"随后，"自己"便凝固成一个词，将反身代词"自"和"己"的意义和功能合而用之，整合为一个完美的反身代词。所以说，"自己"是古已有之、至今一直普遍使用的反身代词。（《汉语人称代词考论》，光明日报出版社，2013年，第139页）不过，从陈翠珠的推论中，我们看不到"自"从介词演变成代词的痕迹。我们认为，反身代词"自己"，是单音节反身代词"自"与"己"组成并列结构，用来强化反身称代的语气。

曰：'多行不义必自毙，子姑待之。'""自毙"，即"毙自"。"自"宾语前置。《礼记·大学》："所谓诚其意者，毋自欺也。"《战国策·齐策一》："窥镜而自视，又弗如远甚。"也可以充当状语，例如《左传·桓公三年》："凡公女嫁于敌国，姊妹，则上卿送之，以礼于先君；公子，则下卿送之。于大国，虽公子亦上卿送之。于天子，则诸卿皆行。公不自送。""公不自送"，即国君并不亲自护送。

反身代词"自"含有"本""始"义，故引申出"开始"义，可用作名词，例如《韩非子·心度》："法者，王之本也；刑者，爱之自也。""自"与前文的名词"本"形成对文，也是名词。自，也可用作动词，例如《史记·商君列传》："法之不行，自于贵戚。"由动词"开始"义引申出介词"自"，例如《左传·隐公五年》："考仲子之宫，将《万》焉。公问羽数于众仲。对曰：'天子用八，诸侯用六，大夫四，士二。夫舞，所以节八音而行八风，故自八以下。'"《论语·学而》："有朋自远方来，不亦乐乎？""自"为引申义所专，本义则另加声旁"畀"写作"鼻"来表示。

反身代词"自"，自产生起一直延续使用至今，例如《论语·公冶长》："子曰：'已矣乎！吾未见能见其过而内自讼者也。'"《庄子·达生》："公则自伤，鬼恶能伤公？"《孟子·离娄上》："夫人必自侮，然后人侮之；家必自毁，而后人毁之；国必自伐，而后人伐之。"南朝宋刘义庆《世说新语·识鉴》："诸葛道明初过江左，自名道明，名亚王、庾之下。"元《老乞大》："我五个人，打着三斤面的饼着，我自买下饭去。"又"这的我自会，不要你教"。清刘鹗《老残游记》第二回："话说老残在渔船上被众人砸得沉下海去，自知万无生理，只好闭着眼睛，听他怎样。"现代语义例："别自说自话啊，要多听听别人的意见。"

东汉后，"自"出现了主语、定语的用法，例如东汉支谶《佛说遗日摩尼宝经》："沙门复有二事著。何等为二事？自有过不肯悔，反念他人恶。"三国释康会《六度集经》："即自割髀肉秤之，令与鸽重等，鸽踰自重。"后秦弗若多罗共罗什《十诵律》卷第二十："人无病，在高处，自在下处，不为说法，应当学；若自在下处，为高处不病人说法，突吉罗。"诸例"自"作主语，也出现了充当定语的用法，例如东汉安世高《七处三观经》："色、声、香、味、细滑，自意得乐。"与"己"的用法相一致，为"自己"并列成词准备了客观条件。

再看反身代词"己"。《说文·己部》："己，中宫也。象万物辟藏诎形也。己承戊，象人腹。"① 段注："戊己皆中宫，故中央土，其日戊己。"从许慎、段玉裁解释，己的本义是天干的第六位，但是从甲骨文、金文的字形来看，许慎、段玉裁之说非是。

甲骨文、金文"己"的字形，像绳索来回交错穿插之形，是"纪"的本字，即编结、系联、约束之丝绳。如今民间手工编织篱笆、竹帘等仍用这种办法。《墨子·节葬下》："（舜）道死，葬南己之市。"孙诒让间诂："《吕氏春秋·安死》篇：'舜葬于纪市'，即所谓南纪之市。"于省吾《双剑誃诸子新证·墨子二》在释《墨子·节葬下》"（舜）道死，葬南己之市"时说："按己市即纪市，此古字仅存者。己侯钟、己姜簋，不从系，是纪古本作己之证。"②

丝绳有编结、系联、约束之意，而最能约束个人的当然是自己，故借作第一人称代词，表示自己、本身。例如《论语·学而》："不患人之不知己，患不知人也。"又借作天干的第六位，与地支相配。《左传·庄公三十二年》："冬十月己未，共仲使圉人荦、贼子般于党氏。"后"己"为借义所专用，其本义便另加义符"糸"，写作"纪"来表示。

反身代词"己"，产生时代很早，例如《尚书·大禹谟》："稽于众，舍己从人。"《孙子·谋攻》："知彼知己者，百战不殆。""己"与"自"的区别在于，"己"不仅能充当宾语、状语，还能充当主语、定语。例如《论语·颜渊》："己所不欲，勿施于人。""己"在句中充当主语。《左传·隐公三年》："庄姜以为己子。""己"在句中充当定语，后世承之。例如《世说新语·言语》："张天赐……为孝武所器，每入言论，无不竟日。颇有嫉己者，于坐问张：'北方何物可贵？'"《世说新语·赏誉》："庾公为护军，属桓廷尉觅一佳吏，乃经年。桓后遇见徐宁而知之，遂致于庾公，曰：'人所应有，其不必有；人所应无，己不必无，真海岱清士。'"

尽管反身代词"自""己"产生很早，但反身代词"自+己"的组合形式却

---

① 句子大意是：己，即中宫。像万物避藏屈躯之形。己上承天干戊，就像人的腹部（在中间一样）。

② 于省吾《双剑誃诸子新证》，中华书局，2009年，第312页。

产生较晚,据朱冠明研究,目前所见这类"自己"的最早用例来自东汉佛经①,例如支谶译《伅真陀罗所问如来三昧经》:"菩萨者,自己界,于法身而甚净。其知是者,后乃受决。"

本土文献最早用例出自西晋陈寿《三国志·吴志·孙休传》注引西晋张勃《吴录》:"吴主孙休诏曰:'今人竞作好名好字,又令相配,所行不副,此督字伯明者也,孤尝哂之。或师友父兄所作,或自己为;师友尚可,父兄犹非,自为最不谦。'"例中"自己"与"师友父兄"相对,"自己为"又与下文"自为"相照应,可见,此处的"自己"犹言反身代词"自"或"己",只不过是为了强调,故为并列式结构。自此以后,例证逐渐多起来。例如西晋竺法护《佛五百弟子自说本起经》:"察于外死身,内省自己躯。"东晋瞿昙僧伽提婆译《中阿含经》:"拘牢婆王曰:'今我虽到自己境界,然我意欲令赖吒和罗族姓子请我令坐。'"东晋释跋陀罗、法显译《摩诃僧祇律》卷十一:"佛语难陀:'汝云何度人出家,不教法律,但令执作供给自己。'"又《摩诃僧祇律》卷三十四:"若自己许不须复受。"又"若自己许承取即名受"。东晋释伽提婆、释伽罗叉译《中阿含经》卷三十:"于是,世尊说此颂曰:'系著自己身,爱乐无极已。'"北魏释慧觉译《贤愚经》卷四:"若自己身出家入道者,功德无量。"唐以后,例证不胜枚举,例如唐《神会语录第一残卷》:"(荷泽和尚与拓拔开府书),和尚与侍郎今日说,自己身心修行,与诸佛菩萨心同不同?"唐《黄檗山断际禅师传心法要》:"自己尚不可得,何况更别有法当情。"唐蒋贻恭《咏虾蟆》诗:"坐卧兼行总一般,向人努眼太无端,欲知自己形骸小。试就蹄涔照影看。"五代敦煌变文《二十四孝押座文》:"若能自己除讥谤,免被他人却毁伤。"五代敦煌变文《无常经讲经文》:"有钱财,不布施,更拟贪婪(婪)于自己。"此种用法一直延续至今。五代《祖堂集》卷七"岩头和尚":"一一个个从自己胸襟间流将出来。"又卷十"玄沙和尚":"问:'如何是学人自己事?'师云:'用自己作什摩?'"宋朱熹《朱子语类·学四·读书法上》:"功夫到后,诵圣贤言语,都一似自己言语。"明李贽《杂说》:"夺他人之酒杯,

---

① 朱冠明《从中古佛典看"自己"的形成》,载《中国语文》2007年第5期,第402-411页。下面部分佛教例证取自朱文。太田辰夫认为人称代词"自己""唐末五代时已有"。(参见《中国语历史文法》,北京大学出版社,2003年,第109页)

浇自己之垒块。"清小说《红楼梦》第四十五回:"他自己也不管一管自己,这些兄弟侄儿怎么怨的不怕他?"

从上述用例可以看出,"自己"凝固成一个反身代词使用于汉语中,至迟在六朝初期,唐以后逐渐盛行。到现代汉语中,独用单音反身代词"自"和"己"一般只是沿袭古汉语的固定用法,口语中多用凝固的复合反身代词"自己"了。

"自己"不仅可以反身称代单个的人或物本身,如"我自己""你自己""他(她、它)自己",而且还可以用作集合反身代词,作为一个集体反身代词。例如元无名氏《小尉迟将斗将认父归朝》第一折:"(刘无敌云)养爷,你怎么灭自己志气,长别人雄风?那尉迟敬德有水磨鞭,我刘无敌也有鞭哩。"元无名氏《阀阅舞射柳蕤丸记》第四折:"老大儿,本是我射死来!(范仲淹云)也凭不的你说,等延寿马来时。您二人自己对证明白。"在表示复数的基础上,进一步引申,表示彼此关系密切的人或自己方面的人,相当于"自己人",但是这种用法产生时代较晚。例如《红楼梦》第四十二回:"别说外话,咱们都是自己,我才这么着。"

此处利用甲骨、金文对"自""己"的释义属于训诂学所说的形训,利用佛家语料证明"自己"产生的历史属于文献法的内容,对"自己"凝固成词的分析属于现代语言学方法。

综合研究方法不仅用在常用词的词义产生演变研究上,其实还应该用在古文献校勘、词义辨析研究上,唯有如此,才能得出正确的结论。下面再以王梵志诗的一则校注为例,请看王梵志诗第28首:

> 佐史非台补,任官州县上。未是好出身,丁儿避征防。不虑弃家门,狗偷且求养。每日求行案,寻常恐逆杖。食即众厨餐,童儿更护当。有事检案追,出帖付里正。火急捉将来,险语唯须胧。前人心里怯,干唤愧曹长。纸笔见续到,仍送一缣饷。钱多早发遣,物少被颉颃。解写除却名,揩赤将头放。

诗中"解写",张锡厚校作"解须"[①];刘瑞明校作"合须,意谓可能,必

---

① 张锡厚《王梵志诗校辑》,中华书局,1983年,第26页。

然"。项楚云:"解写,即解卸,句意谓解职除名也。"郭在贻认为刘说"未确"而项说"极是"①。我们认为诸家释义皆误,理由如下②。

"解写",敦煌写卷英藏斯 5441 号作"解须",联系句意当校作"解写"为是。写、须双声,同为心母,音近而易致误。敦煌写卷王梵志诗音近致误者甚多。如第 23 首"道士头侧方,浑身总著黄"之"身"字,斯 5441、伯 3211 号写卷皆作"甚"字;第 50 首"终归不免死"之"免"字,斯 5641 号写卷作"面"字,皆为音近而误例。

本诗揭露佐史腐败劣行。佐史利用办案恐吓民众,"火急捉将来,险语唯须脒",这样做,就是要达到"纸笔见续到,仍送一缣饷"的索贿目的。"钱多早发遣,物少被颉颃",多给钱麻烦少,少给钱受虐待,由此可知,当事人自当奉尽财物以求早日回家。如此一来,怎么糊弄上级?佐史自有办法:"解写除却名,揩赤将头放",这大概是当时习见的两种瞒天过海的手法。

"解写"有"描画"义,如宋辛弃疾《念奴娇》:"江南尽处,堕玉京仙子,绝尘英秀。彩笔风流,偏解写、姑射冰姿清瘦。笑杀春工,细窥天巧,妙绝应难有。"又宋仲殊《蝶恋花》:"欲仗丹青,巧笔彤牙管。解写伊川山色浅。谁能画得江天晚。"王梵志诗"解写"即表"描画"义,"解写除却名"即"解写(描画)名、除却名"。"名"被描画,实则是涂改而换成了另一个人的名字,结果自然是除名回家。

从"解写"与"除却"的组合关系来看,"除却"后带宾语"名",是动词,则居前的"解写"可能存在两种句法功能:一种是修饰关系充当副词,一种是并列或连动关系充当动词。可惜,张锡厚、刘瑞明二位先生只看到了"解写"充当副词的可能,故而释作"可能,必然"等义。项楚、郭在贻二位先生虽然看到了"解写"充当动词的可能,但是由于未能注意到此处"解写除却名"是"共用"修辞用法而失之确解,故把"解写"看作"解卸",又根据现今社会习见的先解职后除名的处置程序,故凭空增加了一个宾语"职",释作"解职"了。殊不知,此释义虽与"除却名"义有关,但与语境义却十分有碍:

---

① 郭在贻《敦煌写本王梵志诗汇校》,载《敦煌语言文学论文集》浙江古籍出版社,1988 年,第 330-331 页。

② 参见曹翔《王梵志诗词汇研究》,南京大学出版社,2013 年,第 260 页。

能被佐史里正（村长）这类基层小官员捉来的只能是平民百姓，他们哪里有职？又何谈"解职除名"呢？

"解写除却名"，即"解写名、除却名"，共用成分是"名"。"共用"修辞的运用使得前一个动词的宾语隐藏起来，显然这样的言语组合形式全然是为了避免宾语的重复而使表达更为紧凑顺畅。

又，揩赤①，刘瑞明云："应视为象声词喀哧的误字，句意谓少行贿必然喀哧一声把头砍掉。"项楚谓："揩有涂抹之义，揩赤者，谓以朱笔抹去簿书中的名字，将头放犹云将身放，谓放令归家，并非把头砍掉。"郭在贻认为刘说"未确"而"项说近是"②。

我们认为，郭说是，其他各家释义非是。揩赤，斯5441写卷作"楷赤"，联系句意当校作"揩赤"为是。揩、楷形音俱近，也易相混。从揩、楷的形旁看，"扌"旁与"木"旁手写易相混，王梵志诗有其例，第289首"阎老忽嗔迟，即棒伺命使"之"棒"，原作"捧"。敦煌变文中例证更多，如《妙法莲华经讲经文》"时时扫洒擅香水，处处庄严净土尘"之"擅"，当为"檀"之误③；《维摩诘经讲经文》"如河边枯挂，不久摧折"之"挂"，当为"桂"之误④。从声旁看，揩、楷均从皆得声，揩，溪母皆韵平声蟹摄；楷，溪母骇韵上声蟹摄，两字音近。

"揩赤"，即涂抹掉。"揩赤将头放"意谓涂抹掉（姓名）将他放回家。"头"即"人头"之"头"，实谓"人"，如元李行道《灰阑记》第一折："我想来，人的黑眼珠子，见这白银子没个不要的。则除预先安顿下他，见人头，与他一个银子，就都向着我了。"清刘鹗《老残游记》第十九回："有什么事，他人头儿也很熟，盼咐了，就好办的了。"老舍《龙须沟》第一幕："坐完车不给钱，您说是什么人头儿。"

赤，有"空、尽"义，文献多有用例，如《韩非子·十过》："晋国大旱，赤地三年。"陈奇猷集释："焦竑曰：古人谓空尽无物曰赤。"《南齐书·萧坦之

---

① 揩赤，刘文引作"楷赤"。
② 郭在贻《敦煌写本王梵志诗汇校》，载《敦煌语言文学论文集》浙江古籍出版社，1988年，第330-331页。
③ 王重民等《敦煌变文集》，人民文学出版社，1984年，第507页。
④ 王重民等《敦煌变文集》，人民文学出版社，1984年，第585页。

传》:"检家赤贫,唯有质钱帖子数百。"宋苏轼《送范纯粹守庆州》:"当年老使君,赤手降于菟。"今言有"赤贫如洗、赤手空拳、赤身裸体、赤裸裸"等,皆是其证。"揩"有擦拭、涂抹义(例多不赘),则知"揩赤"犹谓"涂掉,抹掉"义也。

又,解写,项楚注:"即'解卸','写'与'卸'通,如《斯坦因劫经录》1441《鹿儿赞文》:'国王闻此语,便即写(卸)了弦,弓作莲花树,箭作莲花枝。'即'写''卸'通用之证。"①

我们认为,项注误。项注引《鹿儿赞文》例,只能说明"写"可借作"卸",却并不能说明"解写"与"解卸"义通。卸,《说文》云:"舍车解马也。"即拆卸、解除义。解,有分解、解除义,如"庖丁解牛""解带为城",可见"解卸"同义连文。如《北史·恩幸传》:"神兽门外,有朝贵憩息之所,时人号为解卸厅。"敦煌变文《燕子赋》:"但雀儿祇缘脑子避难,暂时留连燕舍,既见空闲,暂歇解卸。"元邓玉宾《村里迓古·仕女园社》套曲:"解卸了一团儿娇,稍遍起浑身儿俏。"《二刻拍案惊奇》卷之七:"祝次安也恨着吕使君是禽兽一等人,心里巴不得不见他,趁他未来,把印绶解卸,交与僚官权时收着,竟自去了。"《清平山堂话本》卷三《阴骘积善》:"八方商旅,归店解卸行李。"可见,"解卸"意谓消解、卸除义,而与"解写(描画)"义别。

对王梵志此诗"解写""揩赤"的校释,我们运用了文献法、训诂法及现代语言学研究方法中的语法分析法、修辞法等综合方法。

思 考 题

1. 何为训诂?常见的训诂方法有哪些?
2. 举例说明文献甄别在汉语词汇历史演变中的作用。
3. 清人的训诂学成就表现在哪些方面?
4. 音训为什么到清代才被大家重视?

---

① 项楚《王梵志诗校注》增订本,上海古籍出版社,2010年,第106页。

5. 何为版本？如何选择版本？

6. 怎么甄别古籍版本的优劣？

7. 校勘常用的方法有哪些？

8. 汉语词汇学演变研究中常用到的现代语言学方法有哪些？

9. 运用语义场分析法，说说"夏衣"类常用词的区别特征。

10. 应用概念场分析法，分析头部概念场中"元""首""头""颅""脑""脑袋""脑壳"的替换分化情况。

第四章

汉语常用词演变的一般规律

汉语常用词演化发展的一般规律是什么？这是汉语词汇史研究需要回答的问题。常用词演变研究的一般规律是：词义的发展是由具体到抽象；词性是由实词演化为虚词。早期还运用借音词记义，六朝以后，汉语常用词以语素合成为主。

第一节　词义演变由实到虚

汉语词义引申一般沿着由实到虚、由具体到抽象的路径演化，下面举例说明。

的①，《说文·勺部》："明也"，字本作"旳"，段注："旳者，白之明也。故俗字作'的'。"宋玉《神女赋》："眉联娟以蛾扬兮，朱唇的其若丹。"《中庸》："君子之道，暗然而日章；小人之道，的然而日亡。""的然"与"暗然"相对表义，为一对反义词，可知"的"有明亮、鲜亮义。又如司马相如《上林赋》："皓齿粲烂，宜笑的皪。""的皪"，即明亮、鲜明的意思。实词"的"，都历切，合成今音 dì。

旳，写作"的"，从目前见到的资料来看，最早见于《汉溧阳长潘乾校官碑》（后世简称《校官碑》②）"发彼有的"之"的"。此碑刻于东汉灵帝光和四年（181），距今已有 1840 年的历史了。

"的"由明亮义引申出白色义，例如《易经·说卦》："其于马也，为善鸣，为馵足，为作足，为的颡。"三国吴虞翻曰："旳，白。颡，额也。"孔颖达疏："白额为的颡。"旳颡，谓马的头顶是白色的。旳（的）颡，也因此被借作马名，此马即后世所说的"的卢"马。"的卢"，也作"的颅"。由马头之"的"引申作"射的"之"的"，即射箭的靶子之中心部分③，古人的箭靶子中心以白

---

① 参见曹翔《汉语常用 100 词源流演变研究》，中国社会科学出版社，2019 年，第 31 页。
② 汉语大字典字形组《秦汉魏晋篆隶字形表》，四川辞书出版社，1985 年，第 443 页。
③ 箭靶，在古代有很多异名，如"侯、质、正、鹄、臬"等。《诗经·小雅·宾之初筵》："发彼有的（的）。"孔颖达疏：《周礼》郑众、马融注皆云：十尺曰侯，四尺曰鹄，二尺曰正，四寸曰质，则以为侯皆一丈，鹄及正质于一侯之中为此等级，则亦以此质为四寸也。王肃亦云：二尺曰正，四寸曰质。"又引《尔雅》云：'射，张皮谓之侯，侯中者谓之鹄，鹄中者谓之正，正方二尺也。正中谓之槷，方六寸也。'槷则质也。旧云四寸，今云方六寸，《尔雅》说之明，宜从之。此肃意唯改质为六寸，其余同郑马也。"

色为记，故而得名。《诗经·小雅·宾之初筵》"发彼有的"，借"的"为"旳"，毛传："的，质也。"《汉书·晁错传》："矢道同的。"唐颜师古注："的，谓所射之准臬①也。"《荀子·劝学篇》："质的张而弓矢至焉。"唐杨倞注："质，射侯也。的，正鹄也。"

又引申专指妇人面饰。汉刘熙《释名·释首饰》："以丹注面曰的。的，灼也，此本天子诸侯群妾当以次进御，其有月事者止而不御，重以口说，故注此于面灼然为识。女史见之则不书其名于第录也。"《史记·五宗世家》载长沙定王刘发故事："长沙定王发，发之母唐姬，故程姬侍者。景帝召程姬，程姬有所辟，不原进，而饰侍者唐儿使夜进。上醉不知，以为程姬而幸之。"唐司马贞索隐："姚氏按：《释名》云'天子诸侯群妾以次进御，有月事者止不御，更不口说，故以丹注面目旳的为识，令女史见之'。"东汉王粲《神女赋》："施华的兮结羽仪②。"

由靶子的"中心"义，比喻为莲的子实。《尔雅·释草》："其实莲，其根藕，其中的。"郭璞注："的，莲中子也。"宋邢昺疏："莲青皮裹白子为的。"字亦作"菂"。

"的"，由名词靶子中心义引申为实在、确实，词义开始虚化。例如《三国志·魏志·崔林传》："余国各遣子来朝，间使连属，（崔）林恐所遣或非真的，权取疏属贾胡，因通使命，利得印绶，而道路护送，所损滋多。"《南齐书·礼志》："泛之为言，无的之辞。"由此引申出副词的用法，音转为 dí，如唐白居易《出斋日喜皇甫十早访》："除却郎之携一榼，的应不是别人来。""的"，用在谓词性词语前，充当状语，为副词，"确实"义。又如宋柳永《安公子》之二："虽后约，的有于飞愿，奈片时难过，怎得如今便见。""的有"，即犹言"的确有"。又如晏殊《蝶恋花》："人面荷花，的的遥相似。""的的"，副词，即"的确""确实"义。

"的"借用作结构助词时，语音轻化，读 de。结构助词进一步虚化，演化为语气词，仍读轻音 de。

---

① 臬，niè，箭靶子。《说文·木部》："臬，射准的也。"
② 羽仪，羽毛饰品。

我们再看看"所"是如何由实到虚演化的①。

"所",本义谓处所,是个名词,如《诗经·郑风·大叔于田》:"袒裼暴虎②,献于公所。""公所",即主公的住所。《诗经·魏风·硕鼠》:"乐土乐土,爰得我所。""我所",即我安居的地方。《诗经·商颂·烈祖》:"及尔斯所。"斯,指示代词;斯所,此处,指宋国国土。《论语·为政》:"子曰:'为政以德,譬如北辰,居其所而众星共之。'""居其所",在它自己的位置、地方。又如《国语·晋语九》:"令鼓人各复其所。""复其所",即鼓人回到原来站立的地方。

自汉代始,皇帝的车驾所到处叫"行在所",汉蔡邕《独断》云:"天子以四海为家,故谓所居为行在所。"由处所义又引申指官职或政府办事机构的名称,如唐喻凫《寄刘录事》诗"今在提纲所,应难扫石眠","提纲所"③,即提纲所在的办公地。据宋赵彦卫《云麓漫钞》可知,表示专名的"所"起于六朝。《云麓漫钞》卷六云:"'所'之名见于六朝永昌二年置牺所,又有钱所,天监中有刻漏所。"永昌二年,即东晋元帝司马睿的第三个年号的第二年(323)。这种用法一直延续至今,如《元史·食货志二》"太宗甲午年,始立征收课税所"之"课税所",今有"派出所、招待所、诊疗所、语言研究所"等。

金元时,"所"由办公场所引申出驻军和屯军的建制,例如《元史·兵志二》:"睿宗在潜邸④,尝于居庸关立南、北口屯军,徼巡盗贼,各设千户所。"明、清时,发展成"卫所制",《明史·兵志二》:"天下既定,度要害地,系一郡者设所,连郡者设卫。大率五千六百人为卫,千一百二十人为千户所,百十有二为百户所。"《清史稿·食货志一》:"(乾隆)四十一年,令叶尔羌成丁余回,特畀耕地编户,凡千五百户为一所,三千户为一卫。"

"所",由处所义引申出量词的用法。古汉语数词直接修饰名词,名词表示事物的"量"的单位时,就演化为量词。就我们掌握的材料来看,春秋战国之

---

① 参见曹翔《汉语常用100词源流演变研究》,中国社会科学出版社,2019年,第35页。
② 袒裼暴虎,袒身赤膊与猛虎搏斗。
③ 唐宋委官运送货物及赋税于京师,称为"纲",如茶纲、马纲、花石纲之类。管领其事称为"提纲",其办公处叫"提纲所"。唐方干《送婺州许录事》诗:"曙星没尽提纲去,暝角吹残锁印归。"诗中所言"提纲",即为其事。
④ 潜邸,古代称天子即位前所居住的宅第。

前未发现"所"充当量词的用法,秦汉时,"所"充当量词的用法出现,例如《史记·扁鹊仓公列传》:"刺足阳明脉,左右各三所,病旋已。""左右各三所",即左右各三处,不过此处"所"仍然含有处所的意味,还是名量词的初始萌发期。东汉班固《西都赋》:"缭以宫墙四百余里,离宫别馆三十六所。""离宫别馆三十六所"之"所",已经成为处所量词了。又如北魏郦道元《水经注·河水四》:"岸上并有庙祠,祠前有石碑三所。"唐《括地志·东夷》:"百济国西南海中,有大岛十五所,皆置邑,有人居,属百济。"唐代,量词"所"进一步发展,可以用作非处所量词。例如《敦煌变文集·搜神记》:"我卧处床西头函子中,有子书七卷,弹琴玉爪一枚,紫檀如意杖一所,与弟为信。""如意杖一所",即如意杖一根。

上古汉语,宾语前置①,表示处所的"所"常用于动词前,如《左传·僖公三十二年》:"其北陵,文王之所避风雨也。""所避风雨",即躲避风雨的地方。《诗经·鄘风·载驰》:"大夫君子,无我有尤;百尔所思,不如我所之。""我所之",即"我之所"的意思,犹言"我到的地方"。《孟子·离娄》:"其妻告其妾曰:'良人出,则必餍酒肉而后反。问其与饮食者,尽富贵也,而未尝有显者来。吾将瞷良人之所之也。'""良人之所之",即丈夫所到的地方。《山海经·大荒西经》:"大荒之中,有山名曰丰沮玉门,日月所入。""日月所入",即日月降落的地方。《吕氏春秋·察今》:"其剑自舟中坠于水,遽契其舟,曰'是吾剑之所从坠'。"汉东方朔《七谏》:"弧弓弛而不张兮,孰云知其所至?""所至",即至所,强弓射到的地方。《中庸》第三十一章:"是以声名洋溢乎中国,施及蛮貊。舟车所至,人力所通,天之所覆,地之所载,日月所照,霜露所队:凡有血气者莫不尊亲。故曰:'配天'。""所至",即"至所",舟车行驶到的地方;"所通",即通所,人力能到的地方;"所覆",即覆所,苍天覆盖的地方;"所载",即大地承载的地方;"所照",即日月照耀的地方;"所队(坠)",即霜露坠落的地方。又如《论衡·书虚》:"盖人目之所见,不过十里。"

---

① 上古汉语有所谓宾语前置的用法,即名词宾语位于动词的前面,如《左传·曹刿论战》"肉食者谋之","肉食者",即食肉者(吃肉的人,即指挥者),名词"肉"是动词"食"的受事宾语。

当"处所"义逐渐虚化,"所"就变成了一个辅助性的代词,这就是延续至今还在运用的"所+动词"的"所"字结构,"所"字结构相当于一个名词。如《庄子·养生主》:"始臣之解牛之时,所见无非牛者。""所见",即所见到的(那个东西)。又如《孟子·告子上》:"生,亦我所欲也;义,亦我所欲也。"唐白居易《与元九书》:"时之所重,仆之所轻。"

辅助性代词"所"和介词"以"组成"所以+"短语,"所以"与形容词或动词组成名词性词组,《史记·卫康叔世家》:"必求殷之贤人君子长者,问其先殷所以兴,所以亡,而务爱民。"根据"以"的不同用法与具体语言环境,"所以"有不同的含义,表示办法、原因、根据等。如《墨子·公输》:"吾知所以距子矣,吾不言。""所以距子",即对抗您的方法。诸葛亮《出师表》:"亲贤臣,远小人,此先汉所以兴隆也。""此先汉所以兴隆",意谓这就是前汉兴隆的原因。

"所以"后附的动词还可以不出现,如《文子·自然》:"天下有始,莫知其理,唯圣人能知所以。""唯圣人能知所以"(比较《左传·哀公二十七年》"文子曰:'吾乃今知所以亡。'"),即只有圣人才能知道(天下有始的)原因。又如《史记·太史公自序》:"《春秋》之中,弑君三十六,亡国五十二,诸侯奔走不得保其社稷者不可胜数。察其所以,皆失其本已。"唐韩愈《李花》诗之一:"问之不肯道所以,独绕百匝至日斜。"金董解元《西厢记诸宫调》卷一:"红娘曰:'非先生所知也。'生曰:'愿闻所以。'"《儒林外史》第一回:"问其所以,都是黄河沿上的州县,被河水决了,天庐房舍,尽行漂没。"此类用法的"所以",习用既久,遂演化为一个名词,其中的"所"也随之演化为构词的一个语素了。

当"所以"用在两个单句间,表示结果或原因,连词的用法就产生了,《荀子·哀公》:"君不此问,而问舜冠,所以不对。""所以",表示结果。《史记·魏公子列传》:"胜所以自附为婚姻者,以公子之高义,为能急人之困。"句中"所以"用于主谓短语前,表示原因。又如北齐颜之推《颜氏家训·慕贤》:"世人多蔽,贵耳贱目,重遥轻近……所以鲁人谓孔子为'东家丘'。"唐李白《与韩荆州书》:"一登龙门,则声誉十倍,所以龙盘凤逸之士,皆欲收名定价于君侯。"

辅助性代词"所"用在动词前，进一步虚化，就变成了助词，如《史记·六国年表》："或曰：'东方物所始生，西方物之成孰。'"句中"所"与"之"位置相对，可以分析为助词。这种助词用法，主要是为了满足双音节节律的需要，如《论语·述而》："子所/雅言，《诗》《书》执礼，皆雅言也。"《左传·襄公九年》："火所/未至，彻小屋，涂大屋。"《汉书·食货志》："粟者/民之/所种，生于地而不乏。"

"所"意义虚化的痕迹完整地保留在表示被动的"为……所……"句式中，如《史记·屈原贾生列传》："其后楚日以削，数十年，竟为秦所灭。"《汉书·霍光传》："卫太子为江充所败。"《三国志·魏志·武帝纪》："太祖为流矢所中。"《资治通鉴·汉献帝建安十三年》："巨是凡人，偏在远郡，行将为人所并。"宋苏洵《六国论》："为国者无使为积威之所劫哉。"此类"为……所+动词"表达形式，到了东汉时已经可以说成"为……+动词"了，比较《汉书·高帝纪》"吾属今为沛公虏矣"、《汉书·五行志下》"军败身伤，为诸侯笑"，可知此类句中的"所"字可以省略，"所"至此已经成为一个可以省略的助词了。

"所+动词"组成"所"字结构，相当于一个名词，这时可以充当动词"有、无"的宾语，"所"的作用是使后附的动词名词化，如《左传·僖公四年》："虽众，无所用之。"《左传·成公二年》："能进不能退，君无所辱命。"《战国策·赵策四》："窃自恕，而恐太后玉体之有所郄也。"《史记·淮阴侯列传》："必欲争天下，非信无所与计事者。"《史记·李将军列传》："（李陵）尝深入匈奴二千余里，过居延，视地形，无所见虏而还。"

"所+动词"中的"所"，虚化时，经过重新分析，这时"所"有时带有副词的语法意义，如《晏子春秋·内篇杂下》："圣人非所与戏也。"清王引之《经传释词》云："'所'犹'可'也……'非'犹'不'也。言圣人不可与戏也。"[①] 清王引之把"所"对译为助动词"可"。《文子·道德》："老子曰：民有道，所同行；有法，所同守。义不能相固，威不能相必，故立君以一之。""所同行""所同守"之"所"，义同"可"。《史记·淮阴侯列传》："必欲争天下，

[①] 王引之《经传释词》，岳麓书社，1984年，第210页。

非信无所与计事者。"此例在《汉书·韩信传》中,"所"作"可"。又如唐高适《同群公宿开善寺赠陈十六所居》诗:"知君悟此道,所未披袈裟。"唐柳宗元《韦道安》诗:"褐来事儒术,十载所能逞。"诸例中的"所"在具体的上下文语境都可以看作副词,不过这种用法未能延续下来,现代汉语已经不用了。

那么,"所"字的本义是怎么来的呢?

所,小篆从户从斤。东汉许慎《说文·斤部》:"伐木所所。从斤,户声。""所"从"斤"得义,伐木的工具为"斤",在许慎看来,"所"是专为锯木之声创造的拟声词,今音 hǔ。清段玉裁《说文解字注》认为《诗经》"伐木丁丁""伐木所所",其中"丁丁者,斧斤声;所所,则锯声也"。清朱骏声也认为《诗经》"所所"是个模拟锯木的拟声词,朱氏《说文通训定声》云:"《诗》曰:'伐木所所',毛本作'许许',按锯声也。"

所,同音假借为"许",用在数字后,意谓左右,读 xǔ,如《史记·扁鹊仓公列传》:"今庆已死十年所。"《史记·滑稽列传》:"从弟子女十人所,皆衣缯单衣,立大巫后。"《礼记·檀弓》:"其高可隐也。"郑玄注:"谓高四尺所。"《汉书·疏广传》:"数问其家金余尚有几所,趣卖以共具。"唐颜师古注:"几所,犹几许也。"《汉书·张良传》:"父去里所复还。"颜师古注:"里所,犹里许也。"《汉书·郊祀志》:"建章、未央、长乐宫钟虡[1]铜人皆生毛,长一寸所。""长一寸所",即长一寸左右。

表示处所之"所"字,从户取义(单扇门),斤声,与"伐木所所"之"所"字(从斤取义,伐木工具,户声)当是两个"同形"近音的字。上古斤字属见母文韵,户字属匣母鱼韵。"处所"之"所",与"伐木所所"之"所",两音相近而非音同,声母发音部位相同,同属于舌根音,韵母都是高元音。

清人朱骏声《说文通训定声》认为"处所"之"所"是伐木声"所所"的假借字,今人周绪全、王澄愚也认为是从伐木声假借为处所之"所"[2],皆不确。"所",战国金文很常见,如战国金文《鱼鼎匕》"母(毋)处其所",其中"所"字,字形即从"户(单扇门)"得义,此"所"字谓"房屋"义。又如

---

[1] 虡,jù,古代悬挂钟或磬的架子两旁的柱子。
[2] 周绪全、王澄愚《古汉语常用词源流辞典》,重庆出版社,1991年,第337页。

《不易戈》《庚壶》中的"所"字，字形也都是从"户"取义①。从金文"处所"之"所"字的构形，足以证明，伐木声"所"字与处所之"所"字，除了偶然的音近外，没有表义上的直接联系，是两个同形字。

我们再看"等"是如何由实到虚，由具体到抽象演化发展的②。

等，《说文·竹部》："齐简也。从竹从寺。寺，官曹之等平也。"段注："齐简者，叠简册齐之，如今人整齐书籍也。引伸为凡齐之称……《刀部》云：'则，等画物也。'从竹寺会意。寺，官曹之等平也，说从寺之意。《寸部》曰：'寺，廷也'，有法度者也，故从寸。官之所止九寺，于此等平法度，故等从竹寺。"等，本义谓整理竹简使之齐整，即等齐义，《广雅·释诂四》："等，齐也。"引申出相等、等同义。例如《吕氏春秋·慎势》："权钧则不能相使，势等则不能相并。"《史记·陈涉世家》："今亡亦死，举大计亦死，等死，死国可乎？"《史记·孟尝君列传》："食客数千人，无贵贱，一与文等。""一与文等"，意即"一律与我田文相同"。《淮南子·主术训》："有法者而不用，与无法等。"高诱注："等，同。"又三国魏曹植《三良》诗："生时等荣乐，既没同忧患。"唐寒山诗："自怜心的实，坚固等金刚。"宋王安石《宋石赓归宁》诗："微诗等瓦砾，持用报隋和。"

物以类聚，人以群分。同类、同等的事物聚集在一起，即有同辈义，动词"等"位于名词后组成名词性结构，充当主语、宾语。如《史记·陈涉世家》："公等遇雨，皆已失期，失期当斩。"《史记·平原君传》："公等录录，所谓因人成事者也。"③《汉书·赵皇后传》载司隶解光奏文："（曹）宫曰：'善臧我儿胞，丞知是何等儿也。'"

助词"等"由同辈义进一步虚化，表示复数，例如《墨子·公输》："然臣之弟子禽滑等三百人，已持臣守圉之器，在宋城上，而待楚寇矣。""臣之弟子禽滑等三百人"，可以理解为臣的弟子禽滑辈共三百人，"等"后面连接数词，已经具备了助词的性质，又如《史记·项羽本纪》："沛公则置车骑，脱身独骑，与樊哙、夏侯婴、靳彊（强）、纪信等四人持剑盾步走，从郦山下道芷阳

---

① 李圃《古文字诂林》第十册，上海教育出版社，2004年，第650页。
② 参见曹翔《汉语常用100词源流演变研究》，中国社会科学出版社，2019年，第70页。
③ 句子大意：你等平庸无所作为，正如别人所说的是那种靠着别人才能成事的人。

间行。"例中"等",表示列举。《魏书·太祖纪》:"于是北部大人叔孙普洛等十三人及诸乌丸亡奔卫辰。""等"表示复数。南朝梁任昉《奏弹刘整》:"(刘)整母子尔时便同出中庭,隔箔与范相骂。婢采音及奴教子、楚玉、法志等四人,于时在整母子左右。"北魏杨之《洛阳伽蓝记》卷二"城东·璎珞寺":"里内有璎珞、慈善、晖和、通觉、晖玄、宗圣、魏昌、熙平、崇真、因果等十寺。"唐长孙无忌等《唐律疏议》卷一"名例":"'夫'者,依礼,有三月庙见,有未庙见,或就婚等三种之夫,并同夫法。"《旧唐书·太宗本纪下》:"庚午,次泾阳顿。铁勒回纥、拔野古、同罗、仆骨、多滥葛、思结、阿跌、契苾、跌结、浑、斛薛等十一姓,各遣使朝贡。"宋周煇《清波别志》卷上:"唐亦尚骚雅,如春城飞花、春日得衣等句,悉被褒赏。"末例"等",表示列举未尽。

等,由等同义引申出等级、等次义,即段玉裁注所云:"凡物齐之,则高下历历可见,故曰等级。"由动词演化为名词,例如《周礼·夏官·司兵》:"掌五兵五盾,各辨其物与其等,以待军事。"《论语·乡党》:"出,降一等,逞颜色,怡怡如也。"《吕氏春秋·召类》:"故明堂茅茨蒿柱,土阶三等,以见节俭。"《礼记·曲礼上》:"侍坐于所尊,敬毋余席,见同等不起。"《礼记·檀弓上》:"夫子曰:'献子加于人一等矣。'"《史记·平准书》:"金有三等:黄金为上,白金为中,赤金为下。"汉班固《白虎通·爵》:"爵有五等,以法五行也,或三等者,法三光也。"《后汉书·蔡茂列传》:"以高等擢拜议郎,迁侍中。"《三国志·蜀志·诸葛亮传》:"请自贬三等。"

由等级、辈分引申为分等、区别,由名词演化为动词。例如《国语·鲁语上》:"夫宗庙之有昭穆也,以次世之长幼,而等胄之亲疏也。""等胄之亲疏"与"次世之长幼"相对,"等"与"次"相对,也是动词,意谓分别。《礼记·乐记》:"礼仪立,则贵贱等矣。""贵贱等",即贵贱得以区分。

事物由不齐整到齐整,一般都有一个过程,于是"等"产生出等待、等到①义,这属于由空间到时间的转移引申,就像"年"的引申一样,"年"本来

---

① "等"的这个义项,《古汉语常用词源流辞典》认为是"假借"(周绪全、王澄愚编著,重庆出版社,1991年,第69页)。

表示庄稼成熟一茬，引申出表示庄稼成熟经历的时间，即为一"年"。不过，"等"的这种用法产生较晚，大约在隋唐时期，如唐杜佑《通典·兵九》附《抽军》引大唐卫公李靖兵法云："所抽之队，去旧队百步以下，遂便立队，令持戈枪刀棒并弓弩等，张施待贼。张施了，即抽前队。如贼来逼，所张弓弩等人，便即放箭奋击。如其贼止不来，其所抽队，便过向前百步以下，遂便准前立队，张施弓弩等待贼。既张施讫，准前抽前队，隔次立阵，即免被贼奔蹙。"唐路德延《小儿诗》："等鹊前篱畔，听蛩①伏砌边。"《景德传灯录·布袋和尚》："师在街衢立，有僧问：'和尚在遮里做什么？'师曰：'等个人。'"宋姜夔《疏影》词："等恁时重觅幽香，已入小窗横幅。"南宋范成大《州桥》诗："州桥南北是天街，父老年年等驾回。忍泪失声询使者：几时真有六军来？"这种用法，一直延续下来，例如："你等我回来，我们一道走。"

不仅词义由实到虚演化，词性演化也是如此，虚词大都是由实词演化而来，如介词通常来源于动词。下面以"从"为例说明之②。

从（從），《说文·从部》："相听也。从二人。凡从之属皆从从。"又："從，随行也。从辵，从从，亦声。"许慎将"从""從"分开释义，"从"的本义是听从，"從"本义是跟从，不确。段注："从者，今之從字。從行而从废矣。"段说是。从，传世古文献中多作"從"，汉字简化后作"从"。

从，甲骨文中多见，字呈二人相随形。本义为跟随，动词。于省吾《双剑誃殷契骈枝续编·释从雨》云："从、從，古今字。"马叙伦云："林义光曰：'從，即从之或体③。'伦按：随行也，即从字义。此增辵以见行意，犹卬之增辵为迎矣。后起字每然也……字见《急就篇》。疑《急就》本作从，传写者以通行字易之。"（《说文解字六书疏证》卷十五）可见，从、從，古今字，先有"从"，在"从"的基础上，增加表示行走的形旁"辵"。從，甲骨文中偶见，钟鼎文中多起来④（本文后面的用例均用简化字"从"）。例如《诗经·大雅·既醉》："釐尔女士，从以孙子。"⑤ 郑玄笺："从，随也。"《论语·微子》："子

---

① 蛩，qióng，蟋蟀。
② 参见曹翔《汉语常用100词源流演变研究》，中国社会科学出版社，2019年，第144页。
③ 或体，即异体字。
④ 参见李圃主编《古文字诂林》第七册，上海教育出版社，2002年，第478页。
⑤ 釐，通"赉"，赐予。句子大意是：上天赏赐的才女啊，追随您的子孙啊。

路从而后。"《左传·庄公十年》："可以一战,战则请从。"《楚辞·九歌·山鬼》："乘赤豹兮从文狸。"洪兴祖补注："从,随行也。"唐杜甫《石壕吏》诗:"老妪力虽衰,请从吏夜归。"

由跟随义引申出"听从""顺从"义,例如《尚书·洪范》:"五事:一曰貌,二曰言,三曰视,四曰听,五曰思。貌曰恭,言曰从,视曰明,听曰聪,思曰睿。"清江声集注音疏:"从,顺也。"《尚书·益稷》:"女毋面从,退有后言。"清江声集注音疏:"从,听也。"《左传·庄公十年》:"小惠未徧(遍),民弗从也。"《论语·子路》:"子曰:'其身正,不令而行;其身不正,虽令不从。'"《史记·陈涉世家》:"乃诈称公子扶苏、项燕,从民欲也。"

"听从""顺从",即跟随别人一起做某事,故引申为参加、参与。《左传·成公十六年》:"君之外臣至(郤至)从寡君之戎事,以君之灵,间蒙甲胄,不敢拜命。"《论语·微子》:"已而,已而,今之从政者殆而。"①《淮南子·主术训》:"是犹贯甲胄而入宗庙,被罗纨而从军旅,失乐之所由生矣。"宋曾巩《故太常博士吴君墓碣》:"初,君从进士试,屡不中。"

跟随做事为"从",由动作转指动作的施动者,"从"也由动词转化为名词,即随从者,例如《诗经·齐风·敝笱》:"齐子归止,其从如水。"②《大戴礼记·夏小正》:"鹿人从者,从群也。""鹿人从",意谓鹿像人一样相互跟随。王聘珍解诂:"从者,随也。人从者,言如人之相从也。"《史记·刺客列传》:"从者以告其主。"唐司马贞索隐:"从者,谓主人家之左右也。"南朝梁沈约《齐故安陆昭王碑文》:"倾山尽落,其从如云。"

从者是跟随在后的人,故在法律判决上,主谋的人为首,随从者为从,为次。唐《唐律疏议·名例》"诸共犯罪"条:"议曰:'共犯罪者',谓二人以上共犯,以造意者为首,余并为从。"

由跟从、听从义引申,谓采取的方法或办法。汉班固《白虎通·考黜》:"君子重德薄刑,赏宜从重。"南朝梁刘勰《文心雕龙·练字》:"自晋来用字,率从简易。时并习易,人谁其难?"《警世通言·老门生三世报恩》:"又替他纠

---

① 句子大意是:算了吧,算了吧,现在参与政治的人已经很危险了啊。
② 句子大意是:齐国的女子回国,随从的人像水一样多。

合同年，在各衙门恳求方便，躏公遂得从轻降处。"

"从"后跟名词，修饰动词性词语时，经过重新分析，"从"演变为介词，用于介绍方位、处所。《左传·宣公二年》："晋灵公不君……从台上弹人，而观其辟（避）丸也。"《孟子·离娄下》："齐人有一妻一妾而处室者，其良人出，则必餍酒肉而后反……而良人未之知也，施施从外来，骄其妻妾。"《韩非子·十过》："（晋）平公曰：'寡人老矣，所好者音也，愿遂听之。'师旷不得已而鼓之。一奏之，有玄云从西北方起；再奏之，大风至，大雨随之，裂帷幕，破俎豆，隳廊瓦。"唐韩愈《南阳樊绍述墓志铭》："樊绍述既卒，且葬，愈将铭之，从其家求书，得书，号《魁纪公》者三十卷。"由处所转指时间，例如唐韩愈《盆池》诗之二："从今有雨君须记，来听萧萧打叶声。"表示听从、跟从，例如汉赵晔《吴越春秋·勾践阴谋外传》："越国洿下，水旱不调，年谷不登，人民饥乏，道荐饥馁，愿从大王请籴。"《后汉书·逸民列传·韩康》："时有女子从康买药，康守价不移。"用于表示起点。《尔雅·释诂上》："从，自也。"《诗经·小雅·何人斯》："伊谁云从。"郑笺："潜我者是言从谁生乎？"《孟子·梁惠王上》"上下交征利"，汉赵岐注："从王至庶人。"清焦循正义："从，自也。"又如柳宗元《小石潭记》："从小丘西行百二十步。"由起点表示方位，在，由。汉袁康《越绝书·外传记越地传》："勾践伐吴，霸关东，从琅琊起观台，台周七里，以望东海。"南朝宋刘义庆《世说新语·赏誉》："桓大司马病。谢公往省病，从东门入。"宋陈鹄《耆旧续闻》卷一："有一士人从贵宦幕外过，见其女乐甚都。注目久之，观者狎至，触坠其幕。"用于表示根据，依照。《淮南子·说山训》："圣人从外知内，以见知隐也。"《列子·黄帝》："若能入火取锦者，从所得多少赏若。"北魏贾思勰《齐民要术·笨曲并酒·穄米酎法》："计六斗米，用水一斗。从酿多少，率以此加之。"

副词"最"，也是实词虚化的结果①。

最，《说文·冃部》："犯而取也。从冃从取。"冃，今音 mào，即帽子，蒙覆义；取，上古战争中，割取敌人左耳以作为考核军功的凭据。最，本义为合计军功最多，动词。例如《史记·绛侯周勃世家》："攻槐里、好畤，最。"南

---

① 参见曹翔《汉语常用100词源流演变研究》，中国社会科学出版社，2019年，第203页。

朝宋裴骃集解引三国魏如淳曰："于将率（帅）之中功为最。"唐李延寿《南史·周文育传》："频战功最，进爵寿昌县公。""频战功最"，即因频频出战，功劳最大。引申用于数量词或名词前，表示动作行为发生、出现的次数，或时间、人事的总和。例如《史记·绛侯周勃世家》："最从高帝得相国一人，丞相二人，将军、二千石各三人。"唐司马贞索引："最，都凡也。谓总举其从高祖攻战克获之数也。"《汉书·卫青霍去病传》："最大将军青凡七出击匈奴，斩捕首虏五万余级。"

动词"最"，用于谓词性词语前，词义虚化，由军功最多引申用作副词，表示"极"，例如《商君书·外内》："故农之用力最苦，而赢利少，不如商贾技巧之人。"①《庄子·天下》："然惠施之口谈，自以为最贤。"《韩非子·外储说右上》："故桓公问管仲曰：'治国最奚患？'对曰：'最患社鼠矣。'"《谷梁传·文公十一年》："叔孙得臣最善射者也。"《战国策·赵策一》："及三晋分知氏，赵襄子最怨知伯，而将其头以为饮器。"《战国策·赵策四》："老臣贱息舒祺最少，不肖。"《史记·萧相国世家》："高祖以萧何功最盛，封为鄼侯。"《史记·滑稽列传》："三子之才能，谁最贤哉？"

词义演变除了由实到虚外，还有其他的演变规律。例如用于尊称时按照由贵到贱的引申，这在汉语称谓语中表现得非常充分，"大夫""郎中"本都是官名，但是后来引申称谓悬壶治病的医生（为区别词义，"大夫" dà fū 变读字音 dài fū）；"先生"，起初表示对年长德高、有学问的人的尊称，后来引申泛称成年的男子。

《辞源》释义"小姐"："宋时一般指社会地位低微的女性。"例引宋代钱惟演《玉堂逢辰录·荣王宫火》中的"掌茶酒宫人韩小姐"，这里的"小姐"指"宫婢"。又如马纯《陶朱新录》中的"陈彦修小姐"为侍姬，岳珂《桯史·汪革谣谶》中的"洪恭"妾为"小姐"。《辞源》认为"小姐"词义引申："后多作官僚富家未婚少女的敬称。"② 如元王实甫《西厢记》第一本楔子："只生得个小姐，小字莺莺。"清赵翼《陔余丛考·小姐》亦曰："今南方搢绅家女多称

---

① 句子大意是：因此农民出力最勤苦，而获得的余利却很少，不如经商和从事技艺的人。
② 《辞源》，商务印书馆，2015年，第1193页。

小姐，在宋时则闺阁女称小娘子，而小姐乃贱者之称耳。"

从现有文献用例来看，《辞源》和赵翼对"小姐"引申义的解释是对的，但是从词义引申的理据来看却是错误的。其实"小姐"一词的词义演变，也是由贵到贱引申，正如刘毓庆先生解释的那样：

> 就人情而言，人莫不喜富贵而恶贫贱，故移尊者之称于贱者，以表示尊敬之义，乃人之常情。而移贱者之称于尊者，以示尊敬，则是绝无之理。"小姐"作为尊称，其必始于仕宦之家，而兼及于乐户妓人。但因仕家女子深居简出，很少与外界交往，故鲜见诸文字①。

词义演变用于谦称时，按照由贱到贵的引申。例如谦称自己的妻子为"拙荆""村妇""浑家"等。

词义引申还有由人及物，例如"蟋蟀"，民间也叫"纺织娘""络纱婆""络丝娘"等。词义引申还可以由物及人，例如称呼语"陛下""阁下""活阎王"等。此处不赘，有兴趣的读者自己论证。

第二节 语 法 化

18世纪法国哲学家艾蒂安·邦诺·德·康迪拉克（Etienne Bonnot de Condillac）最先指出动词的屈折形态是由独立的词变来的。二十世纪初法国历史比较语言学家梅耶（Meillet）提出了语法化的概念（《语法形式的演变》，1912），即实词的实在意义演化为抽象意义，并提出了类推在语法演变中具有重要作用。到20世纪80年代中后期语法化作为一门学科才正式形成。目前学者们对语法化的研究主要集中在语法化的演变规律、语法化发生的动因和背后的制约机制、语法化过程中形式与意义的演变关系以及语法化的个案研究四个方面。主要代表人物及其观点有：美国历史语言学家莱曼（Winfred P. Lehmann，1992）指出语法化过程有五个"伴随特点"：范例化、强制化、缩

---

① 刘毓庆《"小姐"考》，《中国语文》2003年第5期，第473页。

略、接合、固定化。中国学者沈家煊（1994）将语法化原则归纳为9条：并存原则、分化原则、择一原则、保持原则、范畴退化、滞后原则、频率原则、渐变原则、单循环原则①，以及语义演变的机制：去语义化、语境泛化、去范畴化、语音减损。美国语言学家特拉格特（Elizbeth closs Traugott，2003）提出了语法化的一条重要规律：命题的＞语篇的＞表达的意义（交际互动的，人际的）。

90年代以后，语法化在国内引起重视。目前国内对语法化理论的探讨主要集中在探索语法发展的动因和机制上。刘坚、曹广顺、吴福祥（1995）在探讨诱发词汇语法化的重要因素时提出了四个语法化的动因：句法位置的改变、词义变化、语境影响、重新分析。沈家煊（1998）认为实词虚化的机制有五种：隐喻、推理、泛化、和谐和吸收。王寅、严辰松（2005）将影响语法化的因素分为动因和机制两种类型，认为动因有语言接触、创新用法、误解和误用、语用理据；重新分析和类推、隐喻和转喻、主观性和主观化是影响语法化的重要机制。石毓智（2011）提出了十八种影响语法化的因素，如：演化机制、语义基础、词汇的高频率、系统诱发、现实规则等。曹爽（2012）认为语义变化是语法化的表现形式而不是机制。李宗江（2017）还提出了句法成分的功能悬空和临界频率对语法化也有重要影响，而且李宗江与曹爽的观点有相似之处，认为词义虚化是语法化现象的表现形式，但他又指出虚化可以是下一阶段语法化的条件之一，对语法化产生影响。与王寅、严辰松相似，李宗江（2017）将影响语法化的因素分为两个概念——动因和机制。动因是指语言接触、语言类型和语法系统的特点、语法位置、语义特征、语境等因素，这些因素都是语法化产生的必要条件但不是充分条件。机制是指影响语法化的一些现实因素，包含隐喻和语用推理两种导致新的语法意义产生的机制以及导致新的语法功能产生的机制——类推和重新分析。储泽祥、谢晓明（2002）还提出了汉语语法化研究应重视的几个问题：语法化的定义、形式与意义的伴随、语义俯瞰与虚词的涵盖义、语法化与配价、语法化与方言等。沈家煊等人对语法化规律和研究问题的考察为研究语法化的动因和机制提供了参考。

---

① 沈家煊《"语法化"研究综观》，《外语教学与研究》，1994年第4期，第17-24页。

近年来众多学者还关注了语义演变和句法演变的关系，如贝罗贝、李明（2015）论述了语义演变和语法化的关系。他们认为表面句法形式发生在重新分析和语义变化之后。洪波（2015）提出句法语义因素对词汇虚化的影响具有强制性。李宗江（2015）认为大多语法化都可以找到语义的理由，句法并不能解释所有的语法化，因此语法化研究应该关注语义问题。

词汇语法化是人类语言发展过程中普遍存在的一种现象。汉语词汇很早就有虚实之分，所谓实词是指那些具有实实在在的词汇意义的词，虚词则是指那些没有词汇意义而仅有语法意义并在语句中起一定的语法作用的词。考察汉语的发展历史，虚词一般是由实词转变来的。通常是某个实词或因句法位置、组合功能的变化而造成词义演变，或因词义的变化而引起句法位置、组合功能的改变，最终使之失去原来的词汇意义，在语句中只具有某种语法意义，变成了虚词，这个过程可以称之为"语法化"。

近年来，西方语言学家对语法化理论的研究颇为重视，成果不断问世。对于汉语共时和历时的研究来说，语法化现象的理论探讨更具有特殊的意义和价值。因为汉语是一种没有形态（狭义）的语言，表达语法关系的主要手段是虚词和词序，正是词汇语法化的演变使汉语中产生了一批在语言表达中不可或缺的虚词。

词汇语法化是一个复杂的历史过程，所涉及的因素较多，主要有以下几个方面[①]。

一、句法位置

就多数情况而言，词汇的语法化首先是由某一实词句法位置改变而诱发的。汉语的虚词多数是由动词、形容词虚化而来。动词通常的句法位置是在"主—谓—宾"格式中充当谓语。在这种组合形式中，充当谓语的动词，一般只有一个，它是句子结构的核心成分，它所表达的动作或状态是实实在在的。如果某个动词不用于"主—谓—宾"组合格式，不是一个句子中唯一的动词，

[①] 参见刘坚、曹广顺、吴福祥《论诱发汉语词汇语法化的若干因素》，《中国语文》1995年第3期。

并且不是句子的中心动词（主要动词）时（如在连动式中充当次要动词），该动词的动词性就会减弱。当一个动词经常在句子中充当次要动词，它的这种语法位置被固定下来之后，其词义就会慢慢抽象化、虚化，再发展下去，其语法功能就会发生变化：不再作为谓语的构成部分，而变成了谓语动词的修饰成分或补充成分。词义进一步虚化便导致该动词的语法化：由词汇单位变成语法单位。所以，在词汇的语法化过程中，句法位置的改变、结构关系的影响是一个重要的因素。

动态助词就是语法化的结果。近代汉语动态助词"将""取""得"等均由动词演变而来，它们从动词向动态助词演变的过程是从进入连动式开始的。

魏晋南北朝，"携带"义的动词"将"出现于连动式，基本格式是"动词＋将＋趋向补语"，例如《还冤志》："行至赤亭山下，值雷雨日暮，忽然有人扶超腋径曳将去，入荒泽中。"《颜氏家训·治家》："若生女者，辄持将去，母随号泣，使人不忍闻也。"《古小说钩沉·幽明录》："见一老妪，挟将飞见北斗君。"

连动式的"动词＋将"间关系较松散，常可插入宾语或连词，例如《古小说钩沉·冥祥记》："有二人录其将去，至一大门，有一沙门据胡床坐。"《王子年拾遗记》："忽有白蛇，长三尺，腾入舟中……萦而将还，置诸房内。"

连动式的"动词＋将"表示一种"携带"性的运动，动作是由主体携带对象进行的。而"携带"这一动作，又是以完成前一动作为条件，才得以进行，表"携带"的"将"在某种程度上依附于前面的动词。"将"字之前的动词，魏晋时主要是与"将"字近义的（如"持"），或隐含有"携带"义的（如"曳"，即使没有"将"，"曳去"也是"携之而去"的意思）。"将"对前面动词的依附和与前面的动词词义的重合，减弱了它的动词性。

动词性的减弱，在唐代引起"将"在句中结合关系的改变，例如元稹《酬乐天书怀见寄》："凭人寄将去，三月无报书。"蒋贻恭《咏金刚》："扬眉斗目恶精神，捏合将来恰似真。"

同是"动词＋将＋趋向补语"结构，但其中动作已非主体与对象共同进行，"将"前动词已不限于带有"携带"义的了。

"携带"义减弱的"将"字，开始主要用于表示动作完成后的情况、动作的结果，并出现了新的结构"动词+将+宾语"，例如白居易《江楼夜吟元九律诗成三十韵》："收将白雪丽，夺尽碧云妍。"

再进一步，又从表示动作的结果发展成表示动作的完成，例如白居易《花楼望雪命宴赋诗》："输将虚白堂前鹤，失却樟亭驿后梅。"

当动作的完成状态是进行另一动作的伴随状态或方式时，"将"又有了表示动作持续的用法及相应的结构"动词1+将+动词2"，例如岑参《卫节度赤骠马歌》："骑将猎向南山口，城南狐兔不复有。"

发展到唐代，"将"字已是动态助词的用法了。

"将"字变化的起点是动词"将"进入连动式，处于第二动词位置的"将"字在语境（语义、前面动词词义等）影响下动词性减弱，引起结合关系变化（对动词选择性减弱），再进一步到"携带"义逐渐消失，在句中主要表示动作的状态、结果，最终发展成只表示完成、持续等语法意义的助词。

"将"字的演变过程也是其他大多数动态助词的语法化过程。

介词也大多是语法化的结果。祝敏彻先生曾研究过"将"由动词到介词的发展过程[①]，简述如下。

先秦，"执持"义动词"将"只用于"主语+将+宾语"格式：例如《荀子·成相》："吏谨将之。"两汉以后，"将"开始用于连动式，例如《搜神记》："于是即将雌剑往见楚王。"

在《搜神记》中，"将"作为连动式的前一个动词性成分，表示后一动词"往"的伴随状况。显而易见，连动式中，后一动词"往"是句子的中心动词，这种状况导致了"将"的动词义减弱，词义开始抽象化。

入唐以后，"将"又进入"将+名词+及物动词"的连动式，例如《朝野佥载》："孙子将一鸭私用，祐以擅破家资，鞭二十。"

例中"将"的宾语同时也是连动式后一动词"私用"的宾语，"将"仍是动词性成分，但正像《朝野佥载》例中一样，句子里中心动词是"私用"，作为非中心动词，"将"只是一种辅助性动作。这种在句子语义表达中的辅助词地位，促使"将"字的词义进一步虚化，这是因为语言中的某一成分所表示的

---

① 祝敏彻《论初期处置式》，《语言学论丛》第一辑，新知识出版社，1957年，第17-33页。

意义（这里指的是行为）如果不甚显著的话（因句中另一行为表示的意义更为显著），那它所表示的意义就容易在人们的印象中逐渐消失掉。

"将"在连动式中词义进一步虚化导致其原先的词汇意义消失而转变为介词，例如杜甫《百忧集行》："强将笑语供主人，悲见生涯百忧集。"

和助词"将"一样，"将"字由动词到介词的语法化过程源于其句法位置的改变，同期句法位置未发生变化的"将"字，仍保持其动词的语义和功能，没有发生语法化的演变过程。

从上面的举例和分析可以看出，句法位置的改变及其固定化通常表现为某个实词由在句子结构中的核心句法位置变成经常出现在某个适合于表示特定语法关系的句法位置上，从而引起其词义变化（抽象化→虚化），发展下去，便虚化成专门表示这种语法关系或语法功能的虚词。汉语的主、谓、宾、定、状、补六个句法成分，先秦即已具备，且语序相当固定。这些句法成分在句子结构中的地位是不相同的，其中主、谓、宾为核心成分，主要是由实词承担的句法位置。定、状、补为非核心成分，词汇意义实在或不太实在的词都有可能进入。因此，词汇在这些句法位置上发生语法化的可能性也不相同。一般说来，状语和补语的位置较容易引发语法化，这是因为表示范围、程度、时间、工具、方式、原因、对象、结果等语法范畴的词汇一般都出现在这两个位置上[①]，处在这两个位置上的词汇如果词义进一步虚化，就有可能转化为单纯表示各种语法意义的语法单位。

从以上对汉语动词语法化过程的考察中，我们可以看到，发生语法化演变的动词大都是由于句法位置的改变，进入偏正式的连动式中，作为非中心动词成分，这些动词在结构和语义上依附于其前或其后的中心动词。这种处境和地位导致这些动词的动作性减弱，词义发生抽象化。与此同时，其语法功能也会相应变化，或在中心动词前作状语，或在中心动词后作补语。词义的进一步虚化，又使得这些动词发生语法化：作状语的动词转变为介词，作补语的动词转化为助词。

[①] 参见解惠全《谈实词的虚化》，《语言研究论丛》第四辑，南开大学出版社，1987年，第215-225页。

再如副词"却"的产生，也是语法化的结果。

"却"，是脚的本字。古人跪坐，脚朝后，故由此引申出后退、使后退、退却等义，由名词演化为动词。例如《商君书·去强》："敌不敢至，虽至必却。"《吕氏春秋·序意》："马却不肯进。"《战国策·赵策三》："秦将闻之，为却军五十里。"贾谊《过秦论》："乃使蒙恬北筑长城而守藩篱，却匈奴七百余里。"此义存于今之合成词中，如"退却"。

却之"后退"义，含有[+返回]义素，而把东西退还给别人，也是"却"，故"却"引申为不接受，拒绝义。例如《楚辞·九辩》："却骐骥而不乘兮，策驽骀而取路。"《孟子·万章下》："却之，却之为不恭，何哉？"秦李斯《谏逐客书》："王者不却众庶，故能明其德。"《战国策·西周策》："今君禁之，而秦未与魏讲也。而全赵令其止，必不敢不听，是君却秦而定周也。"南北朝宋《世说新语·方正》："今日共为欢，卿何却邪？"

六朝以后，动词"却"用于谓词性词语前，词义虚化，演变为副词，表示动作行为与以前相反，即表达转折义，例如《世说新语·方正》："王修龄尝在东山甚贫乏。陶胡奴为乌程令，送一船米遗之，却不肯取。"《世说新语·任诞》："刘尹云：'孙承公狂士，每至一处，赏玩累日，或回至半路却返。'"《世说新语》这两例便处于演化之中，既可解为动词，与后面的动词组成连动结构或并列结构，也可解为副词。后世表示转折的这个用法广泛流传开来，例如唐王梵志诗第43首："只见母怜儿，不见儿怜母。长大取得妻，却嫌父母丑。"李白《江夏行》："谁知嫁商贾，令人却愁苦。"李白《把酒问月》诗："人攀明月不可得，月行却与人相随。"司空图《漫书》诗五之一："逢人渐觉乡音异，却恨莺声似故山。"白居易《饮后夜醒》："将归梁燕还重宿，欲灭窗灯却复明。"朱熹《答周叔谨》："彦章书来，云欲见访，却不见到，不知何故。"《水浒传》第三十回："施恩来了大牢里三次，却不提防被张团练家心腹人见了，回去报知。"

转折意谓弱化，引申表示动作行为的重复，可译为"再""又"，例如《尔雅·释木》曰："榆，白枌。"晋郭璞注："枌榆，先生叶，却著荚；皮色白。"郭注中的"却"，即"再"义。李白《白头吟》诗："覆水却收不满杯，相如还谢文君回。"《敦煌变文·叶静能诗》："神人每至三更，取内人来于观内寝，恰至天明,却送归宫。"李商隐《雨夜寄北》诗:"何当共剪西窗烛,却话巴山夜雨时。"亦是其例。

二、词义变化

句法位置与结构关系的改变会引起词义的变化,导致实词的语法化;同样词义的演变、虚化,也会引起词的功能的改变,使之用于新的语法位置、结构关系上,从而产生一个新的虚词。词义变化也是影响词汇语法化的一个重要因素。

在结构助词"个"的产生过程中,词义变化的影响显得更为明显。

"个"本为量词,专以记竹,汉魏以后变成一个一般量词,用以计数,例如《荀子·议兵》:"负服矢五十个。"鲍照《拟行路难》:"但愿尊中九酝满,莫惜床头百个钱。"《法苑珠林·冥祥记》:"可更觅数个刀子。"

然后发展出不指一个明确数量的虚指用法,可以脱离数词使用,例如张籍《寄朱、阚二山人》:"为个朝章束此身,眼看东路无去因。"

虚指的"个"有时可直接用于形容词之后,例如郑谷《山鸟》:"惊飞失势粉墙高,好个声音好羽毛。"

形容词之后的"个"已不再表示物体的量,而成了表示事物具有某种性质的标志,词义虚化了。

词义的演变引发了组合关系的改变,从"数+个+名词",变为"形+个+名词",最后又出现了跟在名词、动词等后面的"个",例如《景德传灯录》卷八:"师云:'尔既不会,后面个僧祇对看。'"《朱子语类》卷一百一十五:"今日问个,明日复将来温寻,子细熟看。"《张协状元》第四出:"莫怪说,你个骨是乞骨。"

量词"个"到结构助词"个"的演变,是从词义虚化开始的。从计竹,到一般量词,到虚指的量词,再到用于形容词之后表示事物的性质,最后扩展到名词、动词等之后,成为部分地区使用的结构助词。在词义由实到虚的演变过程中,结构关系、语法功能不断地调整、变化,以适应词义的演变,并最终在意义和功能两方面都完成了词性的转变。

现代汉语里尝试态助词"看"是由动词"看"演变而来,它的语法化过程也是从词义的虚化开始的。

　　动词"看"本为"瞻视"义，例如《大藏经》卷四《撰集百缘经》："遥见祇桓赤如血色，怪其所以，寻即往看，见一饿鬼。"

　　魏晋六朝时，动词"看"由"瞻视"义引申出"测试"义，例如《摩诃僧祇律》卷二十二："其家有机，让比丘坐：'即坐小待。'复起以指内釜中，看汤热不。"例如《齐民要术·笨曲并酒》："五六日后，以手内瓮中，看冷无热气，便熟矣。"又："尝看之，气味足者乃罢。"

　　"看"由视觉动作演变成泛指的"测试"，词义开始抽象，为其语法化奠定了基础。在同期文献中，这种"测试"义的动词"看"，已可以用于主要动词之后而不带宾语，例如《百喻经·唵米决口喻》："妇怪不语，以手摸看，谓其口肿。"《洛阳伽蓝记·城北·凝园寺》："施功既讫，粪塔如初，在大塔南三步，婆罗门不信是粪，以手探看，遂作一孔。"这两例中的"看"仍是"测试"义动词，"探看""摸看"犹言"探试""摸试"。

　　这类"看"词义如果再进一步虚化并且用于祈使句中，就变成了尝试态助词。这样的例子在六朝前后的文献里已经出现，例如《太平御览》卷八百二十九《春》下引《俗记》："将还家，语王云：'汝是贵人，试作贵人行看！'"《大藏经》卷二十二《摩诃僧祇律》："精舍中庭前沙地有众长寿：'借我弓箭，试我手看。'答言：'可尔。'"又卷二十三《十诵律》："汝好思量看。"

　　动词"看"由表视觉动作的"瞻视"扩大使用范围，抽象成为表示一切用感官测试的动作。这种词义变化促使其组合关系、语法功能相应变化：由作主要动词带宾语，变为依附于主要动词之后不带宾语。词义抽象化达到一定程度后引起词义虚化，使之最终失去原有的词汇意义，变成只表示尝试义的语法单位。

　　汉语里的实词多数是一词多义，即某个实词具有几个不同而又相关的义位。这些同一个词的不同义位，通常是通过词义引申而产生的。词义引申就词的义位数量而言，是词义的发展，就源义和引申义间的词义关系说，又可以看作是词义演变。词义演变的特点通常是由具体到抽象，从个别到一般，即词义所表达的概念内涵减少，外延扩大。

　　在汉语词汇语法化的过程中，一个实词的语法化通常是发生在它的某个义位上，语法化的结果是该词在某个义位上独立或分离出某个虚词。至于这个词的其他义位则仍按实词功能继续使用，不会因为源于某个义位的虚词产生而导致该实词消失。同时，一个多义词的不同义位发生语法化的可能性也不尽相同。一般说来，意义具体、实在的义位很难发生语法化，而比较抽象、不太实在的义位则较容易发生语法化。这是因为比较抽象的义位，其动作性和状态性较弱，如果进一步抽象、弱化，很容易虚化而变为语法单位。

这就是词义演变容易诱发词汇语法化的理据。

应当指出，句法位置改变和词义变化是词汇语法化过程中两个基本而又互为依存的条件。一个实词由于句法位置的改变而进入某种结构关系，会导致词义变化；同样，一个实词词义发生某种变化，也会影响其功能，改变其所处结构的关系和性质。许多实词的语法化过程都是句法位置改变和词义变化两方面相互影响、共同作用的结果。

三、语境影响

词的意义和功能总是在一定的语境之中才得到体现。在词汇语法化过程中，语境影响也是一个值得注意的因素。

反诘副词"敢"的语法化过程中，语境的影响起到了重要作用。

"敢"原是个助动词，有"可、能、会"等义。例如《诗经·小雅·十月之交》："天命不彻，我不敢效我友自逸。"《诗经·郑风·将仲子》："岂敢爱之，畏我父母。"

早在上古，当"敢"用于反诘句时，就相当于"岂敢"，例如《左传·昭公十二年》："周不爱鼎，郑敢爱田？"此句在《史记·楚世家》中作："郑安敢爱田？"（引自徐仁甫《广释词》）可见，"敢"为"安敢""岂敢"义。这种用法一直延续到汉魏六朝，例如《古诗为焦仲卿妻作》："奉事循公姥，进止敢自专？"谢朓《赋贫民田》："曾是共治情，敢忘恤贫病？"

在同时的文献里，"敢"由"岂敢"义虚化成反诘词，义同"岂"，例如何逊《赠族人秣陵兄弟》："齐儿敢为俗，蜀物岂随身？"此例中"敢""岂"互文对举，"敢""岂"同义。

"敢"用作反诘副词，唐五代仍见其例，例如杜甫《伤春五首》："敢料安危体，犹多老大臣？岂无嵇绍血，沾洒属车尘。"《敦煌变文集·降魔变文》：

"三千大千世界须臾吹却不难，况此小树纤毫，敢能当我风道！"《敦煌变文集·茶酒论》："国家音乐，本为九泉，终朝吃你茶水，敢动些些管弦?"

"敢"由助动词虚化为反诘副词是在反诘句这一语境中实现的，即助动词"敢"位于动词之前，其位置与疑问副词相当；在反诘句中，"敢"的语义犹"不敢"，与原来的意义正相反，用反诘形式表现就是"安敢""岂敢"。由于这种句式的惯用，"敢"的"岂敢"义位中，"敢"的义素成分逐渐弱化，以至丢失，最终虚化成表示单纯反诘的疑问副词。

六朝乃至唐五代以后习见的介词"着（著）"是由动词"附着"义的"着"虚化而来，其语法化过程也明显受到语境的制约和影响。

动词"着"的语法化过程从汉以后就开始了，在汉代以后的汉译佛经中"着"开始用于"动词+着+处所词"格式。例如《大藏经》卷四《佛本行经》："犹如花朵缠着金柱。"又如《大藏经》卷四《贤愚经》："株杌妇闻，忆之在心，豫掩一灯，藏着屏处。"

这类例句中的动词多是一些会产生"附着"状态的，像"缠""覆盖"等。"着"后的宾语都表示处所，整个"动词+着+处所词"格式表示物体通过某种动作而附着在某处。"着"表示前一动作的结果，又引出物体到达的处所。从词义看，"着"的动作性虽然已经减弱，但仍带有明显的动词性。

六朝文献里，"动词+着+处所词"的用例迅速增多，"着"所结合动词的语义类型也有所扩大，例如：①《三国志·魏志·阎温传》裴注引《魏略》："一二日，因载着别田舍，藏置复壁中。"②《世说新语·德行》："文若亦小，坐着膝前。"③《六度集经》："负米一斗，送着庭中。"④《世说新语·方正》："可掷着门外。"

这个时期，"动词+着+处所词"格式一个重要的变化是，在带"着"的动词中出现了许多不能造成附着状态的，如以上几例，这就使得"着"字的动词义"附着"消失，而只担当介绍处所的功能，从而由动词转化为介词。

可见，在"着"由动词到介词的语法化过程中，其所附动词的语义特征对其虚化起了重要作用。

观察以上4例可以发现，同样是介词，前两例中，"着"相当于现代汉语介词"在"，而后两例中，"着"相当于现代汉语介词"到"。这种语义差别也同样是由"着"所附动词的语义特征所决定的。前两例中"载""坐"为静态动词，其动作实施后可达成某种状态。后两例中"掷""送"为动态动词，其动作实施后不能达成某种状态。动词语义特征的不同致使各自后附的"着"在介词语义上表现出差别。

近代汉语的动态助词都是由动词演变而来，大多经过了"连动式中的后一动词→谓语动词的结果补语→动态助词"的语法化过程。如果对这一过程详加考察，就会发现，几乎所有动态助词的产生都与其前动词的语义特征的影响与制约相关，其前动词的语义特征起了决定性作用。

四、重新分析

重新分析（reanalysis）是从西方语言学中引进的理论，主要用来解释语法现象产生、变化的原因和过程。兰盖克《句法的重新分析》(Langacker，1977)把重新分析定义为：没有改变表层表达形式的结构变化。一个可分析为（A＋B）＋C的结构，经过重新分析后，变成了A＋（B＋C）。

太田辰夫先生在《中国语历史文法》中曾用这种理论来解释汉语被字句的产生。他认为，"被"字后面可以跟名词，也可以跟动词，而汉语中名词和动词是没有形态区别的，在"亮子被苏峻害"（《世说新语·方正》）这样的句子中，"害"可以理解为名词，这时"苏峻"就相当于"其"，作"害"的定语，"被"就是"遭受"义的动词，全句是一个主动句。如果把"被"理解为助动词，"害"理解为动词，则"苏峻"就成了施动者，句子就成了表被动的"被"字句。句子仍旧是原来的句子，但由于人们理解的变化，被赋予了一种新的含义。太田先生认为汉语表示被动的"被"字句就是这样产生的。与此同时，"被"字也由表示"遭受"义的动词，语法化为引出受事者的介词。

同样，"把＋名词＋及物动词"由连动式到处置式的变化也可看作是一个重新分析现象，例如杜荀鹤诗："莫愁寒族无人荐，但愿春官把卷看。""把卷看"既可看成连动式也可看成是处置式。

严格地说，重新分析是一种认知行为，尽管它与词汇语法化密切相关，但二者却并非等价物。词汇语法化是语言本身演变的结果，是通过词汇句法位置和组合关系改变、词义变化（抽象、虚化）以及功能调整逐步实现的。重新分析的作用是从认知的角度把这种词义虚化、功能变化的过程以结果（虚词产生）的形式表现出来并加以确认。换言之，之所以要重新分析正是因为某个词汇单位的语法化已经使句子结构的语义关系产生了变化，重新分析标志着这个词汇单位语法化过程的完成。

试以"把"字句（处置式）为例，"把+名词+动词"之所以会出现重新分析现象，是因为在这个格式里，"把"字已经语法化，而这个语法化过程，是通过"把"字句法位置的改变（主语+把+名词→主语+把+名词+动词）、词义的变化以及功能的调整而逐步实现的。重新分析的作用是从认知角度对"把"的语法化及由此造成的"把+名词+动词"语义关系变化的事实加以确认。因此，重新分析虽不是词汇语法化的一个内部原因，但它在词汇语法化过程中却是一个重要的环节。

下面再分析"再"是如何由数词引申发展成副词的[①]。

现代汉语中，"再"主要用作副词，例如："学习，进步；再学习，再进步。""二班希望跟一班再比一次。"（表示又一次）又如："天再冷，雨再大，我也要去接她。""这衣服再贵我也要买一件。"（表示程度增加）

再，《说文·冓部》："一举而二也。"段注："凡言二者，对偶之词；凡言再者，重复之词。一而又有加也。"再，本义为二次，数词。《玉篇·冓部》："再，两也。"例如《尚书·康王之诰》："皆再拜稽首。王义嗣德，答拜。太保暨芮伯，咸进，相揖，皆再拜稽首。""再拜稽首"，即拜了两次、行礼两次。《论语·公冶长》："季文子三思而后行。子闻之，曰：'再，斯可矣。'"意思是季文子每做一件事都要考虑多次。孔子听说后，说季文子考虑两次就可以了。《史记·孟尝君列传》："坐者皆起，再拜。""再拜"，即拜两次。《史记·孙子吴起列传》："田忌一不胜而再胜。""一不胜而再胜"，即一次失败，两次胜利。

基数词用作序数词，表示第二次，例如《尚书·多方》："我惟时其教告之，我惟时其战要囚之，至于再，至于三。""至于再，至于三"，即到了第二次、第三次。《左传·庄公十年》："一鼓作气，再而衰，三而竭。""再而衰"，即第二次击鼓，士气就已经衰落了。

[①] 参见曹翔《汉语常用100词源流演变研究》，中国社会科学出版社，2019年，第205页。

由第二次引申为再一次，又一次，由于经常出现在谓词性结构前作状语，经过重新分析，转化为副词。例如《左传·宣公十二年》："及楚杀子玉，公喜而后可知也，曰：'莫余毒也已。'是晋再克而楚再败也，楚是以再世不竟。""再败"，即又败了。又如《战国策·秦策三》："昔者，齐人伐楚，战胜，破军杀将，再辟地千里，肤寸之地无得者，岂齐之欲地哉！"《战国策·齐策一》："秦、赵战于河漳之上，再战而再胜秦；战于番吾之下，再战而再胜秦。"汉司马迁《报任安书》："太史公牛马走司马迁再拜言。"汉《李陵与苏武诗》之一："良时不再至，离别在须臾。""良时不再至"，即美好的时光不会再来到。词义虚化，表示动词行为的重复或前后相继，例如《古诗十九首》："一弹再三叹，慷慨有余哀。"《后汉书·张衡列传》："安帝雅闻衡善术学，公车特征拜郎中，再迁为太史令。"陶渊明《晋故征西大将军长史孟府君传》："乃益器焉，举秀才，又为安西将军庾翼府功曹，再为江州别驾、巴丘令。"唐杜甫《后游修觉寺》诗："寺忆新游处，桥怜再渡时。"唐孙逖《夜到润州》："夜入丹阳郡，天高气象秋。海隅云汉转，江畔火星流。城郭传金柝，闾阎闭绿洲。客行凡几夜，新月再如钩。"表示程度的增加，例如宋陆游《家世旧闻》卷上："崇宁元年正二月间，有一武人调官京师，以相术自名。楚公旧在南阳识之，因其求见，问：'朝士孰再贵？'答曰：'大宗正丞郑居中极贵，其次，太学博士李夔，法当有贵子。'"明《西游记》第五十三回："老孙若肯拿出本事来打你，莫说你是一个什么如意真仙，就是再有几个，也打死了。"清西周生《醒世姻缘传》第六十七回："你若用心看得好，莫说二十两，半现半赊，就是预先全送也有，就是再添十两三十两也有。"《红楼梦》第十九回："别说我吃了一碗牛奶，就是再比这个值钱的，也是应该的。"

可见，"再"由于语法位置而引起词义的变化，经过重新分析而演化为副词。

我们再来看连词"除非"是如何产生的[①]。

"除非"成词连用，唐代常见，例如：

(1) 王梵志诗第54首：有钱惜不吃，身死由妻儿。只得纸钱送，欠少

[①] 参见曹翔《从文献资料看"除非"的产生年代》，《古汉语研究》2011年第2期。

元不知。门前空言语，还将纸作衣。除非梦里见，触体更何时。

（2）王梵志诗第61首：身如破皮袋，盛脓兼裹骨。将板作皮裘，埋入深坑窟。一入恒沙劫，无由更得出。除非寒食节，子孙家傍泣。

（3）疏议曰：除非身死及已配流，其赃见在，并已费用，并在征限，故曰"余皆征之"。（见刘俊文《唐律疏议笺解》，中华书局，1996年，第329页）

（4）除非物外者，谁就此经过。（上官昭容《游长宁公主流杯池二十五首》，见《全唐诗》，中华书局，1999年，第64页）

（5）推事使顾仲琰奏称："韩纯孝受逆贼徐敬业伪官同反，其身先死，家口合缘坐。"奉敕依曹断，家口籍没。（徐）有功议："……今日却断没官，未知据何条例。若情状难舍，敕遣戮尸，除非此途，理绝言象。"（见《通典》卷一百六十九《守正》，中华书局，1984年，第896页）

（6）白居易《感春》诗："除非一杯酒，何物更关身？"

（7）白居易《朝归书寄元八》诗："除非奉朝谒，此外无别牵。"

（8）元稹《相忆泪》诗：除非入海无由住，纵使逢滩未拟休。

（9）吕岩《五言》诗之五："要觅长生路，除非认本元。"

"除非"成词大概在隋唐时期，例如《通典》卷一百四十九附《大唐卫公李靖兵法》[①]：

（10）队马当直（值），拟防机急，官人以下，不得乘骑。其杂畜，除非警急，兵士不得辄骑。（又见邓泽宗《李靖兵法辑本注释》，解放军出版社，1990年，第45页）

例（10）出自《大唐卫公李靖兵法》，此书又叫《李卫公兵法》或《李靖兵法》，是唐初军事家李靖（571—649）所撰。此例也是目前我们能找到的"除非"最早的用例。据李靖的卒年可知，"除非"一词的产生年代当不晚于649年，即7世纪中期以前。

在汉语史上，表示唯一条件的既可以用"非"表示，也可以用"除"表示。"非"的这种用法起于先秦，如《左传·僖公四年》"君非姬氏，居不安，

[①] 《通典》，中华书局，1984年，第782页。

食不饱"、《孟子·尽心上》"民非水火不生活"、《庄子·秋水》"今我睹子之难穷也,吾非至于子之门则殆矣,吾长见笑于大方之家",这些例中的"非"都带有假设的唯一否定条件,与"不"搭配,形成双重否定,以表达强烈肯定的语气。这种表达方式与"除非"的用法基本一致。

而"除"表示唯一条件的用法相对来说产生较晚。向熹《简明汉语史(下)》(1993:288)认为"产生于六朝"时期,如:

(1) 一切但依此法,除虫灾外,小小旱不至全损。(《齐民要术·杂说》)

不过,向熹先生所举此例未必就能代表六朝时期。据缪启愉(1982)、柳士镇(1989)、汪维辉(2006)等先生考证,《齐民要术》之《杂说》可能是唐人伪托,而《杂说》最终成型的时代或许还更晚,因此还需要别的书证来证明。据我们考察,"除"表示唯一条件的用法在六朝时确实存在,向熹先生的判断是对的,如:

(2) 方术繁多,诚难精备,除置金丹,其余可修,何者为善?(见王明《抱朴子内篇校释·微旨》,中华书局,1980年,第113页)

(3) 今除所作子书,但杂尚余百所卷,犹未尽损益之理,而多惨愤,不遑复料护之。(《抱朴子·自叙》,上海古籍出版社,1990年,第335页)

(4) 大麦酢法:七日七日作。若七日不得作者,必须收藏;取七日水,十五日作。除此两日则不成。(见缪启愉《齐民要术校释》卷八《作酢法》,农业出版社,1982年,第431页)

(5) 作浥鱼法:凡生鱼悉中用,唯除鲇、鳢耳。去直鳃,破腹作鲏,净疏洗,不须鳞。(见缪启愉《齐民要术校释》卷八《脯腊》,同上,第460页)

入唐以后,表示唯一条件的"除",书证更多,如王梵志诗第169首"亲中除父母,兄弟更无过",何兆《赠兄》诗"洛阳纸价因兄贵,蜀地红笺为弟贫。南北东西九千里,除兄与弟更无人",王建《寄同州田长史》诗"除听好语耳常聋,不见诗人眼底空。莫怪出城为长史,总缘山在白云中",元稹《洞庭湖》诗"人生除泛海,便到洞庭波"等。

"除非"一词的形成显然直接来源于"除"表示"唯一"条件的用法。其演变过程为：

除＋（非＋名词或动词、短语、句子）→除非＋（名词或动词、短语、句子）

从演变的过程中可以看出，"除非"是一个跨层凝结而来的词，其组合位置是它们凝固成词的潜在条件。而语用表达是"除非"成词的实现条件，因为"除非"比单用"除"或"非"的语气要强烈得多，如"除非警急，兵士不得辄骑"，既可以说成"非警急，兵士不得辄骑"，也可以说成"除警急，兵士不得辄骑"，但是，这两种表达法都没有"除非"结合在一起表达的语气强烈。

只有当"除"产生出表示唯一条件的用法后，"除非"一词才有可能产生表示唯一条件的用法。而"除"表示唯一条件的用法产生于六朝中后期，经过一段时间的固化稳定后，到了六朝的末年，由于语用表达的需要，经过重新分析，终于与"非"结合跨层固化为词。

自连词"除非"产生后，由于受到词义虚化的心理类推作用，"非"的词义渐趋弱化，最终虚化成一个构词音节，其用法就与"除"相当了。

下面再分析副词"已经"的来源①。

副词"已经"，来源于"副词'已'＋（动词'经'＋谓词性结构）"的再分析。副词"已"产生时代较早，在春秋之时已经出现，例如《论语·微子》："道之不行，已知之矣"。

动词"经"有"经历""经过"义，产生时代晚于西周，例如西周晚期青铜礼器《虢季子白盘》铭文有"经纬四方"之语。后世承之，例如《楚辞·招魂》："经堂入奥，朱尘筵些。"《管子·七法》："不明于计数，而欲举大事，犹无舟楫而欲经于水险也。"《吕氏春秋·孝行》："求之其本，经旬必得；求之其末，劳而无功。"后世承之，例如《史记·樗里子甘茂列传》："今之燕必经赵，臣不可以行。"

"经"后可以跟谓词性结构，例如《后汉书·郎顗襄楷列传》："又恭陵火灾，主名未立，多所收捕，备经考毒。"《周书·独孤信列传》："然孤军数千，后援未接，贼众我寡，难以自固。既经恩降，理绝刑书。"

---

① 参见曹翔《汉语常用100词源流演变研究》，中国社会科学出版社，2019年，第211页。

当"经"后接动词性结构时,词义开始虚化,由"经历""经过"义向表示经历、经过动作的时间迁移,表示"曾经"(强调事件过程结束)或"已经"(强调事件对现在和未来的影响)义。例如南朝梁《周氏冥通记》卷二:"此中五人,三人已经来。""已经来",即曾来。梁沈约《宋书·明帝纪》载《大赦诏》(八月癸卯):"至乃假名戎伍,窃爵私庭,因战散亡,托惧逃役。且往诸沦逼,虽经累宥,逋窜之党,犹为实繁。""虽经累宥",即虽然已经得到(朝廷)多次宽恕。又如唐房玄龄《晋书·刑法志》:"文帝为晋王,患前代律令本注烦杂,陈群、刘邵虽经改革,而科网本密,又叔孙、郭、马、杜诸儒章句,但取郑氏,又为偏党,未可承用。""陈群、刘邵虽经改革"中,"经"引进的施动者"陈群、刘邵"提前,"经"的动词性质进一步弱化。

到了六朝晚期,动词"经"可以用来表示时间,演化为副词,例如唐李延寿《南史·周山图传》:"义乡县长风庙神姓邓,先经为县令,死遂发灵,山图启乞加神位辅国将军。""先经为县令"中,"经"前有副词"先",后有动宾结构"为县令",经过重新分析,演化为副词,犹言"先前"。唐朝令狐德棻《周书·萧察列传》:"又不好声色,尤恶见妇人,虽相去数步,遥闻其臭。经御妇人之衣,不复更著。""御妇人之衣"是动宾结构,"经"修饰动宾结构,表示这件事造成的影响是"不复更著",犹言"已经"。又如《周书·异域列传上》:"被卖者号叫不服,逃窜避之,乃将买人指扐捕逐,若追亡叛,获便缚之。但经被缚者,即服为贱隶,不敢更称良矣。""但经被缚"中,"经"前有副词"但"修饰,"经"又修饰后面的动词"被缚",显然受句法位置的影响,经过重新分析,演化为副词。但是"经"的这种用法很少,未能在口语中普及开来。我们查敦煌变文、王梵志诗等唐人口语材料,均未能发现"经"作"已经"的用例。寒山诗有"经眠虎头枕,昔坐象牙床"之语,此"经"与对句中的"昔"相对,表示"曾经"义;又"自从到此天台境,经今早度几冬春",诗句中的"经今",项楚注曰:"犹云'至今'。"① 其中的"经",我们认为是个介词。

副词"已"出现在"'经'+谓词性结构"组合中,一直到唐代都未真正

---

① 项楚《寒山诗注》,中华书局,2000年,第544页。

成词，例如梁沈约《宋书·五行志一》："五行精微，非末学所究。凡已经前议者，并即其言以释之；未有旧说者，推准事理，以俟来哲。"又《宋书·宗室列传》："因纵兵，贼众奔败，即克湓口，进平寻阳……玄虽窃名雄豪，内实匡怯，加已经奔败，众无固心。"但在六朝晚期，出现了两可的用例，例如梁释伽婆罗译《宝云经》："所谓于声闻法已经修学，于缘觉法已经修学，于菩萨法已经修学，如是学已，威仪具足。""已经修学"，既可分析为"已/经修学"，也可分析为"已经/修学"，前一种分析法中"经"是动词，后一种分析法中的"已经"显然是合成词，共同修饰后面的动词，演化为副词。又如梁释宝亮等《大般涅槃经集解》卷第十八："道生曰：'前明（众生）除惑乃见（佛性），今明（众生）已经受化也。'"唐李延寿《北史·高道悦传》："时道悦兄观为外兵郎中，澄奏道悦有党兄之负，孝文诏责。然以事经恩宥，遂寝而不论。"唐释义净译《根本萨婆多部律摄》："有二种衣，一未用衣，谓是新衣；二曾用衣，谓于三时随一时中已经受用。"义净译《根本说一切有部毗奈耶杂事》卷第九："佛至园中，见彼被磨童男童女尚有残命，彼见佛时悉皆号泣。世尊即便在其一面，于所敷座就之而坐，告诸苾刍曰：劫比罗城诸释种子，已经三度被他屠杀，出大叫声。昔为渔人杀诸鱼类，复于聚落伤害诸人，今于此时被恶生所杀，尚有残命，出大叫声，与昔无异。"唐释般若译《大乘本生心地观经》卷第四："往彼山中遇风雪，入于石窟而暂息。窟中往昔藏妙宝，已经久远无人知。"敦煌变文《悉达太子修道因缘》："到雪山已经时久，耶输降下一子。"敦煌写卷《大目乾连冥间救母变文》："业官启言大王：'青提夫人亡来已经三载，配罪案总在天曹录事司太山都尉一本。'"诸例中"已经"均可作两种分析。

宋时才真正出现副词"已经"的用例，例如宋薛居正《旧五代史·明宗纪七》："应私债出利已经倍者，只许征本；已经两倍者，本利并放。"《朱子语类·礼七·祭》："且如绍兴中作《七十二子赞》，只据唐爵号，不知后来已经加封矣。"《朱子语类·论语十六·述而篇》："要之，当时史官收诗时，已各有编次，但到孔子时已经散失，故孔子重新整理一番，未见得删与不删。"这种用法后世承之，例如《醒世姻缘传》第三十七回："他已经入籍当差，赤历上有他父亲绸粮实户的名字，怕人怎的？"

第三节 借 音 词

在汉语发展的历史长河中，常常会出现这样两种语言现象：一种是有音无字，这时就需要借用音近或音同的字来代替；一种是仓促之间忘了本字，只好借用音同或音近的字来代替①。第一种叫假借字，第二种叫通假字。因为通假字现象常见，此处不赘。

汉字是记录汉语的书写符号，是形音义的集合体。汉字总体上看，属于象形文字，寓意于形。造字之初，象天法地，构型会意，运用"六书"理论来寓意于形。有些概念过于抽象，无法勾勒形体来表义，只好借用同音字来代替，这就是许慎所谓"本无其字，依声托事"的假借字。汉语中，有许多假借字，成为汉语演变的一种重要的方式。

副词"不"，直接用于谓词性词语前，表示否定。例如："不行""不能参加"（用于动词前）；"不好""不干净"（用于形容词前）；"不一定""不曾"（用于副词前）；"不几天就到""不一会儿就完了"（用在谓词性结构前面）。副词"不"是怎么产生的②？

不，《说文·不部》："鸟飞上翔不下来也。从一，一犹天也，象形。"许说不确。不，甲骨文、金文字形皆为花萼状，本义为花萼。例如《诗经·小雅·常棣》："常棣之华，鄂不韡韡。"郑玄笺："承华者曰鄂；不，当作柎③，柎，鄂足也。"《群书治要》卷三载《毛诗治要》作"萼不炜炜"，并附注："不，当作柎。萼足也。"清黄生《义府·鄂不》："（不）象花蒂形，即古柎字。"

不，同音假借为否定副词，这种用法从殷商的甲骨文一直沿用至今。例如《甲骨文合集释文》第95片："贞：祖辛不我害？"④《诗经·魏风·伐檀》："不稼不穑，胡取禾三百廛兮？"《荀子·劝学》："故不登高山，不知天之高也。"

---

① 郑玄云："其始书之也，仓卒无其字，或以音协，比方假借为之，趣于近之而已。"（见陆德明《经典释文·序录》）
② 参见曹翔《汉语常用100词源流演变研究》，中国社会科学出版社，2019年，第189页。
③ 柎，通假"栿"。栿，fū，花萼，亦指草木子房。
④ 句子大意是：贞问：祖辛会不会降祸给我们呢？

(用在动词前)又《尚书·大禹谟》:"朕宅帝位,三十有三载,耄期倦于勤,汝惟不怠,总朕师。"《孙膑兵法·威王问》:"威王曰:'善哉言!兵势不穷。'"《诗经·鄘风·君子偕老》:"子之不淑,云如之何?"(用在形容词前)又《尚书·大禹谟》:"慎乃有位,敬修其可愿,四海困穷,天禄永终。惟口出好兴戎,朕言不再。"《孟子·梁惠王上》:"直不百步耳,是亦走也。"《史记·淮南衡山王列传》:"不一年,陈胜、吴广发矣。"《新唐书·杨朝晟传》:"虏料王师不十万,势难轻入。"(用于数词或数量词前)又《尚书·五子之歌》:"皇祖有训,民可近,不可下。"《尚书·汤誓》:"夏氏有罪,予畏上帝,不敢不正。"《论语·阳货》:"齐景公待孔子,曰:'若季氏则吾不能,以季、孟之间待之。'曰:'吾老矣,不能用也。'"《孟子·梁惠王上》:"不违农时,谷不可胜食也;数罟不入洿池,鱼鳖不可胜食也。"(用于助动词前)三国吴支谦译《菩萨本缘经·毗罗摩品》:"夫爱别离非王独有如此,皆是有为法相也。大王昔来不曾闻耶?"《世说新语·文学》:"习凿齿史才不常,宣武甚器之……宣武问:'见相王何如?'(习凿齿)答云:'一生不曾见此人。'""一生不曾见此人",即从来都没有见过这样的人。又梁武帝《与周舍论断肉敕》:"僧辩所道自死肉,若如此说,鸱鸦鸠鸽,触处不死。那不见有一自死者。鹿雉兔,充满野泽,亦不曾见有一自死者。而觅死肉,其就屠杀家;觅死鱼,必就罾网处。"("不曾"之"不"用于副词前)《尚书·西伯戡黎》:"祖伊反曰:'呜呼!乃罪多参在上,乃能责命于天!殷之即丧,指乃功,不无戮于尔邦。'"《尚书·大诰》:"无毖于恤,不可不成乃宁考图功。"(双重否定)

又,假借作"否",表示假设。《史记·齐太公世家》:"屈完曰:'君以道则可,若不,则楚方城以为城,江、汉以为沟,君安能进乎?'"《史记·项羽本纪》:"范增起,出召项庄,谓曰:'君王为人不忍,若入前为寿,寿毕,请以剑舞,因击沛公于坐,杀之。不者,若属皆为所虏。'"《旧唐书·杜伏威列传》:"若公能为主,吾当敬从;自揆不堪,可来听命。不,则一战以决雄雌。"(单独成句)引申为禁止之词,不要,通"毋"。例如《孟子·滕文公上》:"病愈,我且往见。夷子不来。"《孙膑兵法·威王问》:"必攻不守,兵之急者也。"《庄子·让王》:"今有饥色,君过而遗先生食,先生不受,岂不命邪?"

由否定引申表示未发生,例如《诗经·王风·采葛》:"彼采萧兮,一日不见，如三秋兮。"《百喻经·工鸽喻》："彼实不食，我妄杀他。"

我们再来看看指示代词"这"的产生过程①。

这，在现代汉语中主要有两种用法：（1）表示近指。例如："这孩子十分聪明。""这件事交给小明去负责完成。"（2）表示时间。例如："我这就走。""明天这就到家喽。"

这，《说文》不收，但是秦汉时已经出现，本义谓"迎接"。清秦笃辉《平书·文艺上》："这，音彦，迎也。《正字通》：'《周礼》：掌讶，主迎讶。讶，古作这。'毛晃曰：'凡称此为者个，俗改用这字。这，乃迎也。'"《史记·孟尝君传》："齐湣王不自得，以其这孟尝君，孟尝君至。""这孟尝君"，即迎孟尝君。南北朝时，"这"读音未变，仍然是个动词。南朝梁顾野王《玉篇·辵部》："宜箭切，迎也。"

作为近指代词，"这"产生时代较晚，大约在唐五代时期，例如唐寒山诗："夏天将作衫，冬天将作被，冬夏递互用，长年只这是。"不过除韵文外，"这"多与"个"结合，例如敦煌变文《维摩诘经讲经文》："这个修行是道场。"敦煌变文《庐山远公话》："这个老人来也不曾通名，去也不曾道字。"这两例在同篇文献中，指代词"这"也写作"此"，例如《维摩诘经讲经文》："此个名为真道场。"《庐山远公话》："此个老人前后听法来一年。"

唐宋时，近指代词"这"，也写作"者"，例如唐释齐己（863?-937?）《对菊》诗："蝶醉风狂半折时，冷烟清露压离披。欲倾琥珀杯浮尔，好把茱萸朵配伊。孔雀毛衣应者是，凤凰金翠更无之。何因栽向僧园里，门外重阳过不知。"敦煌变文《燕子赋》："者汉大痴，好不自知。"五代十国前蜀王衍《醉妆词》："者边走，那边走，只是寻花柳。那边走，者边走，莫厌金杯酒。"

这，也写作"遮"，例如敦煌变文《韩擒虎话本》："耐遮贼，临阵交锋，识认亲情。"五代王定保《唐摭言》卷五："遮阿师更不要见，便把拽出得。"

也写作"只"，例如唐王梵志诗第346首："生亦只物生，死亦只物死。来去不相知，苦乐何处是？唯见生人悲，未闻啼哭鬼。"句中"只物"，项楚先生注："这麽，如此。'只'就是'这'，'物'就是'麽'。"唐释慧海《大珠禅师

---

① 参见曹翔《汉语常用100词源流演变研究》，中国社会科学出版社，2019年，第214页。

语录》卷上《顿悟入道要门论》："若了了自知住在，住时只物在，亦无住处，亦无无住处也。"又如敦煌变文《大目乾连冥间救母》："积善之家有余庆，皇天只没杀无辜。""只没"，即"这么"。

唐宋时，近指指代词的多种写法，说明此时它正处于激烈的演变过程中。

唐以后，口语中近指代词慢慢定型用"这"，一直到今天。例如唐《镇州临济慧照禅师语录》："如何是佛法大意。师便喝，僧礼拜。师云：'这个师僧，却堪持论。'问师唱谁家曲，宗风嗣阿谁。师云：'我在黄檗处。'三度发问三度被打。"宋欧阳修《阮郎归》词："去年今日落花时。依前又见伊……才会面，便相思，相思无尽期。这回相见好相知。相知已是迟。"苏轼《踏莎行》词："这个秃奴，修行忒煞。云山顶上空持戒。"宋《朱子语类·理气上·天地上》："孔子见这四字好，便挑开说了。"又："他这名义自定，心便是他个主宰处，所以谓天地以生物为心。"《朱子语类·理气下·天地下》："这都未理会得……而今某自不曾理会得，如何说得他是与不是。这也是康节说恁地。"元王晔《桃花女破法嫁周公》楔子："这早晚是时候了，待我披开头发，倒坐门限上，把马杓儿敲三敲，叫三声石留住待。"元杨文奎《儿女团圆》第二折："我将到家中，我那浑家可不有乳食，把这女孩儿抬举成人长大。"明《二刻拍案惊奇》卷二十二："这许多田地，大略多是有势之时，小民投献，富家馈送，原不尽用价银买的。"《京本通俗小说·西山一窟鬼》："打脊魍魉！你这厮许了我人情又不还我。"近指代词"这"，直接来源于"者"。段玉裁《说文解字注·白部》云："者，别事词也。言主于别事，则言者以别之……凡俗语云'者个''者般''者回'，皆取别事之意。不知何时以'迎这'之'这'代之。"① 段氏受材料的限制，未能弄清楚指示代词"这"代替"者"的时间。

者，上古本是辅助性代词，例如"仁者，爱人""陈胜者，阳城人也，字涉。吴广者，阳夏人也，字叔"。到了两汉时，"者"有了指示代词的用法，例如《汉书·艺文志·诸子略》："儒家者流，盖出于司徒之官。""儒家者流"，即儒家这一类人。到了唐宋时，口语中近指代词语音发生了变化，开始由上声变

---

① （清）段玉裁《说文解字注》，上海古籍出版社，1981年，第137页。

成了去声，吕叔湘先生曾举过宋代的两个例子，一是宋杨万里《诚斋集·舟过安仁五首》之四（《四部丛刊》影印日本钞宋本）："南风作雨北风休，岂是春云得自由。只者天时过湖得，长年报道不须愁。""者"字下自注"去声"。一是宋佚名《朝野遗记》(涵芬楼排印本)："刘贡父觞客，子瞻有事，欲先起。刘调之曰：'幸早里，且从容。'子瞻曰：'奈这事，须当归。'各以三果一药为对。"例中"这"，谐音"蔗"，"蔗"去声（刘贡父出联的三果一药："幸早里"谐"杏枣李"，"从容"谐中药名"苁蓉"；苏轼对联的三果一药："奈这事"谐"奈蔗柿"，"当归"，中药名）。于是语言的实际运用中，人们最终选择了去声的"这"来作近指代词。

近指代词"者"，六朝后写作"堵"。堵，从"者"得声，堵、者二字古音相同。《汉书·张释之传》："张释之字季，南阳堵阳人也。"唐颜师古注："堵音者。"《说文·白部》："者，别事词也。"六朝时有指示代词"阿堵"，如南朝宋刘义庆《世说新语·文学》："殷中军见佛经云，理亦应阿堵上。"又《世说新语·规箴》："王夷甫雅尚玄远，常嫉其妇贪浊，口未尝言'钱'字。妇欲试之，令婢以钱绕床，不得行。夷甫晨起，见钱阁行，呼婢曰：'举却阿堵物。'"清郝懿行《晋宋书故》："阿堵，音者，即今人言这个。阿，发语词。堵，从者声，义得相通。"近指代词"堵"，在唐代还能偶尔见到，例如王梵志诗第116首："天下恶风俗，临丧命犊车。男婚傅香粉，女嫁著钗花。尸榇阴地卧，知堵是谁家？""知堵是谁家？"即知道这是哪一家吗。

近指代词"这"与"时"组合，起于晚唐五代，例如后唐《县令两税征科公事奏》(天成三年二月)："其所欠税额……如依前不纳，便可直申感情中，责罚这时，以定轻重。"《朱子语类·论语三十·微子篇》"子路从而后"："这时虽大纲做，行不行亦自有小小从违处，所谓义也。"晚清以来，口语中"这时"快读和轻音化，zhe＋shi＝zhei，常单用"这"表示时间。例如清石玉昆《小五义》第七十三回："那人说：'可不是么！来了，来了！你看，这就来了！'"清贪梦道人《彭公案》第一百二十二回："（挑水的）听见金眼雕说给银子一块，他连连答应说：'老爷子，你头里等我，这就到。'"清张杰鑫《三侠剑》第一回："秦尤恼羞成怒，遂亮出匕首，竟将桌角断去，言说割袍断义，划地绝交。叫道：'韩贤弟，哥哥这就走。'"

第四节　因形类化

文字是记录语言的书写符号系统,是最重要的辅助交际工具,本身不是语言,但是它记录语言,会反作用于语言。汉字勾形寓义,字形与它所记录的词义之间存在某种联系和对应关系,故而人们通过对文字的改造可以让字形尽可能显现词义,更明确有效地记录语言,因形类化就是一种值得关注的语言文字现象。

所谓因形类化,即在类推心理作用下,产生的偏旁类化。发生形旁的类化,可能改变原有的形义规定性,引发字所记录的词产生变化,例如"媳妇"是"息妇"的偏旁类化①。

息,《说文·心部》:"喘也。从心从自,自亦声。"本义是呼吸,例如《论语·乡党》:"摄齐升堂,鞠躬如也,屏气似不息者。"朱熹注:"息,鼻息出入者也。"引申为生息,例如:《左传·成公十二年》:"政以礼成,民是以息。"引申为生长,例如《孟子·告子上》:"是其日夜之所息。"汉赵岐注:"息,长也。"宋朱熹集注:"息,生长也。"引申指繁息,例如《荀子·大略》:"有国之君不息牛羊。"杨倞注:"息,繁育也。"《周礼·地官·司徒》:"以保息六养万民。"郑玄注:"保息,谓安之使蕃息也。"《史记·高祖本纪》:"臣有息女,原为季箕帚妾。"张守节正义:"息,生也。谓所生之女也。"息女,即女儿。

再引申,则泛指儿女。例如《三国志·吴志·孙破虏讨逆传》裴松之注引《吴录》:"锋刃所截,焱火所焚,前无生寇,惟祖进走,获其妻息男女七人。"妻息,妻子儿女。《吕氏春秋·先识》:"商王大乱,沈于酒德,辟远箕子,爱近姑与息。"毕沅新校正引《尸子注》:"息,小儿也。"高诱注引《尸子》曰:"姑,妇也;息,小儿也。"《仪礼·士昏礼》:"纳征,执皮,摄之,内文,兼

---

① 可以参看赵克勤《"媳妇"古今谈》,《语文建设》1992年第8期;张民权《"媳妇"考源》,香港《中国语文通讯》1998年第47期;罗湘英《"媳妇"考综》,《辞书研究》2001年第4期;毛远明《从"息""媳"二字看形旁类化对词义的影响》,《中国语文》2006年第4期;史文磊《论"媳妇"的形成过程》,《语言科学》2008年第7卷第2期。

执足，左首。"贾公彦疏："必象生者，取妇人生息之义。"生息，生育儿女。

由于词义偏移，"息"又特指儿子，例如《战国策·赵策四》："老臣贱息舒祺，最少。"胡三省注："息，子也。"

"息"既表泛指义，又表特指义，在语言表达的明确性和确定性方面存在问题，例如李密《陈情表》："门衰祚薄，晚有儿息。"其中的"息"，到底是指儿子，还是兼指儿女，其意义就比较模糊。于是人们便利用语素组合的手段，创造出复合词"息男""息女"，将儿、女从性别上区别开来，古人把这叫作大名冠小名。例如东汉应劭《风俗通义》卷五《巴郡太守太山但望》："（但望）自说'弟薄命早亡，以孤为托，无义方之教，自陷罪恶。息男穿既与知情，幸有微胤，乞以代之。'"息男，即谓儿子。又曹植《封二子为公谢恩章》："诏书封臣息男苗为高阳乡公，志为穆乡公。"梁沈约《宋书·傅隆传》："王有父母及息男称、息女叶，依法徙赵二千里外。""息男"与"息女"相对，一指男孩，一指女孩。又如《三国志·魏志·夏侯渊传》裴松之注引《魏略》云："初，建安五年，时霸从妹年十三四，在本郡，出行樵采，为张飞所得。飞知其良家女，遂以为妻，产息女，为刘禅皇后。"

当"息男""息女"并举使用时，由于"息女"表意明确，"息男"便可以省去"男"字，单以"息"就可以承担"息男"的表义功能，于是"息"和"息女"也可以明确指称儿子和女儿，只不过表示儿女的"息"与表示儿子的"息"，已经处在不同的历史层面①。在特定的语用环境下，原来只是偏移的词义得到了确认。例如北魏《郭显墓志》："息金龙；息女洪妃，适段苌洛；次息女景妃，适杨康生。"北魏《李超墓志》："息女仲妃，适武威贾子谧，凉州治中；息道冲。"

"息"的这种词汇、词义内部调整途径同"子"大体相同。"子"也是先表示儿女，然后分出"子男""子女"，然后又以"子"专表儿子，以"子女"专表女儿，"子女"又经过语序调整，构成"女子"，或改换语素成为"女儿"。

既然"儿子"可以单称"息"，儿子的妻子便顺理成章，可以称"息妇"，

---

① 毛远明《从"息""媳"二字看形旁类化对词义的影响》，《中国语文》2006年第4期，第377页。

这是在唐代以后的事情了，例如宋《太平广记》卷一百二十二引唐温庭筠《陈义郎》："然手自成此衫子，上有剪刀误伤血痕，不能浣去，大家见之，即不忘息妇。"宋张师正《括异志》卷四《石比部》："石因问：'尔昨夕有何事？'李曰：'四更初，息妇生一女子。'"宋庄绰《鸡肋编》卷中："谚有'巧息妇做不得没面馎饦'与'远井不救近渴'之语，陈无已用以为诗云……""息妇"，又称"子妇"，二者词义、结构形式、构词理据都相同。俞樾《茶香室续钞》"媳"字条说："古人称子为息，息妇者，子妇也。"

由于"息妇"连用，书面语中，受"妇"字的影响，汉字产生偏旁类推，"息"被加上"女"旁而造出"媳"字来，不过"媳妇"的指称意义仍然与"息妇"相同，即儿子的妻子。例如《五灯会元·道场明辩禅师》："以坐具搭肩上，作女人拜，曰：'莫怪下房媳妇触忤大人好。'"宋孟元老《东京梦华录·娶妇》："凡娶媳妇，先起草帖子，两家允许，然后起细帖子。"《元史·后妃传》："后性孝谨，善事中宫，世祖每称之为贤德媳妇。"

经过词汇与文字的互动效应，在语言文字内部重新分工，结果表示儿女或儿子的"息"，演变成表示儿子的妻子的"媳"。值得注意的是，这一重大改变的关键应该不在词汇本身，而在字形的偏旁类化。字形的变化，导致了词所指称对象的改变，进而完成了词义的转移。

文字和词义的这种变化，影响着人们对该词外部结构关系的分析和内部形式的理解。"息妇"最初出现是一个偏正短语，随后受语用的影响而凝固成一个偏正式复合词。由于"息"字的偏旁类化，加形符作"媳"产生了词义转变，又造成了语言的连锁反应。"媳妇"凝结成为整体，儿子的妻子既可以单称"妇"，也可以单称"媳"，经过重新分析演化为并列式合成词。"媳妇"，既可以缩略为"妇"，也可缩略为"媳"，例如宋刘跂《穆府君墓志铭》："女嫁唐诵，我姑之媳。"金李天民《南征录汇》："太上亦怒曰：'上有天，下有地，人各有女、媳。'"

后来，"息妇"或"媳妇"又由"儿子的妻子"义，引申为妻子，或妇人自称。这是词义内涵收缩，而外延扩大的结果。

汉语书面语中，形体类化的现象较为常见。例如"螃蟹"，本作"蟹"，因其横着走，加之汉语双音化的要求，遂作"旁蟹"，"旁"受"蟹"的偏旁

"虫"的类化，遂作"螃蟹"。再如"蝴蝶"，本作"胡蝶"。"胡"指蝴蝶头前状如胡须的触手，对"蝶"起着修饰作用。后来，给"胡"字加形符"虫"，"胡蝶"才写作"蝴蝶"。

第五节 语素合成构词

汉语史是关于汉语形成、发展和演变的历史研究。汉语史研究主要建立在历史文献的基础之上。

大致看来，先秦的文献属于文言；魏晋至近代末，文言、白话两条线。许嘉璐先生曾指出："文言，形成和定型于先秦到两汉。那时的口语和书面语基本一致。此后，口语和书面语局部分离，口语不断发展，而先秦两汉的语言则成为文人和官场的书面语，即文言，一直沿用下来。"① 向熹先生也说："六朝开始出现一种比较接近口语的书面语——古白话。"② 已有的汉语史研究足以表明，汉魏以降，文言与白话差距渐趋明显；隋唐以后，文言、白话可谓泾渭分明。

正因为古白话文献比较接近口语，所以它们在中古和近代的汉语史研究中处于无法替代的地位。要勾勒中古、近代真实的汉语面貌，必须以带有口语性质的文献作为研究资料，文献口语成分越高，语言的历史面貌就越真实，文献资料的价值就越大。

蒋绍愚先生曾指出："汉语史的分期，必须根据口语的状况。但是历史上口语的状况，我们又只能通过那些反映口语的书面语来了解。"③ 可见，揭示中古、近代的汉语语法的面貌只能通过那些反映口语的文献资料来了解，有学者甚至认为："口语是近代汉语的最重要特征。"④

词汇随着时代的发展而发展。历朝历代都有新词新义的产生，只不过，有

---

① 许嘉璐《韩愈不严守文言语法析》，载郭锡良《古汉语语法论集》，语文出版社，1998年，第710页。
② 向熹《简明汉语史》上册，高等教育出版社，1993年，第11页。
③ 蒋绍愚《近代汉语研究概况》，北京大学出版社，1994年，第5页。
④ 魏达纯《近代汉语简论》，广东高等教育出版社，2004年，第43页。

时候新义新义产生的速度、多少不同罢了。六朝以来，新词多以语素合成的方式产生，这是汉语词汇发展史上的一条重要规律。下面以唐代早中期的王梵志诗为例说明之。

王梵志诗中有复音词①共 2 397 个，其构成分布见表 4-1，不包括兼类词和数词。其中双音节词 2 311 个，占复音词的 96.41%；三音节词 77 个，占 3.21%；四音节词 8 个，五音节词 1 个，二者占复音词的 0.38%。

表 4-1 唐人王梵志诗构词方式统计

音节数（个）	单音节词	双音节词	三音节词	四音节以上
	1 360	2 311	77	9
占总词汇比（%）	36.20	61.51	2.05	0.24

王梵志诗共有 3 757 个词（兼类算一个词，数词除外），其中新生词语 768 个，占 20.44%。在这些新生词语中，单音节词 6 个，占 0.78%；复音词 762 个，占 99.22%。复音词中，双音词 715 个，占 93.83%，这说明，王梵志诗新词中，双音节词占绝对多数，代表着自东汉以来汉语发展的主流方向。

我们把王梵志诗复音新词与《世说新语》作一个纵向的历时比较，大致能看出从晋宋到晚唐期间汉语词汇的演变发展趋势。

据程湘清研究，6 万余言的《世说新语》有复音词 2 126 个，其构成分布②见表 4-2：

表 4-2 《世说新语》复音词构词方式统计

复音词结构	并列	偏正	补充	动宾	主谓	附加	其他③
数量（个）	926	573	93	77	17	98	342
比率（%）	43.56	26.95	4.37	3.62	0.80	4.61	16.09

---

① 参见曹翔《敦煌写卷王梵志诗在汉语词汇史上的研究价值》，载《新疆大学学报（哲学·人文社会科学版）》2016 年第 1 期，第 142-149 页。

② 程湘清《〈世说新语〉复音词研究》，载《汉语史专书复音词研究》，商务印书馆，2003 年，第 182 页。

③ 包括三音节以上的综合式合成词、重叠式合成词、多音节单纯词。

据表4-2,《世说新语》中五种基本构词方式,依比率顺序为:并列＞偏正＞补充＞动宾＞主谓。王梵志诗中复音新词有762个,其构成分布见表4-3:

表4-3　王梵志诗复音词构词方式统计

复音词结构	并列	偏正	补充	动宾	主谓	附加	其他
数量（个）	190	329	20	127	34	32	30
比率（%）	24.93	43.18	2.62	16.67	4.46	4.20	3.94

据表4-3,王梵志诗中的复音新词五种基本构词方式,依比率排序为:偏正＞并列＞动宾＞主谓＞补充。

与《世说新语》相比,王梵志诗中的并列式合成词低于《世说新语》18.63%,这说明,晋宋发展到晚唐,并列式的构词地位严重下降;王梵志诗中,偏正式、动宾式分别高出《世说新语》16.23%、13.05%,这说明,晋宋到晚唐,偏正式、动宾式成为新词构造的新兴力量,且偏正式的构词态势发展迅速;王梵志诗中主谓式高出《世说新语》3.66%,这说明,晋宋以降,主谓式构词能力有所增强。

王梵志诗中五种新词的构词方式,偏正式高出并列式18.25%,这说明,汉语发展到晚唐,偏正式构词最为积极,成为构造新词的最主要手段;动宾式高出补充式14.05%,这说明,补充式的构词能力在晋宋以降有所下降,远不及动宾式能产。

我们把王梵志诗中的复音新词与敦煌变文复音词作一横向比较,从共时层面看王梵志诗的复音新词的特点。

据程湘清研究①,敦煌变文有复音词4 347个,其构成分布见表4-4:

表4-4　敦煌变文复音词构词方式统计

复音词结构	并列	偏正	补充	动宾	主谓	附加	其他
数量（个）	2 113	800	194	170	40	316	714
比率（%）	48.61	18.40	4.46	3.91	0.92	7.27	16.43

---

① 程湘清《变文复音词研究》,《汉语史专书复音词研究》,商务印书馆,2003年,第266页。

据表 4-4，敦煌变文复音词中五种基本构词方式，依比率排序为：并列＞偏正＞补充＞动宾＞主谓，其顺序与《世说新语》一致。

一般认为敦煌变文代表着晚唐五代时的语言。敦煌变文在动宾式、主谓式构词上的比例均大于《世说新语》，这个结论与王梵志诗基本一致。这说明，晋宋以降，受语用的影响，本来具备自由短语性质的动宾、主谓逐渐凝固为词，受词缀类推作用的影响，附加式在口语中运用更加广泛。不同的是，敦煌变文与《世说新语》相比，并列式合成词略有增加，偏正式合成词所占的比重略有下降，个中原因有待探讨。

现代汉语复合词中，偏正式稳居第一位，占 53%，其次是并列式，占 28.7%，动宾式占 10.6%，补充式占 7.5%，主谓式占 1%[①]。除了补充式与主谓式的顺序不同外，现代汉语其他四种基本构词方式的比率顺序与王梵志诗新词的构成方式完全一致，这是汉语史研究的新发现。这一发现说明王梵志诗新词的发展变化更接近现代汉语，反映出唐代的语言性质与现代汉语的直接联系。不同的是，现代汉语偏正式、补充式的比率分别高出王梵志诗 9.82%、4.88%，这说明，唐代以降，偏正式、补充式的发展趋势进一步加快，且偏正式构词能力最为强劲。当然，这一结论是否成立还需要其他的文献资料来进一步佐证。

下面我们来看"工作"一词的形成及演化的路径[②]。

"工作"，在 56 008 个现代汉语常用词中，位列第 66 位。主要有名词和动词两种用法。

名词的用法有两种含义：(1) 职业。例如："我喜欢教师这份工作。""这是我工作单位。"(2) 业务，任务。例如："小明对宣传工作很熟悉。""这项工作一定要在国庆前完成。"

动词用法也有两种含义：(1) 从事体力或脑力劳动。例如："他在这个单位工作八年。""小明是个工作狂，工作起来不要命。"(2) 引申泛指机器、工具等的生产活动。例如："这台机器已经连续工作了三十六小时。"

[①] 参见董志翘《〈入唐求法巡礼行记〉词汇研究》，中国社会科学出版社，2000 年，第 187 页。
[②] 参见曹翔《汉语常用 100 词源流演变研究》，中国社会科学出版社，2019 年，第 289 页。

"工作"一词，较早见于南北朝时期，例如南朝刘宋范晔《后汉书·和熹邓皇后纪》："以连遭大忧，百姓苦役，殇帝康陵方中秘藏，及诸工作，事事减约，十分居一。"例中"工作"意谓土木营造之事。从语境义来看，此"工作"，源于"名词'工'+动词'作'"的语用固化，是主谓式合成词。又如唐《通典·食货典》："是以贫者避赋役而逃逸，富者务兼并而自若。加之以内兴工作，外攘夷狄，收泰半之赋，发闾左之戍，竭天下之资财以奉其政，犹未足以赡其欲也。"后晋刘昫《旧唐书·穆宗纪》："己卯，月掩牵牛。同州雨雪，害秋稼。京兆府户曹参军韦正牧专知景陵工作，刻削厨料充私用，计赃八千七百贯文；石作专知官奉仙县令于翚刻削，计赃一万三千贯，并宜决重杖处死。"宋沈括《梦溪笔谈·官政一》："饥岁工价至贱，可以大兴土木之役，于是诸寺工作鼎兴。"《明史·杨爵传》："岁频旱，日夕建斋醮，修雷坛，屡兴工作。"明《万历野获编》卷十二"泇河之成"："李少保化龙浚泇河通漕，甫一年而以忧归，代总督者曹时聘也。曹素无素丝之誉，适南阳堤稍坏，曹遂思大兴工作，因以为利。"又卷十二"户部·救荒"载，嘉靖八年，广东佥事林希元上《救荒丛言》云："有三权：曰借官钱以粜籴；兴工作以助赈；贷牛种以通变。"

"工作"成词后，继续引申演化，表示动作的结果，即制作。例如北魏郦道元《水经注·谷水》："囿中有古玉井，井悉以珉玉为之，以缁石为口，工作精密。"北宋《禅林僧宝传》卷第十七《浮山远禅师》："良久曰：'从前十九路，迷悟几多人。'文忠嘉叹久之。远偈语妙密，诸方服其工作。"后晋刘昫《旧唐书·武宗纪》："敕曰：'上州合留寺，工作精妙者留之；如破落，亦宜废毁。'"宋赵彦卫《云麓漫钞》卷十五："其面检文，与玺相合，大小不差毫发，篆文工作皆非近世所为。"清《二十年目睹之怪现状》第十一回："只是我又配上一颗云南黑铜的表坠，这黑铜虽然不知道值钱不值钱，却是一件希罕东西。而且那工作十分精细，也不知他是雕的还是铸的，是杏仁般大的一个弥勒佛象，须眉毕现的，很是可爱。"

由称谓转向指称，名词用作动词，故"工作"由工程义转指百工操作，脑力或体力劳动。例如唐段成式《剑侠传·京西店老人》："店有老人，方工作。""工作"前有表示时间的副词"方"，故为动词。又如宋欧阳修《准诏言事上书》："诸路州军，分造器械，工作之际，已劳民力。"宋钱俨《吴越备史》卷一《武肃王》:"(元)瑛……性英敏,颇尚儒学,聚书千卷,善草隶,好施。时徐绾之叛,城中有锦工二百余人,皆润人也。瑛虑其为变,乃命曰:'王令百工悉免今日工作。'遂放出城而发悬门。王入城,闻其事,颇嘉之。"宋洪迈《夷坚志》卷第二十"童银匠":"乐平桐林市童银匠者,为德兴张舍人宅打银。每夕工作,有妇人年二十余岁,容貌可观,携酒肴出共饮,饮罢则共寝,天将晓乃去。"明《三国演义》第一百零六回:"又建重楼画阁,造金银器皿,用巧匠数百人,昼夜工作。"清纪昀《阅微草堂笔记》卷十五:"董家庄佃户丁锦,生一子曰二牛。又一女赘曹宁为婿,相助工作,甚相得也。"清《八仙得道》第三回:"秀春急得走投无路,出入两难。早已忧思成病,饮食不进,面黄饥瘦,四肢无力,种种病相,也和孕妇差不多儿。这时老胡夫妇也有些觉得了。但因秀春日间在家工作,晚上又跟他娘一床儿睡,当然不会有暧昧情事。"

由劳作引申指从事各种手艺的人。例如唐义净译《根本说一切有部毗奈耶》卷十八:"长者使女,于寺中为女工作。"宋欧阳修《新五代史·四夷附录二·契丹》:"西楼有邑屋市肆,交易无钱而用布。有绫锦诸工作、宦者、翰林、伎术、教坊、角觗、秀才、僧、尼、道士等,皆中国人。""有绫锦诸工作",意谓"制作绫罗锦缎的各种工匠"。宋孟元老《东京梦华录·酒楼》:"东西两巷,谓之大小货行,皆工作伎巧所居。"元脱脱撰《金史·百官志二·祗应司》:"提点,从五品。令,从六品。丞,从七品,掌给宫中诸色工作。直长,正八品。"明《英烈传》第六十回:"诸臣得令,次日百计锄掘,坚不可动。太祖见工作难于下手,心中甚是不快。"明《二刻拍案惊奇》卷十九:"彼时山畔有一田舍翁,姓莫名广,专以耕种为业。家有肥田数十亩,耕牛数头,工作农夫数人。茆檐草屋,衣食丰足,算做山边一个土财主。"明田汝成《西湖游览志余》第二十三卷《委巷丛谈》:"兜罗绒者,琉球、日本诸国所贡也。今杭州织造局工作亦仿为之。"清钱泳《履园丛话》卷三《考索》:"所以仕宦要勤俭,种田要勤俭,工作要勤俭,商贾要勤俭。凡事勤则成,懒则败。"

手工之人,师徒相授,所操之业,终身为之,故而引申出职业。例如宋欧阳修《新五代史·卢文进传》:"(卢文进)自其奔契丹也,数引契丹攻掠幽、蓟之间,虏其人民,教契丹以中国织纴工作无不备,契丹由此益强。"元马端临《文献通考·钱币考》:"绍兴初,并广宁监于虔州,并永丰监于饶州,岁铸才及八万缗。以铜铁铅锡之入，不及于旧。而官吏廪稍工作之费，视前日自若也。每铸钱一千，率用本钱二千四百文。"

工作之人，所做之事，即要完成的任务，故而"工作"引申表示任务、业务义。例如北齐魏收《魏书·慕容白曜传》附从子慕容契："（慕容契）迁宰官令，微好碎事，颇晓工作，主司厨宰，稍以见知。"元脱脱等《宋史·魏丕传》："开宝九年，领代州刺史。凡典工作十余年，讨泽潞、维扬，下荆广，收川峡，征河东，平江南。"又《宋史》卷四百六十七《宦者·张惟吉》："熙宁初，造神臂弓成，神宗御延和殿临阅，置铁甲七十步，俾卫士射，未有中者。若水自请射，连中彻札。建庆寿、宝慈两宫，典领工作，再迁嘉州防御使。"清《八仙得道》第五十回："有这许多为难之处，万不得已，只好略施小计，把你引到这儿，担任这项工作。"

再如，复合式动词"起来"是如何产生发展的①？

动词"起来"连用，大约萌生于汉魏时期。例如东汉支娄迦谶译《道行般若经·昙无竭菩萨品》："是时，萨陀波伦菩萨安隐从三昧觉起，并与五百女人共至昙无竭宫门外，门外立，自念言：'今我用经法起来，师入在内，我义不可卧、不可坐。须我师来，出上高座，说般若波罗蜜，尔乃坐耳。'"西晋陈寿《三国志·魏志·邢颙》："（邢）颙谓（田）畴曰：'黄巾起来二十余年，海内鼎沸，百姓流离。今闻曹公法令严。民厌乱矣，乱极则平。请以身先。'"东晋释跋陀罗、法显译《摩诃僧祇律》："欲灭诤事者，当先自筹量身力、福德力、辩才力、无畏力，知事缘起、比丘先自思量有如是等力，又此诤事起来未久，此人心调软，诤事易可灭，此比丘时应作灭诤。"所引三例中的"起来"均是动词，表"兴起""开始"义。

又如李白《赠韦秘书子春二首》之一："谢公不徒然，起来为苍生。"例中"起来"，表示站出来、领头。明《初刻拍案惊奇》卷三十："又道是'疑心生暗鬼'，未必不是阳命将绝，自家心上的事发，眼花缭花上头起来的。"例中"起来"表"产生""引起"义。

唐以后，用例甚多，例如唐李白《草书歌行》："起来向辟（壁）不停手，

---

① 参见曹翔《汉语常用100词源流演变研究》，中国社会科学出版社，2019年，第133页。

一行数字大如斗。"敦煌变文《维摩诘经讲经文》："弥勒承于圣旨,忙忙从座起来。"敦煌变文《妙法莲华经讲经文》："夫人闻言,泪流如雨,抛却妆台起来,拽得髭须咒咀:'一自为亲,几经寒暑,今朝忽拟生离,天地争交容许!'"敦煌变文《大目乾连冥间救母变文》："良久而死,复乃重苏,两手按地起来,政(整)顿衣裳,腾空往至世尊处。"诸例"起来",均表示起身、向上或继续、开始等义。又如宋李石《临江仙》词:"起来花影下,扇子扑流萤。"《新编五代史平话·梁史上》:"那黄巢拿着酒壶抬身起来。"明《二刻拍案惊奇》卷十二:"拨开浮泥看去,乃是一块青石头,上面依稀有字,晦翁叫取起来看。"

由"兴起""产生"义,进一步虚化,表示趋向。例如五代《祖堂集》卷十四《百丈和尚》："见一星火,夹起来云:'这个不是火,是什摩?'""夹起来云",犹言夹起来说,"起来"表示趋向。

由"动身"义引申专指起床。例如唐孟彦深《元次山居武昌之樊山,新春大雪,以诗问之》:"起来望樊山,但见群玉峰。"白居易《食后》诗:"食罢一觉睡,起来两瓯茶。"魏朴《和皮日休悼鹤》:"霜晓起来无问处,伴僧弹指绕荷塘。"韦庄《含山店梦觉作》:"灯前一觉江南梦,惆怅起来山月斜。"明《二刻拍案惊奇》卷九:"次日,清早起来,也无心想观看书史,忙忙梳洗了,即望园东墙边来。"

动词"起来",源于"动词'起'+动词'来'"联合形成的并列式结构,如北凉释昙无谶译《悲华经卷·大施品第三之二》:"世尊,今当令是转轮王等,从三昧起来至佛所。"

"起",本义为"起步""出发""动身",引申为"起床""升起""向上"等义,又进一步引申为"兴起""产生"之意,既可以表示空间位移,也可以表示时间的"开始",由此可见,在东汉以前"起"的用法已经相当广泛,囊括了"起来"的全部含义。

"来",原是"麦"的本字,假借为"行来"之"来",后为借意所专,又引申为"招致,招使之来",引申为表示趋势的趋向动词,又由表示空间位移进一步引申为表示时间的"过去""未来""某一段时间以后"之意。

汉魏以降,汉语双音化趋势发展迅速,动词"起"+"来"并列组合成

"起来"就是顺理成章的事情。其演变的路径是：

起（起步，出发，动身）+来（行来/位移方向）→起来（空间位移，趋向）

起（起床）+来（位移方向）→起来（起床）

起（开始）+来（时间）→起来（时间或空间的开始，兴起）

又如"条录"一词的形成是由"名词+动词"形成的合成词①。

条录，动词，意谓按条记录，状中式合成词。如《魏书·释老志十》："世宗笃好佛理，每年常于禁中，亲讲经论，广集名僧，标明义旨。沙门条录，为《内起居》焉。""沙门条录"，即沙门逐条记录，一一记录，可以视为状中短语。又如《汉书·梅福传》："梅福字子真，九江寿春人也……诣行在所条对急政，辄报罢。"唐颜师古曰："条对者，一一条录而对之。""一一条录"中，"条录"前有状语，故而成词。又《汉书·李广苏建传》附子苏武："初，桀、安与大将军霍光争权，数疏光过失予燕王，令上书告之。"颜师古曰："疏谓条录之。"此例"条录"后跟宾语"之"，可见是个动词。又唐李百药《北齐书·帝纪第四》："诏曰：'朕以虚寡，嗣弘王业，思所以赞扬盛绩，播之万古。虽史官执笔，有闻无坠，犹恐绪言遗美，时或未书。在位王公文武大小，降及民庶，爰至僧徒，或亲奉音旨，或承传傍说，凡可载之文籍，悉宜条录封上。'"唐李延寿《北史·杨敷传》附子杨素："及上不豫，素与兵部尚书柳述、黄门侍郎元岩等入侍疾。时皇太子入居大宝殿，虑上有不讳，须豫防拟，乃手自为书，封出问素。素条录事状，以报太子。"唐《唐律疏议》卷二"条例"："八议人犯死罪者，皆条录所犯应死之坐及录亲、故、贤、能、功、勤、宾、贵等应议之状，先奏请议。"末三例中"条录"，前有副词"悉宜""素""皆"，后两例带宾语，均为动词，意谓"分条记录"。

条录，又由动词转指作名词，意谓条律、文书。如梁沈约《宋书·江夏文献王义恭传》载《省录尚书表》："臣闻天地设位，三极同序，皇王化则，九官咸事……汉承秦后，庶僚称改。爵因时变，任与世移，总录之制，本非旧体，列代相沿，兹仍未革。今皇家中造，事遵前文，宜宪章先代，证文古则，停省

---

① 参见曹翔《王梵志诗词汇研究》，南京大学出版社，2013年，第158-159页。

条录,以依昔典。""停省条录",即裁撤律例条文。又《宋书·沈怀文传》:"上议曰:昔天官正纪,六典序职……周承殷法,无损掌邦之仪。用乃调佐王均,缉亮帝度。而式宪之轨,弘正汉庭;述章之范,崇明魏室。虽条录之名,立称于中代,总厘之实,不愆于自古,比代相沿,历朝罔贰。"唐长孙无忌《唐律疏议》卷二"条例":"议曰:条其所犯者,谓条录请人所犯应死之坐。应请之状者,谓皇太子妃大功以上亲,应议者期以上亲及孙,若官爵五品以上应请之状。"① "条录请",即按照条录可向皇上请裁者。条录,名词,谓"记录的罪行"。唐人王梵志诗第39首:"用钱索新妇,当家有新故。儿替阿耶来,新妇替家母。替人既到来,条录相分付。新妇知家事,儿郎承门户。"其中的"条录"引申借指"家法""家规"。

思 考 题

1. 举例说明汉语词义发展演变的一般规律。
2. 汉语词汇在哪些条件下可能产生语法化?
3. 举例说明借音字在什么情况下会产生。
4. 举例说明什么叫因形类化。
5. 举例说明汉语词汇的发展在六朝前后有什么显著的区别。
6. 合成词"除非"是在什么情况下产生的?
7. 举例说明如何区别动词"没有"和副词"没有"。
8. 举例说明"重新分析"的存在条件是什么。
9. 试说"中国"一词的产生时代与成词原因。
10. 指示代词"这"是如何产生发展而来?
11. 简要梳理"拙荆""村妇""浑家""纺织娘""络纱婆""络丝娘""陛下""阁下""活阎王"词义源流。

---

① 刘俊文点校《唐律疏议》,中华书局,1983年,第33页。

主要参考文献

[1]《现代汉语常用词表》课题组. 现代汉语常用词表（草案）[M]. 北京：商务印书馆，2008.

[2] 曹炜. 现代汉语词义学 [M]. 上海：学林出版社，2001.

[3] 曹炜. 现代汉语词汇研究 [M]. 北京：北京大学出版社，2004.

[4] 曹翔. 汉语常用100词源流演变研究 [M]. 北京：中国社会科学出版社，2019.

[5] 曹翔. 王梵志诗词汇研究 [M]. 南京：南京大学出版社，2013.

[6] 曹广顺. 近代汉语助词 [M]. 北京：语文出版社，1995.

[7] 陈翠珠. 汉语人称代词考论 [M]. 北京：光明日报出版社，2013.

[8] 辞源（第三版）[M]. 北京：商务印书馆，2015.

[9] 董莲池. 说文解字考正 [M]. 北京：作家出版社，2005.

[10] 董志翘. 中古近代汉语探微 [M]. 北京：中华书局，2007.

[11] 段玉裁. 说文解字注 [M]. 上海：上海古籍出版社，1981.

[12] 方一新. 中古近代汉语词汇学 [M]. 北京：商务印书馆，2010.

[13] 方一新. 训诂学与词汇史异同谈 [J]. 历史语言学研究，2013（1）：319-329.

[14] 郭在贻. 训诂丛稿 [M]. 上海：上海古籍出版社，1985.

[15] 顾野王. 宋本玉篇 [M]. 北京：中国书店，1983.

[16] 桂馥. 说文解字义证 [M]. 上海：上海古籍出版社，1987.

[17] 郭锡良. 汉字古音手册 [M]. 北京：北京大学出版社，1986.

[18] 何九盈. 中国古代语言学史 [M]. 广州：广东教育出版社，1995.

[19] 何乐士，敖镜浩，王克仲，等. 古代汉语虚词通释 [M]. 北京：北京出版社，1985.

[20] 华学诚. 扬雄方言校释汇证（上、下）[M]. 北京：中华书局，2006.

[21] 江蓝生. 近代汉语探源 [M]. 北京：商务印书馆，2000.

[22] 江蓝生，曹广顺. 唐五代语言词典 [M]. 上海：上海教育出版社，1997.

[23] 蒋礼鸿. 敦煌变文字义通释（增订本）[M]. 上海：上海古籍出版社，1981.

[24] 蒋绍愚. 汉语历史词汇学概要 [M]. 北京：商务印书馆，2015.

[25] 蒋绍愚. 近代汉语研究概要（修订本）[M]. 北京：北京大学出版社，2017.

[26] 李圃. 古文字诂林 [M]. 上海：上海教育出版社，2004.

[27] 李忆民. 现代汉语常用词用法词典 [M]. 北京：北京语言学院出版社，1995.

[28] 李宗江. 汉语常用词演变研究 [M]. 上海：汉语大词典出版社，1999.

[29] 柳士镇. 魏晋南北朝历史语法 [M]. 南京：南京大学出版社，1992.

[30] 鲁国尧. 语言学文集：考证、义理、辞章 [M]. 上海：上海人民出版社，2008.

[31] 罗常培. 语言与文化 [M]. 北京：北京出版社，2004.

[32] 吕叔湘. 近代汉语指代词 [M]. 江蓝生，补. 上海：学林出版社，1985.

[33] 吕叔湘. 现代汉语八百词（增订本）[M]. 北京：商务印书馆，1999.

[34] 陆宗达，王宁. 训诂与训诂学 [M]. 太原：山西教育出版社，1994.

[35] 钱宗武. 今文尚书语言研究 [M]. 长沙：岳麓书社，1996.

[36] 孙锡信. 近代汉语语气词：汉语语气词的历史考察 [M]. 北京：语文出版社，1999.

[37] 王力. 汉语史稿 [M]. 北京：中华书局，1956.

[38] 王力等. 王力古汉语字典 [M]. 北京：中华书局，2000.

[39] 王念孙. 读书杂志 [M]. 南京：江苏古籍出版社，1985.

[40] 现代汉语常用词表 [M]. 北京：商务印书馆，2008.

[41] 现代汉语词典 [M]. 北京：商务印书馆，1998.

[42] 汉语大词典（第1~13卷）[M]. 上海：上海辞书出版社，1986-1994.

[43] 向熹. 简明汉语史 [M]. 北京：高等教育出版社，1993.

[44] 徐朝华. 尔雅今注 [M]. 天津：南开大学出版社，1994.

[45] 徐复，等. 古代汉语大词典 [M]. 上海：上海辞书出版社，2000.

[46] 徐时仪. 古白话词汇研究论稿 [M]. 上海：上海教育出版社，2000.

[47] 汪维辉. 东汉-隋常用词演变研究 [M]. 南京：南京大学出版社，2000.

[48] 王筠. 说文句读 [M]. 北京：北京市中国书店，1983.

[49] 王云路. 中古汉语词汇史 [M]. 北京：商务印书馆，2010.

[50] 杨树达. 词诠 [M]. 2版. 北京：中华书局，1978.

[51] 周绪全，王澄愚. 古汉语常用词源流辞典 [M]. 重庆：重庆出版社，1991.

[52] 朱德熙. 语法讲义 [M]. 北京：商务印书馆，1982.

[53] 朱骏声. 说文通训定声 [M]. 武汉：武汉市古籍书店影印临啸阁藏版，1983.

[54] 宗福邦,陈世铙,萧海波. 故训汇纂 [M]. 北京:商务印书馆,2003.

[55] [日] 志村良治. 中国中世语法史研究 [M]. 江蓝生,白维国,译. 北京:中华书局,1995.

[56] [日] 太田辰夫. 汉语史通考 [M]. 江蓝生,白维国,译. 重庆:重庆出版社,1991.

[57] [日] 香坂顺一. 白话语汇研究 [M]. 江蓝生,白维国,译. 北京:中华书局,1997.

[58] 郝士宏. 古汉字同源分化研究 [M]. 合肥:安徽大学出版社,2008.

[59] 丁喜霞. 关于"常用词演变研究"命题的思考 [J]. 语言研究,2013,33(3):25-32.

[60] 丁喜霞. 汉语常用词的演变模式初探 [J]. 河南大学学报(社会科学版),2013,53(2):115-124.

[61] 汪维辉. 汉语常用词演变研究的若干问题 [J]. 南开语言学刊,2007(1):88-94.

后　　记

　　语言是人类独有的交际工具，人们传递信息、交流情感、传播知识均离不开语言，没有语言就没有人类社会。文字建立在语言的基础之上，没有语言也就没有文字。语言是源，文字是流。人们认识研究语言，实际上是认识研究人类自己。

　　在科技不甚发达的过去，语言即说即逝，语言不能留于异时传至远方，聪明的祖先发明了文字，人们借助文字把所要表达的信息保存下来。后人研究古人的语言主要是借助于书面文字的记载，严格地说，研究古人的语言，其实是研究历史文献的语言。

　　研究语言可以从构成要素入手：研究语言的物质外壳，于是产生了语音学；研究语言的建筑材料，于是产生了词汇学；研究语言的构成法则，于是产生了语法学。每一门学问都有自己的研究对象、研究范围、研究内容、研究方法、研究成果。

　　每一门学问都有纵向的历时发展研究和横向的共时分布研究，语言要素横向的分布都是历时演变发展沉积的结果，所以研究语言要素共时存在分布，总离不开它的纵向的历史演化研究。

　　汉语词汇既有纵向的发展演变——语言随人类社会的发展而发展，也有现代分布的差异性——因地域不同而形成的方言。当代分布的差异性是历史演变发展的积淀，正因为如此，人们也可以反过来从方言来倒推溯源，寻绎词汇演化的印记。本书旨在帮助初学者认识语言演化的本质，了解词义引申的一般规律，掌握探索词义演化轨迹的常用方法，为学习研究汉语、利用研究文献语言和传承创新中华优秀传统文化提供借鉴参考，实为一孔之见，实际效果如何，还有待读者检验与评判。

本书是泰州学院 2019 年度校级重点教材建设项目（项目编号：19JCA04）成果，并得到江苏高校一流专业（品牌建设工程二期项目）、泰州学院一流本科专业汉语言文学专业的资助。人文学院钱成博士、东南大学出版社张丽萍主任热情相助，在此一并致谢。

本书征引不少前贤时俊的成果，均已随文出注，不敢掠美。由于写作匆忙，思考不周，加之才疏学浅，文中错误一定不少，欢迎大家批评指正。